ハーバード大学卒業生が徹底解説!

米英の名門大学48

向井彩野
Ayano Mukai

PHP

まえがき

近年、海外大進学、中でも米英の名門大の学部進学への関心が高まっています。

その動きを後押しするように、国内の奨学金制度も充実してきており、これまでは米英の高い学費に阻《はば》まれて諦めざるを得なかった学部留学が、今では非常に現実味を帯びたものとなっています。

日本でも、海外大進学塾などで留学説明会が盛んに開催され、塾や実際に海外大進学をした先輩たちによって受験情報もたくさん発信され、日本のどこにいたとしても、留学に必要なリソースが容易に手に入るようになってきました（私も僭越《せんえつ》ながら、2022年に『米国トップ大学受験バイブル』〈共著。PHP研究所〉という受験対策本を出版いたしました）。

奨学金と受験情報が広がることで、海外大進学はこれまでになく目指しやすくなっている一方で、依然として広がっていないのは、留学先の志望校の「幅」。

日本の高校生たちの出願校は一部の有名大学に偏っているのが現状です。

ただこれは同時に、いたって納得できることでもあります。

なぜなら、そもそも大学の魅力は通ってみないとわからないものだからです。

大学のホームページを見ても、説明会に参加しても、どの大学もだいたい同じようなことをアピールして、同じようなことを宣伝します。

まだ大学に通ったことのない受験生が比較できるものといえば、大学の知名度とランキングくらいなので、知名度で大学を選ぶのも必然と言えます。

しかし、留学の魅力は知名度だけではありません。

世界中から集まる同級生たちとの寮生活だったり、教授たちの温かいサポートだったり、大学周辺の自然環境だったり、はたまた大量に出される課題だったり。

そして同時に、留学は魅力だけではありません。

誰もが知っている有名大学の中には、周辺地域の治安が非常に悪い大学もあれば、授業の人数制限によって取りたい授業を思うように取れない大学もあります。

こうした、知名度だけではない、様々な側面における各大学の良いところ・悪いところを知った上でこそ、それぞれの受験生が本当に自分に合った大学を選び、その先で、本当に充実した大学生活を送ることができるのだと思います。

そこで私は、２０２２年10月〜２０２３年３月にかけて、２回に分けて米英の60校近くの大学を訪れ、取材を行いました。

それぞれの大学において現地の日本人留学生に案内してもらい、さらに各大学のアドミッションズ・オフィス（入学事務局）を訪れることで、学生の視点と、学生を選ぶ側の両方の視点から大学の魅力を調査し、「通ってみないとわからない大学の特徴」を根こそぎ拾ってまいりました。

そしてその中から、えりすぐりの48校の情報をまとめたのが本書です。

米英の48大学を巡り、学生たちの生の声を直接取材し、留学を終えた「私」という共通の物差しで紹介した、今まで日本のどこにも存在しなかった本です。

そして、勉強面はもちろんのこと、課外活動などのソーシャル面、治安情報や気候といった生活面など、留学した私だからこそわかる、大学生活を送る上で知っておきたい全ての側面を網羅した本です。

この本を読めばきっと、自分に合う大学、合わない大学がわかるはず。

そしてそれが、自分の選んだ大学に進学したいという確かなモチベーションとなり、皆さんの受験生活の支えとなるはずです。

ただ、1つお伝えしておきたいのは、この本の趣旨は、海外大進学を推奨することではない、ということです。

あくまで、海外の大学に興味を持った人に、その良いところも悪いところも知った上で、自分にぴったりの進路を見つけてほしい、というのが私の願いです。

私はハーバード大学に行く前、半年だけ東京大学に通っていました。

大学四年生の3月、私のInstagramのタイムラインは、東大の同期の卒業写真でいっぱいになりました。袴《はかま》やスーツ姿の友人たちはみんな晴れ晴れとした顔をしていて、それは私が選ばなかった道ではありましたが、彼らにとってそれが正解であったことは間違いありませんし、きっと私がそれを選んだとしても正解だったのだろうと思いました。

私はハーバードに行って楽しかった。でも、東大に行った同期も楽しそうだったし、きっと私が東大で4年間を過ごしていたとしても楽しかったのだろうと思います。

正解は人それぞれであり、そして正解は1つではありません。

でも、私たちの人生は一度きりで、私たちはその一度のために、数多《あまた》の選択肢の中から進路を1つ選ばなければなりません。

そんな時、なんとなくではなくはっきりと、自信をもって自分にぴったりの選択ができるよう、そして場合によってはその道へ進むために周りを説得できる材料になるよう、本書がその一助になることを心から祈っています。

2023年12月

向井彩野

米英の名門大学48　contents

イギリスの大学

大学紹介にあたって

取材方法

「通ってみないとわからない大学の特徴」を取材するために、私が大切にしたのは現地の学生の生の声です。

「まえがき」にも書きましたが、まずは大学を訪れて現地の日本人留学生に直接案内してもらい、予定が合わなかった場合には、後で学生にオンライン取材を行いました。

ここで紹介している情報は全て、そんな学生たちからの伝聞に、私が直接訪れて感じたこと、そして大学のホームページなどの公式情報を加えたものになります。

大学では本当に様々な学生が暮らしており、（当然ですが）学生それぞれによって大学生活は異なるものです。

そのため、私がここに抽出した各校の特徴が、取材した学生の経験に偏ったものにならないよう、少しでも多くの学生から話を聞き、アドミッションズ・オフィスからも話を聞き、様々なソースの情報をもとに、丁寧にまとめ上げました。

ただ、それでもやはり、学生全員から話を聞いたわけではありませんし、繰り返しになりますが、大学生活は人それぞれです。

この本は、あくまで私が感じ取った各校に特徴的な内容を紹介したものだということを理解した上で読み進めていただければ幸いです。

大学の選び方（日本国内の返済不要の留学奨学金の紹介）

金銭的な障壁がなるべく少なく、誰もが進学を現実的に考えられるところを紹介したいという思いから、この本で紹介している大学は、ほぼ日本国内の返済不要の留学奨学金の対象校や提携校となっております。

もちろん、国内の奨学金も留学の広がりに合わせて年々倍率は上がっており、いくら対象校に合格したとしても、これらの奨学金をもらえるかどうかはまた別問題ではありますが、少なくとも、ここで紹介している大学のほとんどが、奨学金獲得を視野に入れられる大学です。

大学を選ぶ上で参考にしたのは以下の3つの返済不要の奨学金です。
①柳井正財団海外奨学金
②笹川平和財団スカラシップ
③グルー・バンクロフト基金奨学金

ここではそれぞれの奨学金を紹介していきますが、各奨学金の支給金額や応募要項の詳細については、かなりの頻度で更新されるので、ここで紹介している情報は参考程度にとどめ、応募前には必ず、各奨学金のホームページなどで情報を確認するようにしてください。

柳井正財団海外奨学金

対象者：
- 在学期間中を通じて日本国籍を有すること
- 国内外問わず、高校の最終学年に在学中、またはこれらの高校を卒業して1年以内であること
- 家計支持者の所得金額が2700万円以下であること
- （予約型の場合）米英の対象大学に留学すること

対象大学：
アメリカ・イギリスのトップ大学（ファウンデーションコース〈413ページ〉を含まず）（対象大

学リストあり）。

「予約型」については、対象大学への進学のみ認められているが、「合格型」については、対象大学リストはあるものの、財団が認める対象大学以外への進学も可能

支給額：
授業料、寮費などの学費（米：上限年間8万ドル、英：上限年間5万4000ポンド）および生活費等支援金（米：一律1万5000ドル、英：一律1万1000ポンド）を、米国大学は4年間、英国大学は3年間支給

支援予定人数：40名程度（予約型、合格型各20名程度）

笹川平和財団スカラシップ

対象者：
- 日本国籍を有すること
- 国内外問わず、高校の最終学年に在学中、またはこれらの高校をすでに卒業していること
- 年齢制限、所得制限なし
- 米英の指定大学に留学すること

対象大学：
アメリカ・イギリスのトップ大学（ファウンデーションコースを含まず）（指定大学リストあり）

支給額：
授業料、寮費などの学費（米：上限年間8万ドル、英：上限年間5万4000ポンド）および生活費等支援金（米：一律1万5000ドル、英：一律1万1000ポンド）を、米国大学は4年間、英国大学は3年間支給

支援予定人数：最大40名程度

グルー・バンクロフト基金奨学金

対象者：
- 在学期間中を通じて日本国籍を有すること
- 国内外問わず、高校の最終学年に在学中、またはこれらの高校を卒業して1年以内であること
- 家計支持者の所得金額が2000万円以下であること

対象大学：アメリカの大学のみ。プログラムにより様々

プログラム：

(A)リベラルアーツ・カレッジ進学者に毎年8万ドルを上限に4年間支給（1名）

(B)左記の提携大学が提供する授業料（寮費などは含まない）全額免除の奨学金に推薦し、加えて基金より毎年2万ドルを上限に4年間支給（各大学1名、計3名）

- DePauw University（51ページ）
- Grinnell College（38ページ）
- Union College（106ページ）

(C)左記の提携大学の授業料免除に推薦し、加えて、Earlham、Knox、Lake Forestの3校に進学する者には基金より毎年1万ドルを上限に4年間支給（各大学1名、計5名）

- Earlham College（57ページ）
- Knox College
- Lake Forest College
- Ohio Wesleyan University
- College of Wooster（64ページ）

(D)「大山捨松スカラシップ」女性リーダーの育成に実績のある左記の6大学に推薦し、毎年6万5000ドルを上限に授業料相当額を4年間支給（女子に限る。計1名）

- Barnard College（178ページ）
- Bryn Mawr College
- Mount Holyoke College（145ページ）

• Smith College（139ページ）
• Vassar College（大山捨松卒業大学。111ページ）
• Wellesley College（289ページ）

なお、ここで紹介した奨学金以外にも、江副記念リクルート財団奨学金や、JASSO海外留学支援制度、さらに県など自治体独自の留学奨学金もあります。

これらを全て合わせると、額は様々ですが、毎年150名以上が返済不要の奨学金をもらって留学していることになり、こうした奨学金制度は年々どんどん広がりを見せています。

皆さんが考える以上に、留学は年を追って現実的なものとなっているので、これらの奨学金についてもぜひ調べてみてください。

なお、私の前著（『米国トップ大学受験バイブル』PHP研究所）でもこれらの奨学金制度や応募時に気を付けることなどをまとめているので、そちらも併せてご一読ください。

大学紹介の並び順

大学の種類や大学ランキングの順に大学を紹介していくことも可能ですが、この本ではあえて、「場所」ごとに大学を紹介していきます（アメリカなら中西部→東海岸→西海岸の順）。

留学先の大学を選ぶことは4年間暮らす住所を選ぶことでもあり、気候や治安、周辺地域の様子

（大きな街なのか、田舎町なのか、自然に囲まれているのか）など、大学がある「場所」というのは大学選びにおいて非常に重要な要素になります。

皆さんが「場所」を意識しながら読み進められるよう、ある程度近くにある大学ごとに紹介したので、巻末の地図（467ページ）と見比べながら、読み進めていただけたら嬉しいです。

大学紹介の文量

なお、大学ごとの紹介文の長さはあえて揃《そろ》えていません。私が書くべきだと思ったことを、大学ごとに必要なだけ書いています。

ただ、決して紹介文の分量が多い大学の方がおすすめとか、より良い大学である、ということではありません。

むしろ、紹介すべき特徴の多い、いわば癖の強い大学ほど分量が多くなっており、癖が強いということは人を選ぶということなので、合っている人にはとことん合うし、合わない人には全く合わない大学になります。

一方、紹介文が短い大学ほど人を選ばず気軽におすすめできる大学なので、それを念頭に置いた上で、各校の大学紹介を読み比べてみてください。

アメリカの大学

アメリカの大学の特徴

アメリカの大学を紹介する前に、まずは大学を比べる上でのいくつかのポイントをお伝えします。正直、大学の全ての側面を比べて志望校を選んでいてはキリがありませんし、皆さんにとってとりわけ大事な側面もあれば、どうでもいい側面もあると思います。

そのため、大学生活において自分は特に何を大事にしたいのかをよく考えながら、この項を読み進めてみてください。それがきっと皆さんにとって、大学を比べる上での指針になるはずです。

リベラルアーツ・カレッジと総合大学

アメリカの大学にはいくつか種類があり、それぞれが特徴的な教育システムを備えています。この本で紹介する大学は、以下の2つに大別されます。

リベラルアーツ・カレッジ（Liberal Arts Colleges）

通称リベカレ。大学院を持たない小規模（学生数2000人程度）な大学のこと。少人数制の授業が基本で、指導熱心な教授たちによる質の高い授業と、一人ひとりに合わせた丁寧でフレキシブルな教育が特徴です。

小さな大学なので、開講されている授業数は総合大学に比べるとかなり少なくなりますが、複数のリベラルアーツ・カレッジが近隣の大学と連盟（コンソーシアム：129ページ）を作り、連盟内の他の大学の授業を履修できるようにすることで、授業数の少なさを補っているところもあります。

総合大学（Universities）

学部に加えて大学院も併設されている、比較的大規模（学生数4000人～4万人と様々）な大学のこと。規模が大きく歴史が長い大学も多いため、豊富なリソース（ヒト・モノ・カネ）に加え、開講されている授業数やプログラムの数など、オポチュニティー（機会）の総量が魅力です。

総合大学の中にも私立と州立があり、ハーバード大学（267ページ）やスタンフォード大学（314ページ）など、日本でも有名な大学のほとんどは私立の総合大学ですが、カリフォルニア大学ロサンゼルス校（328ページ）やカリフォルニア大学バークレー校（336ページ）など、世界大学ランキングの上位に位置する州立の総合大学もあります。

州立大学は学生数が数万人と非常に大規模なことが特徴で、リソースやオポチュニティーが非常に多い一方で、学生数が多いため教授との距離が遠くなったり、授業に人数制限が設けられていて思うように授業を受けられなかったりと、大学によっては勉強面で不満が聞かれることもよくあります。

ただ、アメリカの大学の2つの種類を説明したものの、38ページからの大学紹介を読んでいただければわかる通り、大学の種類にかかわらず、良質な教育を提供している大学はたくさんあります。

ここで挙げた特徴はあくまでおおまかなものなので、リベラルアーツ・カレッジと総合大学という分類にあまり囚《とら》われず、この後の大学紹介を読み進めていただければと思います。

学生数

大学の種類は関係ないと言いつつも、大学の種類を説明したのは、前述の通り、大学の種類によって学生数が大きく異なるから、そして、学生数が違えば大学生活も大きく違ってくるからです。

学生数というのは、人によっては合う・合わないを大きく分けるほど重要な要素なのですが、大学について何も知らない状態で学生数の違いが意味するところを説明してもよくわからないと思うので、10校ほど大学紹介を読み進めたのち、詳細は98ページのコラム2をご一読ください。

カリキュラム

2学期制と3学期制

1年あたりの学期数で、アメリカの大学は2学期制と3学期制の2つに大別されます。

2学期制の大学では、テスト期間を除いて13週間ほどの学期が年に2回、3学期制の大学では、10週間ほどの学期が年に3回、繰り返されます。

アメリカでは2学期制が主流で、学期の数で大学を選ぶ受験生はそれほど多くはありませんが、3学期制の大学に通う学生たちは、かなり意識的に3学期制の大学を選び、そのメリットを実感しているようでしたので、ここで紹介します。

3学期制の大学は学期数が多く、したがって、受けられる授業数も多くなるのが魅力です（ノースウェスタン大学参照。72ページ）。そのため、様々な分野に興味があって、大学ではできるだけ多くの授業を受けてみたい、という人にはおすすめの制度です。

一方で、たった10週の間に（授業によっては複数回の）中間テストがあり、それが終わればすぐに期末テストなので、学期全体が非常にせわしなく進みます。「新学期が始まったと思ったらすぐに中間テストがやってくる」という感覚の学生が多いようで、このせわしなさが苦手な人にはあまりおすすめできません。

2学期制の大学ではもう少しゆっくり、そして期間が長い分もう少し深くまで勉強が進むので、ちゃちゃっとたくさんの授業を受けたい人は3学期制、ゆっくりじっくり学びたい人は2学期制がおすすめです（もちろんこれも、数ある大学選びのポイントの1つにすぎませんが）。

コア・カリキュラムとオープン・カリキュラム

アメリカの大学では、様々な分野を幅広く学び教養を身に付ける、リベラルアーツ教育（教養教育）が行われています。しかし、リベラルアーツ教育と一言で言っても、その中には様々なカリキュラムが存在します。

名称は大学により様々ですが、コロンビア大学（185ページ）に代表されるコア・カリキュラム（Core Curriculum）を採用している大学では、様々な分野にわたって必修授業が設けられており、「この分野の授業の中から1つ選んで受ける」といったような、ふわっとした必修の設け方もあれば、「この分野のこの授業を受けなければならない」といったようにカッチリと決められている場合もあります。

そしてこのように必修分野を設けることによって、学生たちにもともと興味のなかった分野にも触れる機会を提供し、新たな気付きを与えています。

一方、ブラウン大学（154ページ）に代表されるオープン・カリキュラム（Open Curriculum）では、こうした分野ごとの必修は一切なく、ライティングや言語の授業の必修を除いて、ほぼ全ての授業を自由に受けることができます。

そのため、リベラルアーツ教育とは言いつつも、ひたすら同じ分野の授業のみを受け続けることも可能なので、必修に縛られずに好きに授業を選びたいという人にはおすすめの制度です。

ただ、必修授業の数や必修の拘束力に差はあれど、アメリカのほとんどの大学がコア・カリキュラムやそれに準ずる制度を採用しており、また、いくら必修授業があると言っても、それほど数が多いわけではないので、コア・カリキュラムを採用している大学でも、十分自由度の高いカリキュラムとなっている場合がほとんどです。

そのため、あまりカリキュラムを気にして大学を選ぶ受験生は多くはありませんが、先に紹介した３学期制の大学を選んだ学生たちと同様、オープン・カリキュラムの大学を選ぶ学生たちもまた、かなりそれを意識して選んでいたようなので、何にも縛られずに授業を受けたいという人は、ぜひ、オープン・カリキュラムの大学を調べてみてください。

なお、この本で紹介している大学の中でオープン・カリキュラムを採用しているのは、

- Grinnell College（グリネル・カレッジ。38ページ）
- Vassar College（ヴァッサー・カレッジ。１１１ページ）
- Amherst College（アマースト・カレッジ。１３３ページ）
- Smith College（スミス・カレッジ。１３９ページ）
- Brown University（ブラウン大学。１５４ページ）
- Wesleyan University（ウェズリアン大学。１７２ページ）

の６校です。

気候

皆さんがもし、日本国内で大学を選ぶにあたって、北海道大学と琉球大学で進学先を迷っているとしたら、そこで北海道と沖縄県の気候の違いを考えない人はいないと思います。しかしこれが自分の知らない異国の大学の話になると、気候というものがどうも頭から急に吹き飛んでしまうようで、あまり気候を意識せずに大学を選んでいる受験生が多い印象です。

しかし、アメリカは国土が広いため、場所によって気候が大きく異なります。カリフォルニア州の南部に代表されるような、一年中晴れの日が続くような場所もあれば、アメリカの北東部に代表されるような、真冬はマイナス30度になりキャンパスが雪で覆われるような場所もあります。

すると当然、両者の大学生活もそこで暮らす人々の雰囲気も大きく異なるので、気候というのは大学選びにおいて非常に重要な要素になります（詳しくは２９６ページのコラム５を参照ください）。

都会か田舎か

コロンビア大学のように、大都会ニューヨーク・マンハッタンのど真ん中に位置する大学もあれば、グリネル・カレッジのように、最寄りの空港から1時間、とうもろこし畑と大豆畑が続く道をひたすら車で走ってようやくたどり着くような大学もあります。

郊外や田舎にある大学は、大学周辺のリソース（娯楽やレストランなど）が限られるので、どうしても大学が中心の学生生活になりがち。都会の騒々しさが苦手で、静かな場所で勉強に集中したい人にとってはこうした大学はまさにうってつけの環境ですが、逆に、美術館巡りやカフェ巡り、都会のエンターテインメントなど、大学の「外」での生活も大事にしたいという人は、やはり都市部にある大学でないと、息が詰まるような思いをしてしまいます。

もちろん、どんな大学でもそこで何千、何万人の学生が暮らしていることには変わりないので、どこに行っても最低限の生活は送ることができるはずです。その上で、自分がどれだけ大学の「外」に生活の重きを置きたいのか、よく考えて大学を選ぶようにしましょう。

なお、田舎にある大学の中にも、ひたすら畑に囲まれているような大学と、ダートマス・カレッジ（241ページ）のように、大自然に囲まれている大学があります。大学が畑に囲まれていてもこれといってやることはありませんが、自然に囲まれているとアウトドアが非常に盛んになるので、アウトドアスポーツに興味がある人は、ぜひ、自然に囲まれた大学も検討してみてください。

治安

アメリカに進学するにあたって、受験生も親御さんも、最も心配するのが治安だと思います。これは先の「都会か田舎か」にも関係してきますが、アメリカの田舎は日本と大して変わらないくらい治安が良く、夜中でも問題なく一人で出歩けます。

一方、都市部のほとんどは治安が悪いのですが、皆さんに知っておいてほしいのは、この「治安が悪い」の定義です。

日本で「治安が悪い」と言うと、せいぜい危なそうな人に声をかけられるとか、迷惑な酔い方をしている人がいっぱいいる、程度だと思いますが、アメリカで「治安が悪い」と言うと、それは、殺人事件や拳銃強盗が日常的に起きるレベルを指し、コロンビア大学やカリフォルニア大学バークレー校など、日本でも非常に有名な大学が、実は、そんな治安の悪い場所に当たり前のように建っています。

特に学生たちは、勉強やパーティーなどで遅くなり、深夜に一人で出歩くことが多くなりがち。事件はそういった深夜の時間帯に起きるので、学生にとって、治安というのは非常に重要な問題です。ただ同時に、大学側も、深夜は無料の送迎バスを用意するなどして、学生の安全を守るために対策を講じています。それぞれの大学周辺の治安事情とその対策は、各校ごとに詳細に書いたので、ぜひ注意して読んでいただけたらと思います。

なお、どの大学でも、行動する時間と場所、人数に気を付ければ基本的には問題なく、どんなに治安の悪い地域にある大学でも、そこで今も大勢の学生が当たり前に暮らしています。

そこで大事なのは、皆さん自身が、治安に関して日常的に不安を感じ、気を付けなければいけないような環境で暮らすことに対してどれだけ抵抗があるか、ということです。

「気を付ければいいのね。オッケー」くらいに思える人は、あまり神経質に治安事情を気にする必要はないでしょうし、「少しでも不安を感じるような場所では暮らしたくない」という人は、治安の良い地域にある大学を選ぶことをおすすめします。

ちなみに。都市部のほとんどは治安が悪いと書きましたが、アメリカの都市部にある大学を巡って唯一治安が良かったのが、ボストンです。

ニューヨークやロサンゼルス、シカゴなどの地域では大抵、都会のリソースを享受しようとすると、治安状況はどうしても妥協せざるを得ないのですが、ボストンならば、都会でありながら良好な治安のもとで暮らすことができます。

「治安は心配。でも都会に住みたい」という人には、ボストンはぜひおすすめです。

Column 1

大学ランキング

アメリカの大学には、日本における偏差値のような絶対的な序列はないものの、様々な大学ランキングが存在します。

U.S. News & World Report によるアメリカ大学ランキング（U.S. News Best Colleges）や、イギリスの THE（Times Higher Education）やQS（Quacquarelli Symonds）による世界大学ランキングなどが有名です。

総合ランキングだけではなく学問分野別のランキングもあるので、自分が特に興味のある専攻分野において、どの大学が強いのかを調べる上では非常に便利なリソースです。

ただし、大学ランキングは大学選びの1つの目安にはなりますが、これが全てではありません。そもそもこれらのランキングは各格付け機関の独自の指標で評価されており、皆さんが大学選びにおいて大事にするもの・しないものが、彼らの指標と一致するとは限りません。

また、「大学」ランキングといっても、学部だけではなく大学院も含めた上でのランキングであることが多いので、大学ランキングのみを参考にした学部の出願校選びはおすすめできません。あくまで参考程度に利用するといいでしょう。

アメリカの大学紹介

本編の大学紹介に移る前に、基本的なボキャブラリーと、大学紹介の見方を説明します。

【知っておきたいボキャブラリー】

レクチャーとセクション（Lecture & Section）

アメリカの大学の授業は、レクチャーとセクションと呼ばれる2種類の授業で構成されています。レクチャーはその授業を取っている学生全員が一緒に受けるもの、そして、セクションは学生を10～30人程度の少人数に分けて行うものです。この2種類の授業を設けることによって、大人数が受けるような大きな授業でも、少人数で丁寧な教育を受ける機会が用意されています。

そしてこれは大学にもよりますが、レクチャーは基本的に教授が教え、セクションはＴＡ（Teaching Assistant）と呼ばれる大学院生のアシスタントが教えます。

なお、少人数制の授業が一般的なリベラルアーツ・カレッジや、総合大学においても小さな授業では、もともと授業を受けている学生数が少ないことから、セクションが設けられていない場合もあります。

オフィスアワー（Office Hour）

授業を教える教授やアシスタントによって設けられている、授業外で学生が自由に質問できる時間。大抵週に1、2回、それぞれの教授のオフィスまたは空き教室で開催され、学生たちは課題やテスト対策などの質問、時間が許せば授業に関係のない相談や雑談もできます。

学生アスリート（Student Athlete）

アメリカでは大学スポーツが盛んで、中でもバーシティー（Varsity）と呼ばれる大学のスポーツチームは非常にハイレベルとなっています。そんなバーシティーに所属する学生たちを、学生アスリートと呼び、スポーツ推薦で大学に入る学生も数多くいます。

ただ、そういった学生アスリートたちも、早朝や夕方、夜に行われる日々の練習に加えて、一般学生のように授業や課題をこなさなければならず、決して、学生アスリートが勉強面で優遇されているわけではありません。その点、彼らの文武両道は称賛に値します。

社交クラブ　フラタニティとソロリティ（Fraternities and Sororities）

学生たちが男女に分かれて家族のように共同生活を送りながら、パーティーなどを開催して絆《きずな》を深める団体（詳しくは52ページのデポー大学の記述参照）。

大学や団体によって社交クラブの雰囲気は大きく異なります。

コモン・アプリケーション（Common Application）

アメリカの多くの大学が利用する、共通の受験ポータルサイト。ここに願書をオンラインで提出することで、アメリカの大学受験は完了します（加えて面接がある場合もあります）。

出願する際にはエッセイを提出する必要があり、これは、全大学に必須の非常に重要な課題になります。

【基本データの見方】

学生数	学部生の総数（大学院生は含まず）。上から2桁の概数
種類	リベラルアーツ・カレッジ　or　総合大学
留学生	全学部生に占める、留学生の割合
学期	1年あたりの学期数
合格率	大学全体の合格率
奨学金	該当する奨学金（柳井・笹川・グルーのいずれか）。なお、グルー・バンクロフト基金の大山捨松スカラシップの対象校となっている大学は、（グルー）で示しています。
リベカレランキング	リベラルアーツ・カレッジのみ掲載。 U.S. News Best Colleges（2024）の、National Liberal Arts Colleges Rankings の順位
アメリカ大学ランキング	総合大学のみ掲載。 U.S. News Best Colleges（2024）の、Best National University Rankings の順位

世界大学ランキング	総合大学のみ掲載。 THE（Times Higher Education）World University Rankings（2024）の順位

データは２０２３年12月現在の大学の公式ホームページや各種大学ランキングサイトの情報をもとに、できるだけ最新のものを載せていますが、一部、最新のデータがない場合、未公表の場合などは、他の複数のソースから掲載しています。

基本データは毎年変わるものが多いので、気になる大学の最新情報はその都度自分で調べるようにしてください。

なお、「一条校」とは、学校教育法第一条に規定する学校のこと、「インター」とは、インターナショナルスクールを指しています。

それではここからは、各大学の紹介をお楽しみください。

圧倒的な留学生サポート

グリネル・カレッジ

Grinnell College

アイオア州の片田舎にある一学年400人ほどの
小さなリベラルアーツ・カレッジに、
実は30人以上の日本人留学生が在籍しています。
全米で唯一、柳井・笹川両財団とグルー・バンクロフト基金の
対象校／提携校になっているグリネルの秘密は、
大学と地域の圧倒的な留学生サポートでした。

"YOU ARE WELCOME HERE"

大学紹介の一発目から、だいぶニッチなところを紹介します。

グリネルの最大の特徴は、圧倒的な留学生サポート。学生数1700人の小さな大学に300人以上の留学生が在籍しており、全体の約19%を占めています。

訪れた際に私が一番感動したのは、大学近くのスーパーマーケットの壁にあるこの落書き。

"YOU ARE WELCOME HERE"

新入生の留学生のために先輩たちが描いたこの落書きは、なんとスーパーマーケット公認！　これ以外にも、20mにわたって可愛らしい絵がスーパーの壁に並んでいて、町全体が留学生を温かく迎え入れているのを感じました。

大学近くのスーパーマーケットの壁にある落書き

大学の食堂に飾ってある国旗

大学の食堂には全ての留学生の出身国の国旗がずらり。私が訪れた時は、全部で85枚もありました！

毎年、新学期には長いハシゴを大学スタッフが持ってきて、その年の留学生に合わせて国旗の入れ替えが行われます。

自分が毎日過ごす食堂に自分の国の旗が飾ってあったら、それはそれは安心して学生生活を送れるはずです。

留学生限定でホストファミリー制度があり、空港から大学までの送り迎えをしてくれたり、長期休み中に家に荷物を置かせてくれたり。大学の寮が閉まっている間、家に泊まらせてもらうこともできます。

さらに、留学生向けのライティングやスピーキングの指導をする専門のアドバイザーがいたり、留学生向けの奨学金が充実していたりと※、グリネルの留学生愛は語りきれません。

学生だけでなく教授やスタッフも世界中から集められており、多様性のあるキャンパスが形作られています。

※グリネルの奨学金は、小さなリベカレの中ではかなり額を出してくれる方で、「受かった大学の中で一番お金を出してくれるからグリネルに来た」という留学生もたくさんいます。

全米で唯一、3つの留学奨学金の対象校／提携校

そんなグリネルでは、日本からの留学生の数が中国、インドに次いで3番目に多く、30人以上が在籍しています。

それほどまでに日本人留学生が多い理由の1つが奨学金。

柳井正財団、笹川平和財団、グルー・バンクロフト基金という、日本国内の3つの留学奨学金の対象校／提携校になっており、日本人にとっては経済的にも非常に目指しやすい大学です。

この3つの奨学金の対象校／提携校になっているのは全米でもグリネルだけであり、国内での評価がこれほど高い理由は、やはり圧倒的な留学生サポートがあるから。

留学生に限らず学生全体に対してのサポートも手厚く、

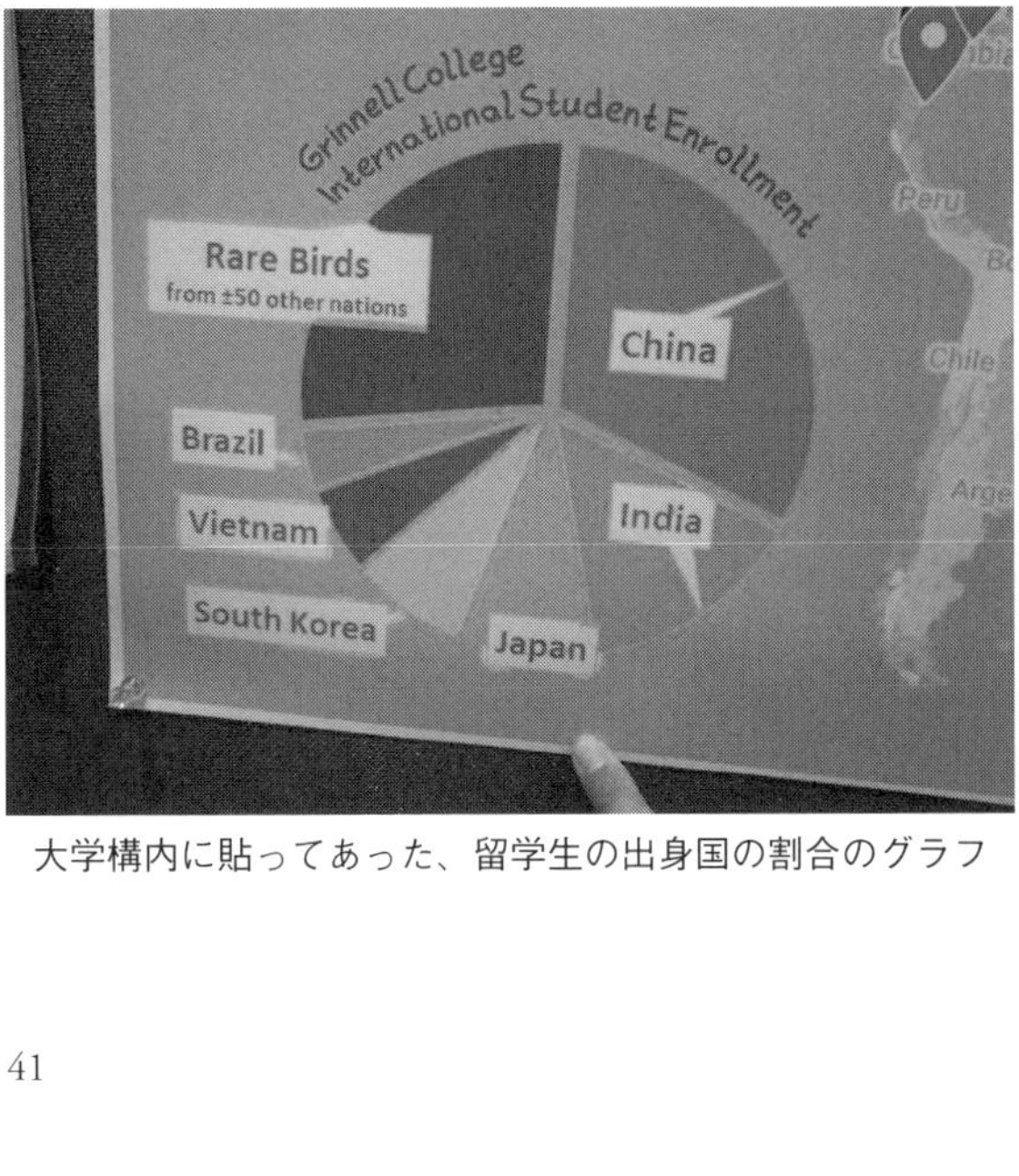

大学構内に貼ってあった、留学生の出身国の割合のグラフ

大学の看板の上でパシャリ

学生いわく、「1700人の小さな大学にはもったいないほどのリソースがあって、学生のためにすごいお金と時間をかけてくれる」。だからこそ、落ちこぼれている人やクラスから置いていかれているような人は見たことがないそうです。

ちなみに。オープン・カリキュラム（Open Curriculum）を採用していることも特徴で、卒業のために必要なのは、

- 授業を32個受ける（＝1学期4個×2学期制×4年間）
- 専攻を1つ修める（専攻内での必修授業あり）
- First-Year Tutorial（一年生向けの小規模なセミナー授業）を受ける

それだけ。

大学生活における懸念点としては、非常に田舎にあること。グリネルがある町は小さく、町に3つあるカフェのうち、2つは土日しか開きません。外食ができる店がいくつかと、スーパーマーケットがあるくらいの町なので、都会が好きな人には決しておすすめできません。逆に、のどかな田舎町で他の学生たちと和気あいあいと暮らしたい人にはおすすめの大学です。

Grinnell College

基本DATA

学生数：1700人
種類：リベラルアーツ・カレッジ
留学生：19%
学期：２学期制
合格率：9.2%
奨学金：柳井・笹川・グルー
リベカレランキング：11位

日本からの留学生

30人以上。ほとんどが一条校出身で、日本人コミュニティーがしっかりと存在しています。

交通アクセス

シカゴからデモイン空港まで飛行機で１時間半。そこから大学までは、とうもろこし畑と大豆畑がひたすら続く道を１時間ほど車で走ります。

空港から大学までは公共交通機関がないので、タクシーやUberを使うか大学の車を予約するしかありません。

私はシカゴからの往復で500ドル弱（約７万円）かかりました。学生がたくさん往復する時期は空港と大学の間をシャトルバスが走るので、もう少し安く移動できると思います。

治安

アイオア州の田舎町にあるので、治安はとても良好です。

ちょっと変わった学生が集まる大学

カールトン・カレッジ

Carleton College

ミネソタ州の小さな田舎町にあるカールトンは、
日々の「習慣」を楽しむ大学。
「アメリカの大学＝陽キャ」なイメージがありますが、
ここには謙虚で落ち着いた、
ちょっぴり変わった学生たちが集まってきます。

大学が明言するほど「ちょっと変わった」学生たち

大学説明会に参加した際、「カールトンの学生はどんな学生？」と聞かれてアドミッションズ・オフィサーが答えたのは、

"Humble and a bit Quirky"（謙虚でちょっと変わっている）

自分の大学の学生をアドミッションズ・オフィサーが「変わっている」と明言したのにはとても驚きました。

大学入試エッセイにおいて、「サッカーの試合で負けそうだったけど諦めずに私がゴールを決めました！」という内容よりも、ひたすらピーナッツバターのおいしさについて書き続けるような人がカールトンっぽいそうです。

案内してくれた私の友人も非常にユニークな趣味を持っていて、シタールというインドの伝統楽器を演奏しています。

一年生の頃に「他に誰も習っていなくてマンツーマンで指導を受けられるから」という理由でたまたま受けたシタールの授業をきっかけに、今では毎日2時間、寮の地下室で練習を重ねているそう。

私もこの友人の寮に泊めてもらったのですが、夜になると地下からシタールの独特な「ぷわぁーん」

という音が聞こえてきて、なんだか面白かったです。25歳になるまでにインドに行ってシタールの修業を積むのが目標だそうで、友として全力で応援したいと思います。

そんな友人いわく、

「自分がカリフォルニアっぽいと思う人はカールトンに来ない方がいい」

明るく陽キャなイメージが強いアメリカの大学ですが、こんな大学もあるんだなと思いました。


しかし、ただ変わっているだけじゃないのがカールトン。

リベカレランキングで常に上位に位置するカールトンの教授たちはとても教育熱心で、「あなたがこの本を読んでいるのを見たんだけど、私のこの研究、一緒にやってみない？」というように、教授の方から学生を研究に誘うことも多いそう。

授業の平均人数は17人で、日本人学生が案内してくれた中国経済史の授業はまさかの3人。見学を申し出たところ、教授も私を温かく迎え入れてくださいました。

寮の地下室でシタールを演奏する私の友人

学生数2000人の小さなリベカレなので授業数は少なく、だからこそ、学生の75%が卒業までに1回は留学をして、半数以上が4年間で2回以上、留学や他の大学でのプログラムに参加するなどして学外で学期を過ごします。

大学内でできることが限られる中で、積極的に外へ出ていこうとする学生たちの姿勢も、それを実現する大学のサポート体制も非常に魅力的です。

四年生になると、自分の専攻分野において"Integrative Exercise"通称"Comps"と呼ばれる卒業プロジェクトに学生全員が取り組みます。人によっては研究をして論文を書いたり、プロジェクトに関するレクチャーをしたり、はたまた美術作品を作ったりミュージカルの脚本を書いたり。

教授たちによる手厚いサポートのもと、ちょっとオタクっぽい学生たちがそれぞれのユニークな興味を追いかける大学。

それがカールトンです。

カールトンで受け継がれる、心温まる習慣

カールトンにはFriday Flowers（金曜日の花束）と呼ばれる習慣があります。

毎週金曜日になると近所の花屋さんが大学にやってきて、学生はそこで買った花をメッセージカー

ドと共に郵便受けに入れて、恋人や友人に贈ります。私はそれが見たくてわざわざ金曜日に合わせて訪問したのですが、昼過ぎになるとみんなの郵便受けが満開になって、本当に綺麗でした。

自分の大切な人に、愛と感謝を伝える習慣が、カールトンには根付いていています。

そんな心温まる習慣がもう1つ。

毎週金曜日にやってくる花屋さん

花束の贈りもので少しずつ埋まっていく郵便受け

Dacie Moses House

キャンパスの敷地内にあるDacie Moses House。これは、何十年も前に亡くなった、カールトンの従業員の女性の家です。彼女は生前、学生たちに毎日手作りクッキーを、日曜日にはブランチを、この家で無料で振る舞っていました。

そんな彼女の習慣を、料理好きの学生たちが彼女の死後も受け継ぎ、今もこの家ではかつてのように、毎日のクッキーと日曜日のブランチが無料で振る舞われています。

こんな日々のささやかな幸せを大切にできるのもカールトンの魅力です。

キャンパス近くの町は非常にこぢんまりしていて、なんだか見た目も可愛い感じ。あまり大きな町ではありませんが、最低限の外食や買い物を済ませることはできそうです。

ちなみに。アドミッションズ・オフィサーによると、カールトンは例年、入学する学生の約45%を早期出願者から選んでいます。

カールトンを第一志望にして出願してくるその熱量を評価しているそうなので、カールトンに進学したい人はできるだけ早期出願で応募するといいでしょう。

Carleton College

基本 DATA

学生数：2000人
種類：リベラルアーツ・カレッジ
留学生：10%
学期：３学期制
合格率：17%
奨学金：柳井・笹川
リベカレランキング：９位

日本からの留学生

およそ５人。インター・一条校出身者は、だいたい半々のようです。

交通アクセス

シカゴからミネアポリス空港まで飛行機で１時間半。そこからバス（Northfield Bus）に乗ってさらに１時間。

シカゴからの往復だと300ドルほど（約４万5000円）かかります。

治安

ミネソタ州の田舎町にあるので、治安はとても良好です。

コミュニティー意識の高いパーティーピーポー

デポー大学

DePauw University

インディアナ州の田舎町にある小さなリベカレ・デポー大学は、
「コミュニティー意識の高いパーティーピーポー」。
学生の７割が社交クラブに所属するほど
パーティー文化の強いデポーですが、
それだけ多くの学生が参加するのには理由があります。

社交クラブとは

デポーについて語るには、まずは「社交クラブ」について説明をしなければなりません。

アメリカでは大抵どの大学にもある社交クラブ。男子学生だけのフラタニティ（Fraternities）と、女子学生だけのソロリティ（Sororities）がありますが、これらは「クラブ（部活）」というよりは「大きな家族」という感じで、それぞれの社交クラブが持つ家において、似たような興味・関心を持った学生たちが、兄弟／姉妹のように共同生活を送ります。

雪合戦や果物狩りのようなイベントや、共同生活でのたわいもない日常を通して学生同士の絆を深めるわけですが、多くの社交クラブにおいて重要な活動となるのがパーティーです。このパーティーが、大学によって、また社交クラブの会員によって、かなり違った様相を呈してきます。

男女関係なく、社交クラブの所属も関係なく、大学全体に開かれた楽しいパーティーを主催するところもあれば、社交クラブの会員限定で招待制のパーティーを開くところもあります。

残念ながら、激しく飲んで踊って人と交流する中で、セクシャルハラスメントなど様々な問題の温床となっているような社交クラブも中には存在し、こうした問題を受け、社交クラブが廃止されている大学も少なくありません（ウィリアムズ・カレッジなど）。

パーティーの性質は社交クラブによって様々ですし、そもそもパーティーが活動の中心でないようなクラブ、純粋に気の合う仲間と共同生活がしたいだけのクラブも多々あります。実際、社交クラブに入って楽しく過ごしている日本人学生もたくさんいるので、一概に悪い印象を持たないでいただきたいのですが、ただどうしても、パーティーとお酒が組み合わさるとトラブルは付きものなので、私も正直、社交クラブに対して良い感情は持っていませんでした。

デポーを訪れるまでは。

学生の7割が社交クラブに所属

デポーでは7割もの学生が社交クラブに所属していると聞いた時、私はとんでもない大学だと思ったのですが、デポーにおけるパーティーは、もっと温かいものでした。

良いパーティーを開催して自分たちの社交クラブの評判を上げようと、各クラブが安全で楽しいパーティーを作ろうと努力していますし、パーティーはあくまで仲間と楽しく過ごすための手段の1つにすぎません。雪合戦をしたり、サバイバルゲームをしたり、そんな仲間との絆を深めるイベントの一環としてパーティーが存在するそうです。

案内をしてくれた日本人の学生も、デポーがパーティースクールだと知った時、最初は自分には合わないと思ってショックを受けたそうですが、今はその意味に納得していると言っていました。

それぞれが社交クラブに入ることの意義を理解した上で入っているからこその、7割という学生の参加率なのであり、逆に、悪質なクラブ、悪質なパーティーばかりだったら、これほどまでに高い参加率にはならないでしょう。

コミュニティー意識の高さ故の社交クラブ

デポーの日本人学生に「デポーの好きなところは?」と聞くと、口を揃えて「温かいコミュニティー」と返ってきます。

そもそも社交クラブが盛んなのも、気の合う仲間とのコミュニティー構築が目的ですし、全体的に、コミュニティー意識が高い学生が多いように感じました。

そして、デポーのコミュニティー意識は大学の内側に向いているだけではなく、大学主催の地域イベントも頻繁に行われています。

私がビジットした際はちょうど、デポーの学生団体が地元住民に向けてハロウィンイベントを開催していて、仮装した子どもたちが家族と一緒に各団体のテーブルをまわって、"Trick or Treat"と言ってお菓子をもらっていたのが本当に可愛かったです。

仮装してお菓子をもらいに来た地元の子どもたち

大学がある町は、田舎町ではあるものの、最低限の衣食住は揃っていそうな雰囲気。毎日午後3時には閉まってしまうスタバで、みんなで勉強しているそうです。

学費のうち毎年400ドル（約6万円）が自動的に学生の大学アカウントに振り込まれ、そのお金が地域のレストラン3軒とアイスクリーム屋さんで使えるようになっています。それを元手に学生たちは外食に繰り出すわけですが、それぞれの金銭事情によらずみんなが最低限平等に外食を楽しめて、かつ地域の活性化にも繋がるとてもいいシステムだと思いました。

そんなデポーは親日大学として有名で、昔は日本の外交官が使節団としてよくデポーに留学に来ていたそう。一学年450人の小さなリベカレにしては珍しく日本語専攻があり、日本人学生は全体で25人ほど在籍しています。

なお、音楽大学が付属しているため、"College"ではなく"University"という名前になっていますが、れっきとしたリベラルアーツ・カレッジです。

校門から見たキャンパスの様子

DePauw University

基本 DATA

学生数：1800人
種類：リベラルアーツ・カレッジ
留学生：21%
学期：２学期制
合格率：66%
奨学金：グルー
リベカレランキング：46位

日本からの留学生

およそ25人。インター・一条校出身者は、だいたい半々のようです。

交通アクセス

シカゴからインディアナポリス空港まで飛行機で１時間。空港からタクシーまたは Uber で45分ほど走ると大学です。

空港周辺では流しのタクシーや Uber を拾えるのですが、大学周辺ではめったに拾えないので、帰りのタクシーをきちんと予約しておくことが必要です。

治安

インディアナ州の田舎町にあるので治安はとても良好で、夜も一人で歩けるそう。それでも不安な学生は、夜遅くなってしまった時には大学の車を呼ぶと寮まで無料で送り届けてもらえるサービスもあります。

学生数650人、どこよりも温かく丁寧な教育

アーラム・カレッジ

Earlham College

インディアナ州の田舎町にあるアーラムは、
学生数650人のウルトラ小規模なリベカレ。
少人数にもかかわらず、なんと18%もの学生が留学生で、
国際色溢れる大学でもあります。
多様でフレンドリーなキャンパスで、
どこよりも温かく丁寧な教育が行われています!

学生数たったの650人

アーラムの一番の特徴は、なんと言っても超小規模であること。一学年ではなく全学生がたったの650人。私が訪れた中では最少人数の大学です。

小規模だからこそ学生一人ひとりに合わせた丁寧な教育が行われていて、勉強面・進路面・大学リソースの活用面における3人ものアドバイザーがそれぞれの学生に寄り添い、大学生活をサポートします。

どんな名門大学もリソースに溢れていますが、学生は得てしてどこにどんなリソースがあるのかを把握できずに与えられたものを活用しきれない傾向にあります。

アーラムではそれぞれの学生が大学を100％活かせるように、3人のアドバイザーが適切なリソース・オポチュニティー（機会）に丁寧に導きます。

そして、学生を導くのはアドバイザーだけではありません。

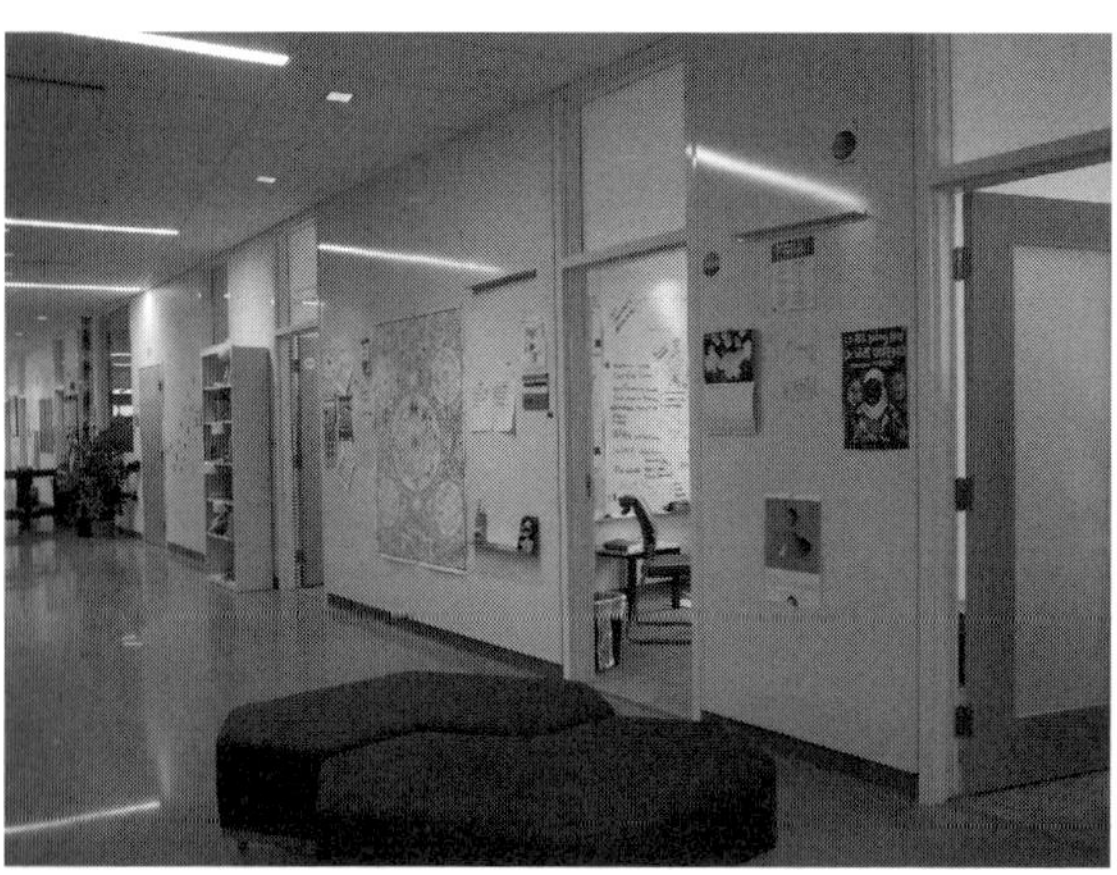

開放されている教授のオフィスドア

大抵の授業は10人ほどで行われるので、教授との距離は非常に近く、日常的に教授と話すことができます。学生が気軽に話しに来られるよう、オフィスのドアを常に開けている教授も多いそう。私も構内を歩きながら、開放されているオフィスドアをたくさん見かけました。

困った時に気軽に助けを求めることのできる教授たちは、先生としてだけでなくメンターとしても、学生一人ひとりの大学生活を支えています。

小規模を活かした丁寧な教育は、

"This is the educational system I believe in."（これこそが私の信じる教育システムです）

と熱く語る、アドミッションズ・オフィサーの言葉が印象的でした。

大学ビジットを続ける中で、何十もの大学のアドミッションズ・オフィサーと話をしましたが、これほどまでに自分の大学で行われている教育の力を信じている人は他にはいませんでした。

そして小さな大学だからこそ、学生同士の仲も自然と密になり、感覚的には全学生の4分の1は顔と名前が一致するそう。

なにせ学生数が少ないので、自分と似たような人と出会えないのが当たり前。みんな違って当たり前。だからこそ、学生はありのままの自分を前面に押し出して、お互いの違いを受け入れ、それを楽しみながら過ごすことができるそうです。

案内してくれた学生いわく、「変に周りに馴染《なじ》もうとしなくてもいい。好きなように生きて、ありのままの自分として友人と密な関係を築けるのが好き」。

アドミッションズ・オフィサーも、お互いの違いをリスペクトできる、open-minded な学生を求めていると言っていました。

いくらアーラムのサポート体制が整っていても、小さな田舎町にある小さな大学なので、リソースの絶対量には限りがあります。そのため、自分が置かれた環境でできることを考えられる人、そして、人との繋がりがもたらすたくさんの可能性を大事にできる人に向いています。

国際色豊かな大学

アーラムのもう1つの特徴は、留学生が多いこと。18%もの学生が留学生なので、例えば授業中に4人1組でチームを組んだ時、みんなの出身国がバラバラになることもよくあります。留学生であることの特別感をいい意味で感じず、アメリカの文化に合わせる必要がないのが気楽なのだそう。

そして、世界中から学生を集めるだけでなく、世界中に学生を送り出しているのもアーラムの強み。

キャンパス外の授業プログラムが大人気で、ニュージーランドで生物・環境学を学んだり、インド

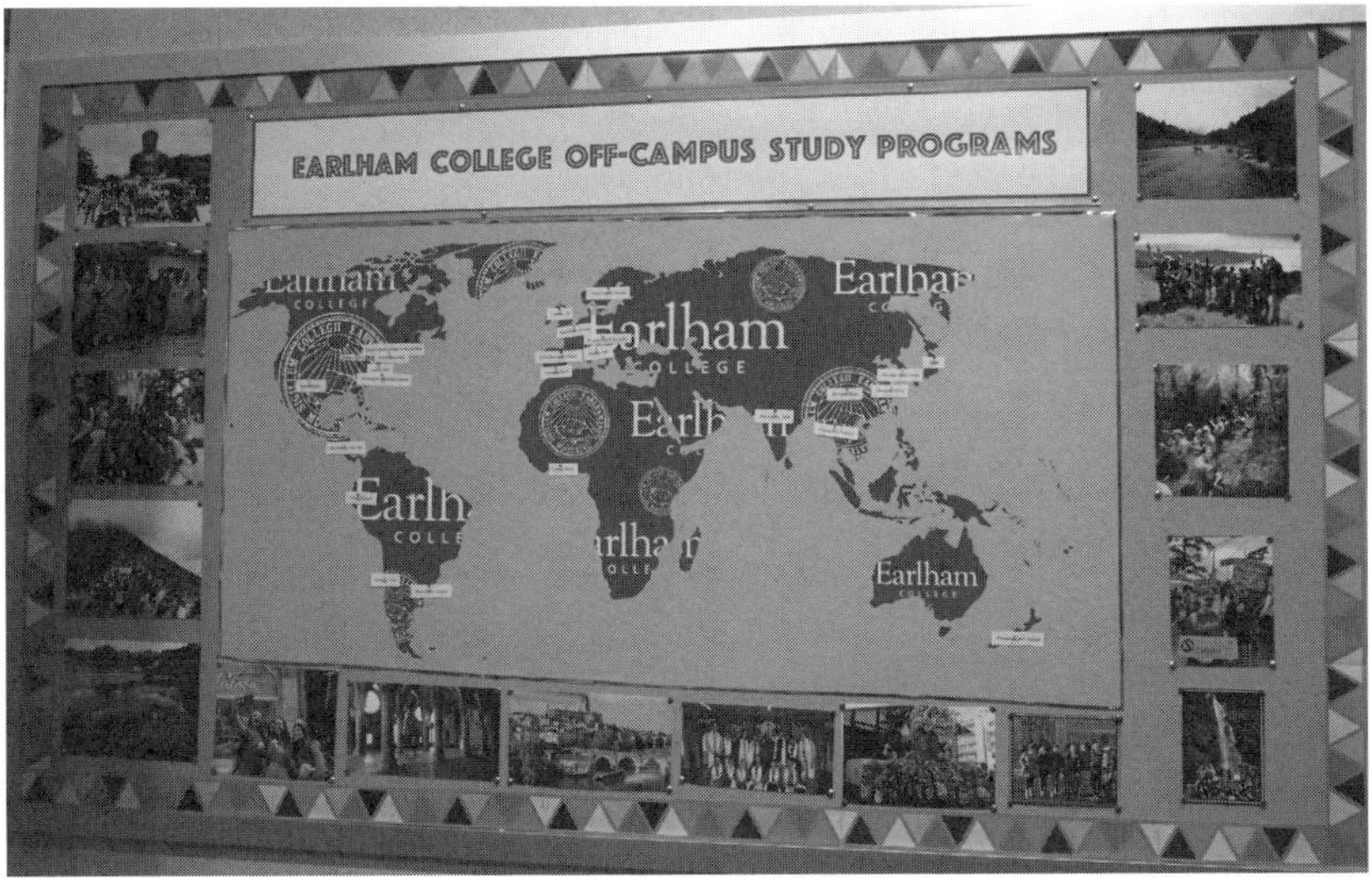

世界中で行われている校外プログラムのポスター

でチベット民族の文化・歴史を学んだり。1学期内に収まらず、1年間にも及ぶ校外プログラムもあります。

校内でできることが限られる分、学生たちの校外での活動を応援しようとEpic Advantageと呼ばれる制度があり、全ての学生が在学中に1回、大学から5000ドル（約74万円）をもらって自分の進路に関わる活動に使うことができます。研究やインターン、留学やサマープログラムなどの費用に使う学生が多く、こうした金銭的支援を漏れなく全学生に届けられるのも小規模なればこそ（一般的な大学ではこうした支援は応募制で、選ばれた学生しか受け取ることができません）。

交通の便の悪い田舎町にあるので、大学周辺でできる娯楽はなく、休日はのんびりしたり読書をしたり勉強をしたりして過ごすそう。車がないと近くのレストランに行くのも大変なので、休日は

図書館にある和室らしきもの

料理を楽しむ学生も多いようです。

小さく静かな大学なので、一人で過ごす時間、自分と向き合う時間を楽しめる人に向いています。


クエーカーと呼ばれるプロテスタントの一派の大学であることもあって、社交クラブは存在せず、多少のパーティーがあるだけで、全くもってパーティースクールではありません。

きらびやかな生活、都会らしい生活を求めている人はやめておいた方がいいでしょう。


日本語学部が強いことでも有名で、日本語を勉強するためにアーラムに来る学生もいるそう。650人の小さな大学に13人ほど（つまり全体の約2％）の日本人留学生が在籍しており、日本人としてとても安心できる環境なのも魅力です。

図書館にはなぜか和室のようなものが設置されていました。

Earlham College

基本DATA

学生数：650人
種類：リベラルアーツ・カレッジ
留学生：18%
学期：２学期制
合格率：69%
奨学金：グルー
リベカレランキング：100位

日本からの留学生

13人ほど。

ちなみに、日本に限らず留学生の約３分の２がUnited World Colleges（UWC：世界中にキャンパスがあり、世界中から学生を受け入れている高校群）出身で、UWC生専用の奨学金プログラムもあるそうです。

交通アクセス

デイトン空港から車で45分。

空港周辺でUberをつかまえて大学まで行くのは容易ですが、大学周辺は田舎なので、逆方向からはUberはつかまりません。事前にタクシーを予約するかレンタカーで来るようにしましょう。

なお、学生には大学が有料で専用ドライバーを用意しています。

治安

インディアナ州の田舎町にあるので、治安はとても良好です。

学生に何でもやらせてくれる大学

カレッジ・オブ・ウースター

College of Wooster

オハイオ州の田舎町にあるリベカレ・ウースターは、
学生に何でもやらせてくれる大学。
なんと、大学の公式 Instagram すら学生が運営。
大学による全力サポートのおかげで
卒業プロジェクトの質において全米3位を誇ります！

全員必修の卒業プロジェクト、通称ＩＳ

ウースターの一番の特徴は、Independent Study（ＩＳ）と呼ばれる全員必修の卒業プロジェクト。1年間、人によってはそれ以上かけて、教授と一対一で研究や作品制作を進めていきます。

学生いわく、「自分が知りたいことを全部知れて、作りたいものを全部作れる、すごい夢を持たせてくれるプロジェクト」。大学は「ＩＳに関しては何でも用意するし何でもやらせる。うちでできないプロジェクトであれば、それを実現できる他の場所を紹介するよ」というスタンスで、学生の夢を全力でサポートしてくれるそうです。

学生のプロジェクトを指導する教授のパッションも激アツで、とある四年生が「ＩＳがうまくいっていない」と担当教授に相談したところ、毎日10分間の進捗《しんちょく》報告のミーティングを設けてくれて、色々相談に乗ってくれたり、一緒に論文を探してくれたりしたそう。

授業中にも、教授たちは過去に自分が指導したＩＳのプロジェクトをよく紹介するので、学生が四年生になる頃には、みんなＩＳへのモチベーションもばっちり高まっています。

そんな、学生にとっても教授にとっても特別なＩＳは、提出日には、それはそれは大騒ぎになります。

IS Monday と呼ばれるその日は、四年生が一堂に会して写真を撮って、はっちゃけて、お酒を飲

IS Mondayのパレードの様子

んで、全員べろべろになります。

全員必修だからこそ、学年全体で共有する喜びはひとしおです。

ISにかける学生と教授と大学の想いが一つになった結果、ウースターは卒業プロジェクトの質において、なんと、大学ランキング全米3位（2024年）！

ちなみに1位はプリンストン大学（192ページ）なのですが、プリンストンの友人たちから話を聞く限り、ウースターの学生の方がもっと楽しくのびのびと卒業プロジェクトに向き合っている印象を受けました。それもこれも、教授たちの丁寧で熱心な指導の賜物《たまもの》です。

アドミッションズ・オフィサーいわく、「大学による学生へのサポートはプラスアルファのものじゃない。ウースターのカリキュラムの一部としてしっかりと組み込まれている」。

作りたいもの、探求したいものがある学生にとって、大学からの力強いサポートを受けることができるウースターは最高の環境です。

全米の大学の卒業プロジェクト(Senior Capstone)ランキング

	大学
1位	プリンストン大学
2位	イェール大学
3位	カレッジ・オブ・ウースター
4位	スワスモア・カレッジ
5位	ブラウン大学

(U.S. News　2024年)

何でもやらせてくれる大学

卒業プロジェクトに限らず「何でもやらせてくれる大学」で、例えば自分のやりたいことが教授とマッチしたら、教授がわざわざ新しい授業を作って一対一で指導してくれます。案内してくれた日本人学生も映像学の新しい授業を作ってもらって、教授と毎週動画の企画を練っているそうです。

写真・映像制作が好きなその学生は、なんと大学公式Instagram (@wooinsider) の運営も任されていて、ここまで学生を信頼してくれる大学は他にはありません。興味がある方はInstagramをぜひフォローしてみてください!

学生に限らず教授もやりたいことに溢れていて、教授主導で様々な留学プログラムが開講されています。例えばアルゼンチンでの留学プログラムは、歴史学の教授が動画撮影に興味があって、「ちょうどアルゼンチンで動画を作ろ

う と思っていたから、学生も連れてっちゃおうか」という流れで誕生したそうです。

ウースターは学生と大学スタッフとの関係が本当に密なので、やる気のある学生がそのやる気をちゃんと伝えれば、教授たちがどしどしチャンスをくれてサポートしてくれます。そのため、自ら積極的に様々な人・ことに関わっていける、ハングリーな人に向いています。

色々やればやるほど大学生活が楽しくなる、そんな大学です。

多様性を尊ぶ文化

ウースターは留学生へのサポートも充実しています。

留学生に奨学金を多く出すことで有名で、学生数2000人のうち、なんと15%が留学生。「世界中のどこに行っても頼れる人がいる」と話す日本人学生の言葉が印象的でした。

留学生のためのアドバイザーが英語の発音練習に付き合ってくれたり、エッセイ課題の添削をしてくれたり、プレゼンを指導してくれたり。留学生が望めば毎週ミーティングをしてくれるそうで、学生いわく、「自分の今の状況をちゃんとわかってくれている人がいるだけで、すごく安心できる」。こうしたアドバイザーの存在は、勉強面だけでなく、精神的にも大きな支えとなっているようです。

年に1回 Culture Show と呼ばれる学校行事があり、学生が様々な国の伝統衣装を着て歩くファッションショーをはじめとして、様々な企画が行われます。これが大学で一番盛り上がるイベントだと

Culture Show のパフォーマンスの様子

いうのが本当に素敵で、ウースターの多様性を尊ぶ文化の象徴となっています。

学生が嫌なこととして挙げていたのが、大学がある地域が非常に保守的であること。学生いわく、「白人じゃないとこの町に住みたいとは思わないかな」。

地域の人みんなが人種差別的な考え方を持っているわけではなく、優しい人もたくさんいるそうですが、大学周辺を歩いていたら、車から差別用語を叫ばれたり食べ物を投げつけられたりした学生もいるそうです。

ただし、キャンパス内は留学生も多く多様性が大事にされているので、大学内でそうした差別行為は基本的にありませんし、万が一あってもすぐに大学警察が介入するので、そこは心配無用です。

かなり田舎にある大学なので、大学周辺でできることといったら外食ぐらい。休日はのんびり過ごす学生が多いようです。

決してパーティースクールではないので、キラキラした都会ライフを送りたい人は避けた方がいいでしょう。

ちなみに。Kauke Hallと呼ばれる授業用の建物の入口を雪で塞《ふさ》いで、授業をボイコットするイベントが、毎年大雪の日に行われます。

3時間ほどかけて学生みんなで協力しながら入口を埋めていくわけですが、その建物の入口は残念ながら他にもあり、大抵授業は普通に行われてしまうそうです。

普段のKauke Hallの入口

雪で埋められたKauke Hallの入口

College of Wooster

基本DATA

学生数：2000人

種類：リベラルアーツ・カレッジ

留学生：15%

学期：２学期制

合格率：56%

奨学金：グルー

リベカレランキング：75位

日本からの留学生

11人、うちインター出身は１人。

交通アクセス

クリーブランド・ホプキンス空港からタクシーまたはUberで１時間。

大学周辺では基本的にUberは拾えず、周辺のタクシーの台数もとても少ないので、事前にタクシーを予約しておかないと大変なことになります。私は空港まで危うく帰れないところでした。

治安

保守的という点以外は基本的に中西部ののどかな田舎町なので、治安はとても良好です。

何かとちょうどいい大学

ノースウェスタン大学

Northwestern University

シカゴの郊外にある中規模な総合大学。
授業の規模感も、都会までの距離感も、
教養教育と専門教育のバランスも、
何かと「ちょうどいい」のがここの魅力。
総合大学にありがちな弱点をばっちり克服した大学です！

3学期制で大量の授業を受ける

3学期制で各学期に4~5個の授業を受けるノースウェスタンでは、

・一般的な2学期制の大学だと、
　1学期で4授業×2学期＝1年で8授業

・一般的な3学期制の大学だと、
　1学期で3授業×3学期＝1年で9授業

なのに対し、
　1学期で4~5授業×3学期＝1年で12~15授業

大量の授業を受けるのが特徴です！
あまりにもたくさんの授業を受けるその姿勢から、North-western ではなく、
Nerd（ガリ勉）-western
なんて呼び名もあるほど（笑）。
1年に8~9個しか授業を受けられない大学だと、専攻や関連分野の授業で簡単にスケジュールが埋まってしまって、他に気になっている分野を探求するスキマがなかなかない、なんてことになりがちですが、ノースウェスタンでは1年に12~15個も授業を受けることができるので、気になる授業は全て取ることができます。

様々な分野を学びたい人、何に興味があるかわからない人に色々探求する機会を与える「教養教育」がしっかりと実践されている大学ですが、同時に資金の豊富な総合大学でもあるので、施設も授業数も充実しており、学部生として大学院の授業を受けることもできます。学生の言葉を借りるなら、「どんな分野を学んでも満足できる」。

そのため、様々な分野を探求した先で、いざ学びたいものを見つけた時のための「専門教育」がバッチリ備わっているのも魅力です。

美しいキャンパス

必ず小分けされる大人数レクチャー

他の総合大学だと、生物学や経済学、CS（コンピューターサイエンス）の入門といった人気の授業は、大抵500人以上の大規模になりがちですが、ノースウェスタンでは大きな授業はどれも小さく分けて、同じ教授が同じレクチャーを繰り返し教えるので、最大でも200人くらいの規模感になります。

大人数のレクチャーとは別に「セクション」と呼ばれる少人数制のクラスを設ける大学はあるものの、レクチャーそのものを小分けにして行う総合大学は非常に珍しく、ノースウェスタンの丁寧な教育を物語っています。

そして忘れちゃいけないのが、シカゴの喧噪《けんそう》を少し離れたところにある美しいキャンパス。ミシガン湖畔に立地しているため、授業と授業の間は湖畔沿いの道を移動します。

開けた空間がキャンパスにあるだけで、大学生活に心のゆとりをもたらしてくれます。

そして、食堂のオプションが多くておいしそうだったのもかなり魅力的。食堂に関しては全米トップクラスだと思います。

学外の飲食店が入る生協のような場所もあって、この大学なら食事も満足できそうな気がしました。

大学周辺には外食のオプションも多く、日本食がたくさんあります。治安も非常に良好で、暮らしやすいのどかな郊外の街です。

キャンパス内にある湖畔沿いの道

Northwestern University

基本 DATA

学生数：8700人
種類：私立総合大学
留学生：10.5%
学期：３学期制
合格率：7.2%
奨学金：柳井・笹川
アメリカ大学ランキング：９位
世界大学ランキング：28位

日本からの留学生

10人ほど。インター出身者の方がやや多めです。

交通アクセス

シカゴから電車で30分。

治安

高級住宅街にあるので、治安は良好です。

教養教育を大切にする総合大学

シカゴ大学

University of Chicago

シカゴ郊外にあるシカゴ大は、
一学年1900人ほどの中規模な私立総合大学。
7分野にわたる15個の授業が必修のコア・カリキュラムと、
すぐに友達になれるフレンドリーな学生たちが特徴です。

7分野15授業が必修のコア・カリキュラム

授業システムは前項で紹介したノースウェスタン大学とよく似ています。

3学期制で、1学期あたり3〜4個の授業を受けるのが一般的。

卒業のために必要な単位数は4年間で42授業なのですが、そのうちの15授業、つまり3分の1以上を占めるのが、コア・カリキュラム（Core Curriculum）と呼ばれる教養教育のプログラムです。

7分野にわたり幅広く授業を受けることが求められる上、4年間を通して受講する授業数も他の大学と比べてかなり多いことから、学生たちも色々な授業を試した結果、「これも面白いかも」「あれも楽しそう」といったように専攻がどんどん増えていき、気づけば複数の分野を専攻している学生がほとんどだそう。その多くが4年間に42授業では満足できずに、それを大きく上回る授業数を履修して卒業していきます。

アドミッションズ・オフィサーにどんな学生が多いか聞いたところ、

"Someone who loves learning for the sake of learning"（学びたいから学ぶ人）

1つの分野にしか興味がない人よりは、分野に囚われず学びそのものを楽しめる人に向いている大学です。

綺麗な図書館

総合大学としては異例の少人数レクチャー

そんな学生の学びをサポートするために、授業は少人数制を採っています。

シカゴ大も前項のノースウェスタン大学と同様、数百人が受講するような入門の授業のレクチャーは、複数のクラスに分けて教授が同じ内容を繰り返し教えます。

これは総合大学においては非常に珍しいシステムで、案内してくれた学生が受講した中で一番人数が多かった授業は100人だというのには驚きました。

私の母校・ハーバード大学を含め、一般的な大学では数百人のレクチャーは数百人のまま行われます。案内してくれた学生にその話をしたら、「え、じゃあレクチャーを繰り返さないなら教授はその間、何してるんですか?」と突っ込まれてしまって、この大学では本当にレクチャーを小さく分けるのが当たり前になっているのだなと実感しました。

学生の特徴として印象的だったのは、お互いに知り合おうとする積極性です。

図書館で友達と勉強していると、友達の友達が声をかけてきて、さらにその友達の友達も参加して、気づけば全然知らない学生たちと一緒に勉強しているなんてことがよくあるそう。

みさきちゃんという日本人学生に案内してもらっていた際に、彼女の友達とすれ違った時も、いくつか大学生活について質問をしたら、

"If you have any more questions, Misaki has my number!"

（もし他に聞きたいことがあったら、みさきに電話番号聞いてね！）

と言われて、その優しさとフレンドリーさに感動しました。

みさきちゃんいわく、

「授業は別に他の大学と変わらない。でも、ここに来て良かったたって思わせてくれるのはいつだって人」

この大学には、周りのことを心から大事にできる学生たちが集まっています。

個人的に印象に残っているのは食堂がとてもおいしかったこと。

キャンパス近くにあるミシガン湖

大学内でも比較的まずい方だと言われている食堂に行ったにもかかわらず、大満足な食事でした。もっとおいしい食堂があると言うからびっくりです。オプションもかなり多く、食堂のおいしさだと私が訪れた60大学の中では確実に5本指に入ります。

ミシガン湖が歩いて20分ほどの場所にあり、空き時間にふらっと勉強の息抜きができるのも魅力です。もちろん、友達とバーベキューをしたり泳ぎに行ったりと、思いっきり湖で遊ぶこともできます。

ちなみに。シカゴ大は経済学が強いことでも有名です。

経済学におけるシカゴ学派の発祥の地で、２０２２年のノーベル経済学賞を受賞したダグラス・Ｗ・ダイヤモンド教授もここで教えています（学部ではなく大学院の教授ですが）。

肌感覚で学生の3割が経済学を専攻しているほど人気の分野です。

さらにちなみに。「シカゴ大学」という名前から州立大学と誤解されがちですが、「私立」総合大学です。

経済学部の建物の中にある
「シカゴ大学の経済学部はすごいんだぞ」
ということを説明するための部屋

University of Chicago

基本 DATA

学生数：7700人

種類：私立総合大学

留学生：15%

学期：３学期制

合格率：4.8%

奨学金：柳井・笹川

アメリカ大学ランキング：12位

世界大学ランキング：13位

日本からの留学生

およそ12人。うち、一条校出身者が３人、インター出身者が９人ほどだそうです。

交通アクセス

シカゴの中心から車で20分。

治安

シカゴ大は、シカゴ南部の治安が悪い地域に位置しています。

キャンパスとその周辺はおおむね安全ですが、そこまでの移動は地下鉄と徒歩は絶対にやめましょう。シカゴ大周辺であろうとなかろうと、時間を問わず、シカゴでの地下鉄利用はおすすめしません。

繰り返しますが、キャンパス内は安全なので、ご安心ください。

工学か、工学以外か

イリノイ大学
アーバナ・シャンペーン校

University of Illinois
Urbana-Champaign

イリノイ州の田舎町にあるイリノイ大学アーバナ・シャンペーン校は、
ＣＳと工学が強い州立大学。
工学が有名な他の大学と比べて合格率が高く学費は安いので、
工学系を志す学生に、ぜひおすすめの大学です！

工学が強い州立大学

イリノイ大の一番の特徴はCS（コンピューターサイエンス。全米5位。2024年）と工学（全米11位。2024年）が強いこと。

期末期間には臭くなると噂の工学部の図書館

州内出身の学生は、学費割引が理由で州立大学であるイリノイ大にやってきますが、日本人留学生の場合、CSか工学を目的に来る人がほとんどだそう。

CSと工学、物理学が合わさって工学部を構成しており、工学部所属か否《いな》かで学生生活も大きく異なります。

まず、工学部がキャンパスの北側に集中し、それ以外は南側。

まさに、「工学か、工学以外か」。

勉強面での忙しさは、工学部が他の追随を許しません。学部ごとに用意されている図書館ですが、工学部の図書館だけが24時間開いており、期末期間になると学生が寝食を忘れて居座るので、自習スペースが臭くなるとかならないとか。

田舎にあるためイリノイ大周辺では娯楽が少なく、飲みとパーティーが学生の主な遊びになるので、大学近くのメインストリートにはバーが立ち並び、金曜日には学生が列を作ります。

しかし、そんな金曜日でも、工学部の学生は夜までキャンパスで勉強や研究に励み、それが終わればバーに並ぶ学生たちの列を横目に寮に帰っていくそうです。

飲みやパーティーが盛んな大学ではありますが、なにせ学生数3万5000人の大学なので、様々な学生生活が存在します。遊びたければ思いっきり遊べるし、がっつり勉強したければ誰ともつるまず一人で過ごすこともできる。

そんな柔軟さが魅力です。

実学的な教育

カリキュラムの特徴として挙げられるのは、実学的であること。

労働者を育てるための学校として設立された背景もあり、就職を前提とした実学的な教育が行われています。特に理系分野は入門段階から理論よりも実践重視で、CSでも数学の授業でも、序盤からがっつりコードを書いていきます。

そんな実学教育をみっちり受けた学生たちに対するアメリカ国内の業界からの信頼は厚く、一時期マイクロソフトの新卒採用はイリノイ大生が一番多かったとか（もちろん学生数が多いこともありますが）。

アメリカでの就職は即戦力が前提で実務経験が非常に重視されるので、アメリカでCSや工学系の進路に進みたい人にはおすすめの大学です。

ちなみに。実学的という点ではビジネスも強い大学で、会計の分野は全米2位を誇ります（2024年）。

とはいえ、就職以外の進路が応援されないわけでは決してなく、研究棟が建ち並ぶほど研究が盛んな大学でもあります。

学部生が主体となって研究する文化が根付いていて、案内してくれた四年生もPh.D（博士号）プログラムへの進学を目指していました。

工学を志す学生にとっての「優秀な滑り止め」

ここで受験の話を少し。

イリノイ大では受験段階で専攻を選ぶのが特徴で、専攻ごとに合格率も異なります。

大学全体の合格率は44％ですが、工学部は人気なのでその半分（22％）で、中でもCS専攻はさらに人気なので合格率は7.5％まで下がります。

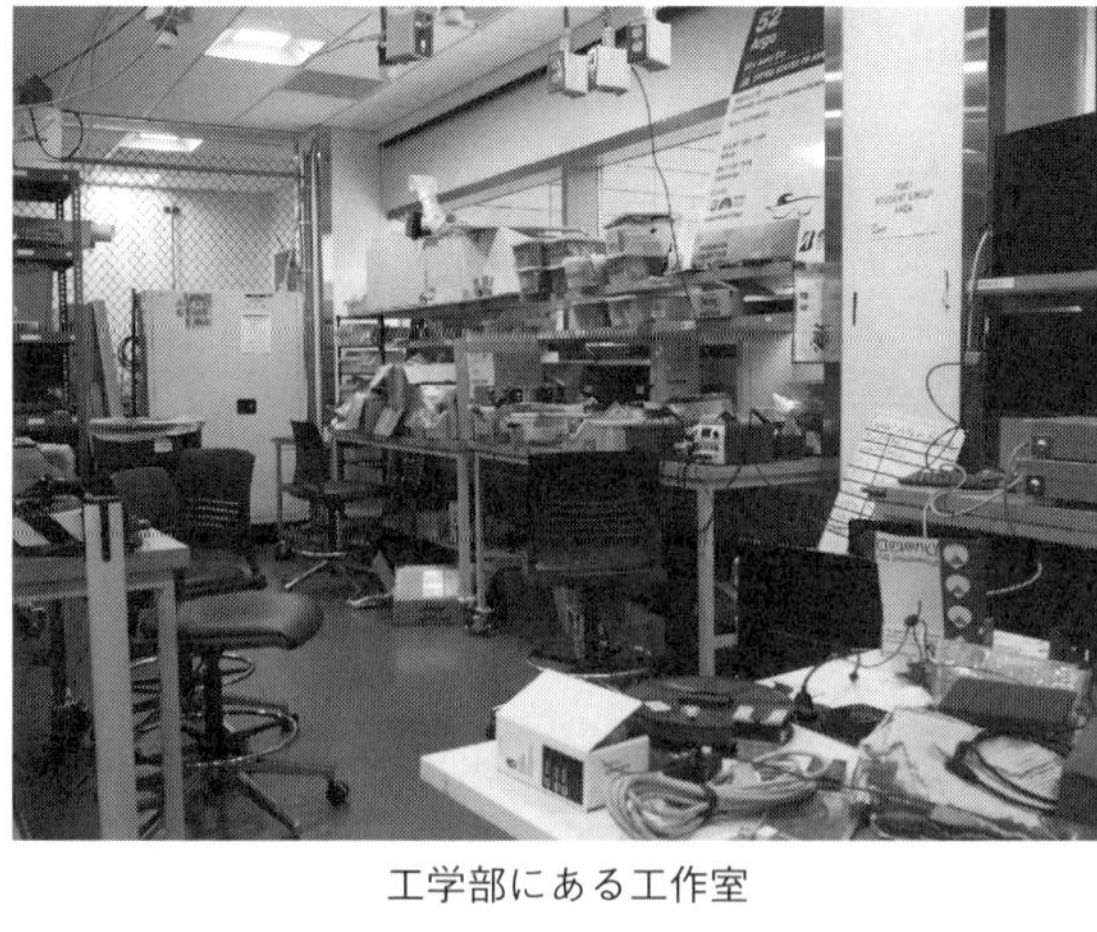

工学部にある工作室

大学受験の際に2つまで志望専攻を選べるのですが、CSは人気すぎて、受験段階で第一志望にしないと入学後に別の専攻から移ってくることができないので注意が必要です。

「CSを学びたい。でも受かる自信がない」という人は、CS+αの専攻（CS+経済学、CS+物理学など）を志望すると、純粋なCS専攻よりは合格率が高く（20%）、受けられる授業はほぼ変わらないのでおすすめだそうです。とはいえ、CS+αの専攻は教養学部の学位なので、工学部の学位にこだわる人は、必ずCS専攻を志望しましょう。

数百人は入るレクチャーホール。
このサイズ、もしくはこれ以上の規模の教室がいくつもあります

工学部の合格率が低いとは言いましたが、マサチューセッツ工科大学（280ページ）などの工学が強い他の私立総合大学と比べれば合格率は高く、学費は100万円以上安く、さらに授業は実践的で業界からの信頼も厚いので、学生の言葉を借りるなら、イリノイ大は工学を志す学生にとって「優秀な滑り止め」。

工学、特にCSに興味がある人にはおすすめです！

ただ、3万5000人も学生がいると、教授やアドバイザーが常に気を配ってくれるわけではありません。い

大学周辺の町の様子

くら良い大学でも、自分でチャンスやリソースを探して手を伸ばしていかないと誰もサポートしてくれないので、主体性が求められます。

田舎であるものの息苦しさを感じさせない周辺環境

州立大学であるため、イリノイという比較的田舎の州内出身のおっとりとした学生たちが全体の7割を占め、他の私立名門大学のように学生みんな超優秀なエリートという環境とは違うので、競争は比較的緩く、ちゃんと頑張れば良い成績を取れるのが魅力だそう。

前述の通り町でできる娯楽は少なく、日本人学生の間では先輩の部屋で「桃鉄（桃太郎電鉄）」を一晩中遊ぶことが流行《はや》っていました。一方で、スーパーや量販店のあるそこそこしっかりとした町なので、住む上ではそれほど困らなさそう。レストランも豊富にあり、おいしい店もたくさんあるので、勉強のストレスは食事で解消します。

大学内には学生のためにボウリング場やビリヤード場、スケートリンクなども用意されているので、娯楽の少ない田舎町ではあるものの、あまり息苦しさは感じませんでした。

学生が不満として挙げていたのが天気。

内陸部にあるので一日の寒暖差も一年を通しての寒暖差も激しく、夏は暑けりゃ冬は超寒いそう。

ただ、それを補って余りある魅力を持った大学です。

真冬のキャンパスの様子

University of Illinois Urbana-Champaign

基本 DATA

学生数：35000人
種類：州立総合大学
留学生：14.2%
学期：２学期制
合格率：43.7%
奨学金：柳井
アメリカ大学ランキング：35位
世界大学ランキング：42位

日本からの留学生

各学年２、３人ほどで、そのうちおよそ３分の２がインター出身。
ただ、なにせ学生数３万5000人なので、詳細な数は不明です。

交通アクセス

シカゴの Union Station から電車かバスで３時間。
公共交通機関でアクセスできるのはとてもありがたいですね。

治安

残念ながら治安はあまり良くないようで、学生が巻き込まれることはないものの、ひところは大学から少し離れたところで年に１、２回発砲事件があったそう。夜は一人で出歩かないようにしましょう。

時間と場所を選べば危険はないようですが、帰りが遅くなった時には大学が寮まで無料で送り届けてくれます。

勉強と遊びのバランスが良い大規模な州立大学

ミシガン大学
アナーバー校

University of Michigan-Ann Arbor

ミシガン州郊外にあるミシガン大学アナーバー校、通称 U of M は、
学生数３万3000人の大規模な州立大学。
アイビーリーグに負けず劣らず理系・ビジネス分野に優れると共に、
ソーシャルライフも大事にする学生が多いので、
勉強と遊びのバランスが非常に良いのが魅力です。

綺麗な図書館

勉強も遊びも充実した大学

U of Mの一番の特徴は勉強と遊びのバランスが良いこと。

ビジネス（4位）、工学（7位）、CS（コンピューターサイエンス。11位）の分野で全米上位を誇り、研究のためのリソースも非常に充実しています。

その一方で、学生の大半がパーティーを楽しむパーティースクールで、なんと木曜の夜からどんちゃん騒ぎだそう。

パーティーに限らずソーシャルライフが大事にされており、大学近くのカラオケに行ったり、週末にアメフトの試合観戦をしたり、寮やアパートの部屋に集まってのんびりしたり、冬は市外に行ってスノーボードをしたり。

パーティーは苦手という学生でも楽しめるオプションがたくさん用意されているのも、大規模な大学ならではです。

3万3000人もいると本当に色々な人が色々なことをやっているので、自分に合った「何か」が必ず見つかります。

例えば、案内してくれた学生は洋服作りが好きで、大学でもそれを続けたいと思っていたら、洋服を作る学生団体がちゃんとあったそう。また、大学にいるリスが可愛いと思って調べてみたら、リスに餌をあげる学生団体があり、さらに、リスに餌をあげる学生団体を見守る団体（文字通り「見る」だけ）もあり、その上「リスに餌をあげてはいけない」と抗議する団体もあったとか。

大きいからこそ「調べてみれば」何でも見つかるので、色々な活動に取り組んでみたい人にはおすすめの大学です。


ただ、「調べてみれば」というのがネックで、3万3000人も学生がいたら、一人ひとりに対して教授やアドバイザーが常に気を配れるわけではありません。

そのため、何かやりたいことがあっても、自分からちゃんと行動を起こしていかないと、ただ授業を受けるだけの受け身の4年間になってしまいます。

せっかくたくさんのリソースがあってもそれを摑《つか》めないのではもったいないので、何かをやりたい時・困った時には人に相談したり自分で調べたりして行動に移していく力が求められます。

U of Mに暮らす
全米トップクラスに可愛いリスちゃん。
私も餌をあげたくなりました

なお、大きな大学では珍しく、学生1人につき専攻分野のアドバイザーが1人付いて、授業選択や進路について相談できるようになっています。

大きくてリソースに溢れた大学だからこそ、「迷った時にはこの人に相談すればいい」という相手が明確に存在するのはとてもありがたいと学生たちも話していました。

愛校心に溢れる卒業生と、豊富な就職機会

大規模だからこそそのリソースとして外せないのが就職機会。

実はU of Mは世界で最も存命の卒業生が多い大学の一つで（66万人以上）、大抵どの会社にも先輩がいるほどコネクションが強いのが魅力です。大学のキャリアフェアには日本企業も含め毎年何百社も参加するので、豊富な就活機会が用意されています。

ソーシャルライフが大事にされているからこそ、「楽しい大学生活だったな」と思って卒業していく学生が多く、卒業生の愛校心はめちゃくちゃ強そう。実際、大学のアメフトの試合には毎回数多くの卒業生が訪れます。

そんな愛校心に溢れた卒業生がたくさんいるU of Mのネットワークは、全米屈指です。

学生が不満として挙げていたのが、食堂がまずいこと。味がしないのだとか。

ただ、私も食べましたが、U of Mが特筆してまずいわけではなく、アメリカの大学の食堂はどこもこんなものでしょう。

食堂の様子

住み良い学生都市

大学のあるアナーバーは、治安のとてもいい学生都市。美術館やレストラン（味は悪くないそうです）、バーなど息抜きできる場所がちゃんとある住み良い街で、古き良きレンガ造りの綺麗な建物が並んでいます。

決して都会ではないので、大学周辺でできる娯楽といえば、ショッピングモールに行くくらい。学生の言葉を借りると「全然可愛いくない服と全然おいしくない食べ物が売っている」とのこと。

ちなみに。キャンパスの中心部には「M」の文字が地面に刻まれており、これを踏んだらテストで失敗してしまうそう。人通りの多い場所ですが、学生たちが上手に避けていくのが面白かったです。

もし踏んでしまっても、真夜中にキャンパスを全裸で1周すればその呪いを取り消せるそうですが、1周に40分はかかるので、踏まない方がいいでしょう。

さらにちなみに。州立大学なのでミシガン州内出身の学生が全体の52%を占め、学生同士のはじめましての挨拶でお互いの出身を聞く時も、「ミシガンのどこから来たの?」が当たり前。

「え? 島国ですけど?」と日本人学生は返すそうです。

なお、ミシガン州はアメリカの中では比較的田舎の州なので、州内出身の学生たちは優しくのんびりとしています。それが大学全体の雰囲気になっているので、なかなか居心地のいい大学だと思いました。

キャンパスの中心部に刻まれた「M」の文字

University of Michigan-Ann Arbor

基本DATA

学生数：33000人
種類：州立総合大学
留学生：8.1％
学期：２学期制
合格率：17.7％
奨学金：柳井・笹川
アメリカ大学ランキング：21位
世界大学ランキング：23位

日本からの留学生

数十人ほどいるようですが、なにせ学生数３万3000人なので、正確な人数は不明です。

留学生が全体のおよそ８％を占めますが、中国と韓国からの留学生がかなり多いそうです。

交通アクセス

デトロイト空港から車で30分。公共のバスも走っています。

治安

治安のとても良い学生都市です。

Column 2

大きな大学と小さな大学

まだまだ大学紹介は序盤ですが、一括りに「アメリカの大学」と言っても、本当に様々な大学が存在することはすでにご理解いただけたかと思います。

こうした大学ごとの学生生活の違いに大きく影響するのが「学生数」です。

すでに紹介した9校の中でも、学生数650人のアーラム・カレッジ（57ページ。私が紹介する大学の中では最小）から3万5000人のイリノイ大学アーバナ・シャンペーン校（83ページ。紹介する中では最大規模）まで、なんと50倍以上の差があります。

大抵の場合、学生数は大学の種類に連動しており、リベカレは数百人〜4000人ほど、私立総合大学は4000人〜2万人ほど、そして州立の総合大学になると2万人〜4万人ほどとなります（あくまで目安です）。

学生数の違いと大学の種類の違いによって、大きな大学と小さな大学では大学生活も大きく変わってくるので、ここではそれぞれの大学に合う人／合わない人を紹介します。

それを理解していただいた上で、この先の大学紹介も読み進めていただければと思います。

学生数と大学の種類

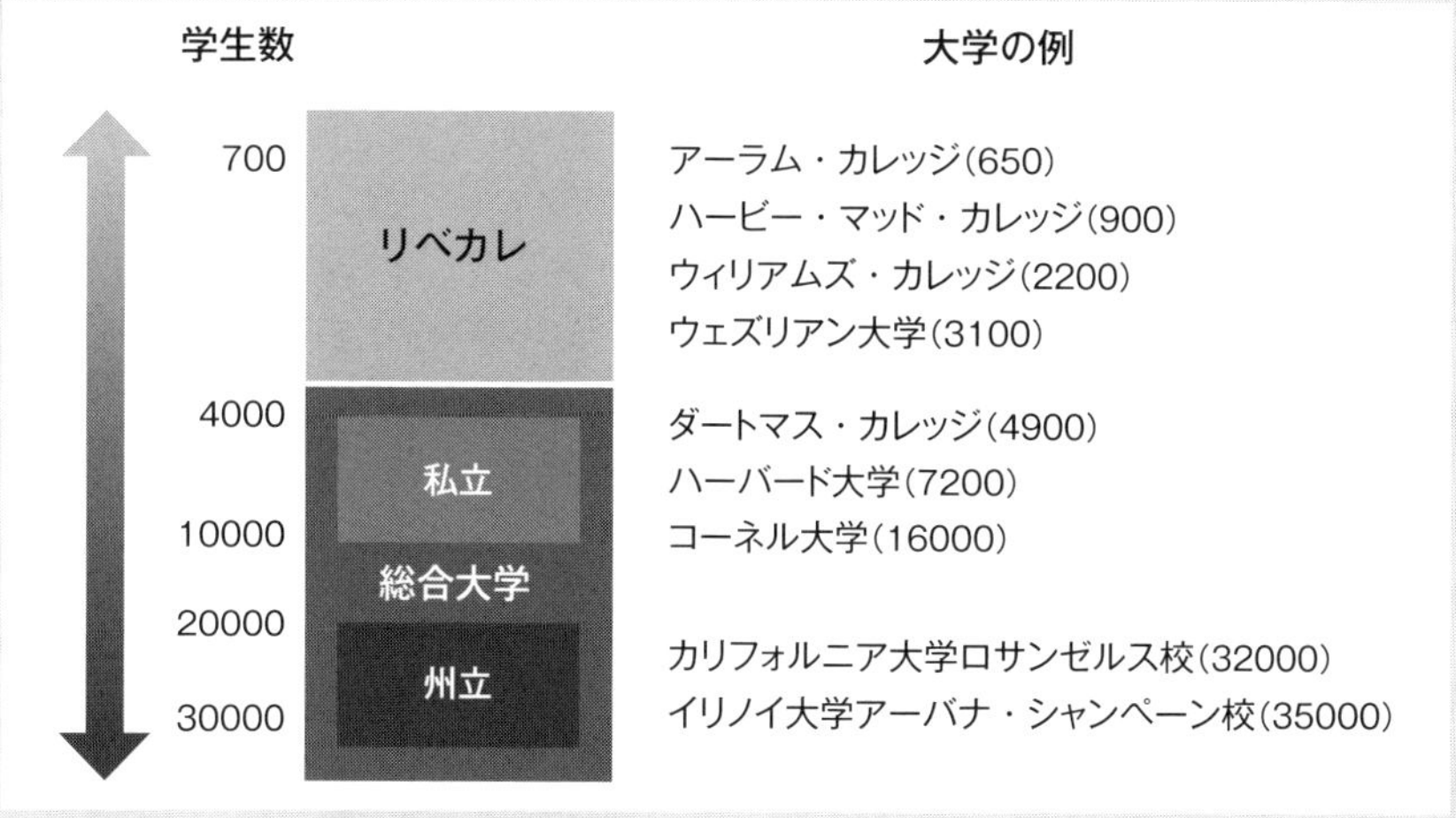

①　一人になりたい人は大きな大学へ
常に人のぬくもりを感じていたい人は小さな大学へ

大きな大学ほど常に人に囲まれていそうなイメージですが、実はその逆で、人間というのは不思議なことに、人が多ければ多いほどお互いに無関心になります。

そもそも学生数3万人といったような大規模な大学において、学生全員と友達になるのは不可能なので、自分の周りを歩いている人も授業で隣に座る人も食堂で近くのテーブルになる人も、大抵は知らない人になります。

もちろん寮生活や部活動などを通して友達は十分できますが、みんな普段は広いキャンパスでバラバラに生活しているので、必然的に、一人でいる時間が多くなります。

その結果、大学全体の雰囲気としても、それぞれがそれぞれの方向を向いている感じで、一体感はあまりありません。

一方で、学生数２０００人程度の小さなリベカレでは、学生の５人に１人は顔見知り、10人に１人は顔と名前が一致するといった感じなので、どこを歩いていても友達とすれ違いますし、何をしていても通りかかった友達が近づいてきて、「私も一緒にやってもいい？」となります。

それだけ人間関係が密な環境なので、学生も教授も大学スタッフも、人との繋がりを大切にする人が多く、大学全体が１つの大きな家族のような、温かいコミュニティーを形成しています。

そのため、一人の時間をしっかりと持ちたい人には大きな大学が、常に人に囲まれて人のぬくもりを感じていたい人には小さな大学がおすすめです。

自分がどちらのタイプの人間なのか考えるにあたって注意してほしいのは、普段の自分で考えるのではなく、留学という未知の環境に飛び込んだ時の自分を想像することです。

特に海外経験の少ない人にとっては、知らない国で慣れない言語に囲まれるわけですから、そんな時に、自分が「頼むからちょっと一人にさせて」となるタイプなのか、「お願いだから誰か僕／私のそばにいて」となるタイプなのかを、しっかりと考えてみてください。

なお、大きな大学で友達と仲良くできないわけでも、小さな大学で絶対に一人になれないわけでもありません。あくまで参考程度に考えていただければと思います。

②手取り足取り支えてもらいたい人は小さな大学へ

小さな大学では1クラス数十人、場合によっては数人程度の授業がほとんどで、さらに学生1人に対して学業面・生活面のアドバイザーが付きますが、大きな大学になると1クラスの学生数が数百人になったり、一人ひとりにアドバイザーが付かなかったりと、教授や大学スタッフからのサポートを受けづらくなります。

例えば、数十人の授業であれば、置いていかれていると教授がすぐに気づいて声をかけてくれますが、数百人規模の大きな授業では教授も一人ひとりに気を配れないので、困った時は自ら教授やアシスタントの大学院生に会いに行って助けを求めなければなりません。

何かのプログラムに参加したい、こんなことをやってみたい、と思った時も、小さな大学なら自分のアドバイザーに気軽に相談に行けますが、アドバイザー制度のない大きな大学ではそもそも誰に相談しに行けばいいのかわからないので、ある程度自分で調べて行動していく必要があります。

そのため、大きな大学ほど、困った時に自ら助けを求める力、そして自分から積極的に行動していく力が求められます。

逆に、小さな大学では、学業面・生活面・精神面など全ての面において優しく見守り支えてくれる制度とコミュニティーがあるので、手取り足取りのサポートを受けたい人や、留学生活に大きな不安がある人にはおすすめです。

学生数1800人　デポー大学で一番大きな教室

学生数３万3000人
カリフォルニア大学サンディエゴ校のレクチャーホール

③やりたいことが定まっていない人は大きな大学へ 分野の垣根を越えてたくさんのことに取り組みたい人は小さな大学へ

大きな大学では大抵の学問分野が専攻になっていますし、人が考え得る大抵の部活が用意されています（学生数３万３０００人のミシガン大学アナーバー校のリスの部活のように。93ページ）。

そのため、やりたいことが定まっていない人でも、たくさんの授業を受けてたくさんの部活を経験

学生数と専攻の数と学生団体の数

	学生数（人）	専攻の数	学生団体の数
ウィリアムズ・カレッジ	2200	36	150+
ブラウン大学	7200	80+	500+
カリフォルニア大学ロサンゼルス校	32000	125+	1200+

してみた先で、いざ「これをやってみたい」と決めた時に、それを専攻なり部活なりで思う存分深めることができます。

一方、小さな大学は大きな大学と比べて専攻数も授業数も部活の数も少ないので、いざこれをやりたいと思った時に、それが専攻／部活として存在しない可能性があります。

そのため、「今は何をやりたいのかわからないけど、色々試した先で何かにちゃんと取り組んでみたい」と思っている人は、大抵のことは実現できる大きな大学がおすすめです。

一方、小さな大学の魅力は、たくさんの分野に柔軟に取り組むことができること。次項で紹介するユニオン・カレッジ（学生数2100人。106ページ）を案内してくれた学生は、ダンスとコンピューター工学を融合させた研究をしていましたし、ヴァッサー・カレッジ（同2400人。111ページ）の学生は、演劇と政治という珍しい組み合わせのダブル専攻を履修していました。カールトン・カレッジ（同2000人。44ページ）を案内してくれた私の友人は、最初は物理学専攻だと思っていたらシタールというインドの伝統楽器を学び始め、そうかと思っていたら今度はイギリスに留学して演劇を学び、さらに四年生になった彼をビジットした際には中国の経済史の授業を取っていました。

小さな大学では1つの分野においてできることが限られるからこそ、様々な分野を横断して学ぶことが容易かつ推奨されているので、分野の垣根を越えてたくさんのことに取り組んでみたいという人には、小さなリベカレがおすすめです。

④ニッチな分野を学びたい人は大きな大学へ 人気の分野を「丁寧な指導のもと」学びたい人は小さな大学へ

③と関連することですが、大きな大学では大抵の学問が専攻として用意されていて、どれほどニッチな分野でもほとんどの場合、学ぶことができます。一方、小さな大学ではメジャーな分野+αくらいしか専攻が用意されていないことが多いので、ニッチな分野であるほど学べない可能性が高まります。
そして、専攻として存在する/しないだけでなく、その分野において開講されている授業数も変わってきます。仮に小さな大学でニッチな分野の授業があったとしても、せいぜい1、2個受けたら終わってしまうのに対し、大きな大学ならいくつも授業がありますし、それを取り尽くしてしまった後には大学院の授業を受けることもできます。

そのため、自分の興味がニッチな学問分野であるとわかっている人は、それをきちんと学ぶことのできる大きな大学をおすすめします。

なお、分野がニッチすぎる場合は大きな大学でも用意がない可能性があるので、それぞれの大学を受験する前に、自分の興味がある分野を学べるかどうかはきちんと確認しましょう。

逆に、経済学やコンピューターサイエンスといったメジャーかつ人気の分野は大学の大小問わず専攻も授業も充実しているので、その分野における大学のプログラムの良し悪しを見て判断すればいいと思います。

ただし、人気な分野ほど、大きな大学になると授業サイズも数百人規模になり、教授からの丁寧な指導は望めなくなります。一方、小さな大学であればどんなに人気な分野でも授業はせいぜい50人程度なので、その分丁寧に教えてもらうことができます。

そのため、「人気の分野を学びたい。でも数百人規模のレクチャーになるのは嫌だ」という人には、小さな大学がおすすめです。

ここまで大きな大学と小さな大学の特徴を見てきましたが、これはあくまで「傾向」であり、全ての大学がこれに当てはまるわけではありません。

また、この後にも大学の選び方については何度も触れますが、ここで紹介したこと以外にも大学選びにおいて大事なポイントは様々ありますし、その中で何を大事にするかは人それぞれです。ここで紹介したポイントは、参考程度に意識していただけたらと思います。

実学的な学び×リベカレの柔軟性

ユニオン・カレッジ

Union College

ニューヨーク州の校外にあるユニオンは、
誰もが自分らしい生き方を見つけられる大学。
リベカレとしては珍しく学外でのインターンや研究を重視しており、
実学的な学びにリベカレの柔軟性が加わった、
総合大学とリベカレの良いとこ取りのような大学です。

実学的なリベカレ

リベカレでは珍しく工学部があり、実学的な教育に力を入れているのが特徴。

ニューヨーク州の州都・オルバニーが近いこともあってか、医療系・工学系の大企業が近くにあり、ユニオンからもたくさんのインターン生が採用されています。

大学全体として、研究やインターンといった授業外での学び・経験を大事にしている印象を受けました。

そこにリベカレ特有の教授たちとの距離の近さが加わり、教授は教育者としてだけでなくメンターとして、授業外での様々なインターンやプログラムの情報を学生たちにどんどん流してくれます。


研究の機会も豊富にあり、コンピューター工学を学ぶ日本人学生は、取材当時二年生にしてすでに研究室に所属して週3で働いており、給料をもらいながらバリバリに研究をしていました。

総合大学だと研究室には研究員（postdoctoral fellow）と院生がいて、その下に学部生がいるという構図ですが、ユニオンに限らずリベカレにおいては基本的に教授の他は学部生しかいないので、教授と直接研究できるのが魅力です。

ダンスも学んでいるこの日本人学生は、ダンスの先生に話を持ちかけて今度研究室でダンスのモーションキャプチャー（人や物の動きをデジタル化する技術）を行い、研究に使う予定だとのこと。

このように、分野を跨《また》いだ研究の柔軟さと実行の速さはさすがリベカレです。

案内してくれた日本人学生の研究室にあったモーションキャプチャーのための計測機器

誰もが自分らしい生き方を見つけられる場所

授業内外問わず多様な機会が用意されていること、教授がメンターとして学生に親身に寄り添ってくれること、そして学生たちの温かい雰囲気が相まって、高校でやりたいことができなかった人や自分をうまく表現できなかった人が、ここでは自分らしい生き方を見つけることができます。

案内してくれた日本人学生も、日本で在籍していた高校では文理の履修選択の都合で学びたい分野を思うように学べず苦しんだそうですが、ユニオンなら自分の好きなダンスを続けながら工学の勉強もなんの気兼ねもなくできるのが嬉しいと言っていました。

アドミッションズ・オフィサーの言葉を借りると、

"All kinds of miss-fits in high school find a place with each other."

（色々な意味で高校に馴染めなかった人が、みんなここでは居場所を見つけられる）

特に教授の存在が大きいようで、休日に相談のメールを送ってもすぐに返信してくれるような教授もいるそう。日本人学生いわく、「私たち学部生にとっては、教授の知名度や研究のレベルよりも、何かあった時に手を差し伸べてもらえることが大事」。

その点、ユニオンには良い教授がたくさんいるようです。

大学の位置するスケネクタディという街には、映画館やレストラン、カフェも多少あって、生活する上での最低限のものは揃っている印象を受けました。ただ、あまり大きな街ではないので、都会のエンターテインメントが必要な人にとっては息が詰まる場所かもしれません。

スケネクタディの街の様子

Union College

基本 DATA

学生数：2100人
合格率：44%
種類：リベラルアーツ・カレッジ
奨学金：グルー
留学生：10%
リベカレランキング：45位
学期：３学期制

日本からの留学生

およそ10人。ほぼ全員が一条校出身だそうです。

交通アクセス

オルバニー空港から車で25分。
ボストンもしくはニューヨークからは電車で３時間ほどです。

治安

ニューヨーク州の郊外にあり、治安は比較的良好です。

ただ、アメリカの田舎町のようななんの心配もいらない治安の良さではなく、ちょっと歩きたくない道が大学周辺に少しある程度の治安の良さです。

芸術的で自由な校風

ヴァッサー・カレッジ

Vassar College

ニューヨーク州の郊外に位置するヴァッサーは、
芸術分野が強いリベカレ。
何にも囚われない自由な学びとリベラルな校風が特徴です。

芸術が強い大学・ヴァッサー

芸術史や文学、演劇の専攻が強く、特に役者を目指す人のためのプログラムが有名なので、それを目当てに入学して来る学生も多いそう。課外活動においても演劇、音楽、ダンス、美術が人気で、毎週末、何かしらのコンサートや演劇の公演が行われています。

そんな芸術的な学生が多いからか、自分のやりたいことを何でもやる、自由な校風が存在します。

例えば話を聞かせてくれた日本人学生は、演劇と政治という普通はあまり聞かない組み合わせのダブル専攻ですが、周りの学生がみんな、やりたいこと・好きなことを全く違う分野でも全部やり尽くしているので、専攻を決める際に周りからの精神的な後押しをたくさん感じたそうです。

実際、分野横断型の学びが大学によって推奨されており、複数の分野がコラボした授業もたくさん開講されています（宗教×芸術、フランス語×政治など）。ダブル専攻をしている学生も多く、中にはトリプル専攻をしている人も。

キャンパス内で行われる演劇のパフォーマンス

専攻や授業の選び方に限らず、趣味や課外活動を通しても、自分のやりたいことは何でもやる校風が存在します。

「今」を自由に生きる学生たち

そんな自由な生き方は卒業生たちの進路選択にも表れていて、理系分野を学んだのに文系の大学院に進学するような人もいれば、卒業後しばらくふらふらしている人もたくさんいるそう。一般的な人生のトラックから外れることに躊躇《ちゅうちょ》しない学生が多い印象です。

ただ、全く異なる分野を同時に学んだり、その都度学ぶ分野を変えたりするのは、決して自分の軸がないということではなく、むしろその時々で自分の好きなこと、やりたいことにしっかりと向き合っているという証拠。

過去の延長線上でもなく未来に向けた布石でもなく、ただひたすらに「今」の自分のやりたいことを大切にして生きている学生たちが印象的でした。

そんな学生たちの自由な生き方を応援するように、大学はオープン・カリキュラム（Open Curriculum）と呼ばれる（ほぼ）必修なしの自由なカリキュラムを採用しています。

卒業のために必要なのは、

・授業を32個受ける（＝1学期4個×2学期制×4年間）
・専攻を1つ修める（専攻内での必修授業あり）
・ライティングの授業を1個受ける
・理系の授業を1個受ける
・言語の授業を2個（基礎レベル）または1個（中・上級レベル）受ける

これだけで、あとはほとんど何にも縛られずに自由に授業を取ることができます。
留学生など英語以外の言語を話せる人は言語の授業は免除になるので、この本を読んでいる皆さんにとっては、実質、必修授業はライティングと理系科目のたったの2個しかありません。

このオープン・カリキュラムと自由な校風のもとで、学生たちはのびのびと自分の興味に向き合うことができます。

実はもともと女子大だった

セブン・シスターズ（Seven Sisters）と呼ばれる当時は男子限定だったアイビーリーグ校（152ページ）に対抗して、女子教育の必要性を訴えるために1800年代に作られた、7つの名門女子大学群に名を連ねていますが、その中で唯一、1969年に男女共学化しました。

女子大だった頃の名残もあってか、今でも女子学生の方が男子学生よりも少し多くなっており（女

6：男4くらい）、また、基本的に全ての寮がトイレやシャワールームも含めて男女共用なのですが、女子寮（正確には、生物学的に女または性自認が女の学生のための寮）が1つだけ存在します。

非常にリベラルな大学なので性的マイノリティーも多く、自分のジェンダーやセクシャリティーのせいで苦しむようなことはほとんどないそう。

ただ、もともと男子学生が少ない上に、「生物学的に男、かつ性自認が男、かつ恋愛対象が女」というといわゆるストレートの男子学生がさらに少ないので、日本からストレートの男子学生が留学するとなると、逆にマイノリティーになるかもしれない、とのことでした。

もちろんそのせいで何か困るようなことはありませんが、そうした環境に居心地の悪さを多少なりとも感じてしまう人は注意が必要です。

ニューヨークに近い綺麗なキャンパス

大学が位置するポキプシーはそこそこ大きな郊外の街で、大学の近くには商店街があり、カフェやレストラン、スーパーが並びます。ショッピングモールや映画館もあるので、最低限の息抜きはできそうな印象。

それでもどうしても都会のエンターテインメントが必要になったら、電車で1時間半でニューヨークまで遊びに行くことができます。演劇や美術の授業でニューヨークに行くこともよくあり、ニューヨークの街を歩きまわる授業もあるそうです。

リベカレは得てして都会から離れがちですが、リベカレとしても、そして芸術分野が得意な大学としても、ニューヨークまで1時間半というのはなかなか良い立地条件です。

ただ、普段はどうしても小さなキャンパスの中にいる人としか関われないので、息苦しくなる時もあるそう。いくらニューヨークまで遊びに行けるとは言っても、小さなコミュニティーの中で暮らすことが苦手な人はやめておきましょう。

なお、キャンパスが綺麗なことで有名で、映画撮影もしばしば行われるほど。繊細で優美な建築と植物園のような自然豊かなキャンパスは、どこにいても幸せな気分になれるそうです。シェイクスピア作品に登場する植物を集めたシェイクスピアガーデンもあります。

建物と樹木が織りなす美しいキャンパス

シェイクスピアガーデン

Vassar College

基本DATA

学生数：2400人
合格率：18.7%
種類：リベラルアーツ・カレッジ
奨学金：柳井・笹川（・グルー）
留学生：13.4%
リベカレランキング：16位
学期：２学期制

日本からの留学生

学年で１人いるかいないか。インターと一条校出身者にそれほど偏りはないそうです。

日本人会を作れるほど日本人はいないのですが、日本好きの学生たちで日本食を作ったりゲームをしたりするサークルが存在します。

交通アクセス

ニューヨークから電車で１時間半。

治安

大学が位置するポキプシーはそこそこ大きな街で、高級住宅街と貧困層が住むエリアに分かれています。貧困層が住むエリアはあまり治安が良いとは言えず、マリファナの匂いがしたり、マリファナを普通に売っている人がいたり。ホームレスの方も多く、あまり一人では歩かない方が良さそうです。

一方で、大学の徒歩圏内の治安は全く問題ないそうなので、近くであれば安心して出歩くことができます。

リベカレ随一の活気とぬくもりに溢れた大学

ウィリアムズ・カレッジ

Williams College

マサチューセッツ州の田舎町にあるウィリアムズは、
リベカレ随一の活気とぬくもりに溢れた大学。
リベカレランキング1位をひた走る、
学生たちのエネルギーを感じました。

人のぬくもりに抱かれて

ウィリアムズの一番の特徴は人の温かさ。後述する質の高い授業や豊かな自然など、語るべき魅力はいくらでもありますが、しかしやはり、ここの人の温かさは何物にも代えがたいものです。

私はハーバード大学に進学したのですが、実はウィリアムズにも合格しており、進学先を決めるにあたって、留学前の4月、合格者用の大学見学プログラムに参加するためにウィリアムズを訪れました。

その時の今でも忘れられない大切な思い出が、Moonlight Hikeというアクティビティーで、見学プログラム最終日の夜、アウトドア部の先生に連れられて、合格者みんなで近くの丘を登りました。30分ほど雑談をしながら登っていくと、頂上にはキャンプファイヤーの用意がされていて、満天の星の下、みんなでマシュマロを焼きました。

ウィリアムズのプログラムに参加する前に私はハーバードの大学見学プログラムにも参加しており、そこでもキャンプファイヤーをしたのですが、その時用意されていた焚火《たきび》は4つ。そしてウィリアムズで用意されていた焚火は1つでした。

みんなで焚火をするにあたって4グループに分かれなければいけないハーバード（一学年1800人）と、みんなで1つの火を囲めるウィリアムズ（一学年550人）。学生数の違いが大学生活において意味することを実感した瞬間でした。

マシュマロを食べながら、みんなで1つの火を囲める幸せを嚙みしめていると、突然アカペラパフォーマンスが始まりました。サプライズで大学のアカペラグループが頂上までついてきてくれていたのです。

目の前のキャンプファイヤーと頭上の星を眺めながら、美しい歌を聴き、ウィリアムズの人と自然のぬくもりに抱かれて、気づけば目に涙がにじんでいたのをよく覚えています。

そして最後に、引率の先生が私たちに向かって、「ここにいる人も、山も、この星空も、みんなが来てくれるのを楽しみに待っている」と言ってくれました。

今でもこれが、私の人生で最も心が満たされた瞬間でした。

（じゃあなんでハーバードに進学したの？ということを話すと長くなるので、それはまた別の機会に）

「感情的にも学術的にも満たされている」

話を聞かせてくれた日本人学生も毎日ウィリアムズの人のぬくもりを実感しているようで、例えば環境学の仲良しの教授は、学生が料理好きであることを伝えたら、なんと教授お手製のラー油を瓶に入れてプレゼントしてくれたとか。

教授たちは学生一人ひとりのことを本当に大事に想っているので、当たり前のように教授と仲良くなることができます。

学生いわく、「授業がとにかく楽しい。毎日教室に向かって歩いている時も、いつもワクワクしている」。授業はだいたい10～20人と非常に小規模で、学生の意見や質問に合わせて授業の方向性がどんどん変わっていくのがとても面白いそう。

このようにウィリアムズでは、学生たちのニーズに合わせた非常に丁寧な教育が行われています。教授に負けず劣らず学生たちも魅力的な人ばかりです。

例えば、自転車の一人旅でアメリカを3回も横断したある学生。横断中は1日で250km近くを走り、それを1回の横断につき1カ月も続けたそうですが、そういう人はずっと自転車のことばかり考えているかと思いきや、実はトランペットがめちゃくちゃ上手だそう。

他にも、自分で木から切り出してギターを作る学生がいたり、鉄のドラム缶からピザ窯を作って庭でピザを焼く学生がいたり。

かなり個性豊かな学生たちが揃っていて、話を聞かせてくれた日本人学生も、「こんなに才能溢れる友達に囲まれて暮らせて本当に幸せ。毎日がすごく刺激的だ」と言っていました。

「面白い学生が多い」というのは私が訪れたどの大学でも聞いた言葉でしたが、ウィリアムズの学生たちは、なんだかワイルドで自由人でした。

長年リベカレランキングのトップを走り続けているウィリアムズですが、この才能溢れる学生たちと、それを支える温かいコミュニティーがあるからこそ、学生たちが自由にのびのびと自身の興味を追求できるのだと思います。そうした環境の先にある「1位」なのだと納得しました。

日本人学生に「ウィリアムズを一言で表すと」と聞くと、返ってきたのは、"Emotionally, intellectually, fulfilled."（感情的にも学術的にも満たされている）魅力的な教授たちによる丁寧で楽しい授業を受けながら、人のぬくもりに囲まれて過ごす大学生活は、何よりも満ち足りています。

自然に囲まれた元気な大学

丘と川に囲まれたキャンパスで、多くの学生がアウトドア部に所属し、ハイキングやボルダリングなど、毎週様々なアクティビティーが開催されています。

Winter Study と呼ばれる冬学期が1カ月だけあり、普通の学期は授業を4個受けるのに対し、冬学期は1個だけ。しかも、「お絵描き」や「森の中のお散歩」といったかなり軽めな授業内容が多く、そうした授業をのんびり受けながら、残りの時間は無料のシャトルバスに乗って、近くのスキー場でみんなでスキーやソリ遊びをするのが伝統です。

冬はなかなか寒さが厳しくなりますが、みんなで一緒にキャンパスでわいわいするのでかなり楽しく過ごせるそうです。

体育が必修科目となっており、豊かな自然環境を活かした授業がたくさんあります。激流をカヤックで下るような授業もある一方で、軽めの授業もあって、教授と教授のペットと一緒に近くの丘を登るだけのものもあります。ようはペット・シッターですね（笑）。

毎年学生たちが一番盛り上がるイベントがMountain Day（山の日）。

10月のランダムな金曜日に学長がベルを鳴らすと、その日は全ての授業が中止になります。学長以外は教授も学生もいつ開催されるかわからないサプライズイベントで、みんなでその日は山に登ってピクニックをしてアカペラや出し物を一日中楽しみます。

それに合わせてMountain Day Roulette（山の日ルーレット）と呼ばれる伝統があり、学生各々がMountain Dayになると予測する日の前日、明日が実際にMountain Dayとなって授業が全てなくなると信じて、宿題もやらずに思いっきりパーティーをしてお酒を飲んで遊びま

ウィリアムズ周辺の豊かな自然

す。ただ、繰り返しますが、Mountain Day がいつになるかは学長以外誰も知らないので、遊んだ翌日がちゃんと Mountain Day になればラッキーですし、ならなければ宿題をやっていないので悲しいことになります。

そんなギャンブル要素があるのも Mountain Day の魅力です。

課外活動はとても盛んで、特に演劇が人気。

ウィリアムズがあるウィリアムズタウンという町そのものが演劇で有名で、Williamstown Theatre Festival と呼ばれる演劇イベントを毎年開催しています。1〜2週間の間、アメリカ中から有名な俳優が集まって、ウィリアムズの劇場を使ってたくさんのパフォーマンスが行われるそう。

演劇の授業もレベルが高く、演劇好きの人にはおすすめの大学です。

休日はアウトドアをしたり自炊をしたりちょっと遠出しておいしいカフェやレストランに行ったり。話を聞かせてくれた学生は近くの農家で手伝いをしたり、キャンパス内のカフェでバリスタのバイトをしたりしているそ

とってものどかな田舎町です

うです。

なお、パーティースクールでは全くなく、どんな大学でもセクシャルハラスメントが問題になりがちなフラタニティ（Fraternities）やソロリティ（Sororities）と呼ばれる社交クラブは学生運動により廃止されました。

サステナブルなキャンパス

自然に囲まれているということもあってか、かなりサステナビリティーを大事にしており、大学は毎年1億円以上をサステナビリティーに投資しています。

Sustainable Living Community と呼ばれる、サステナビリティーに興味のある学生たちが同じ寮に住むシステムがあり、その中で、台所から出るゴミを全てコンポストで堆肥にしたり、月ごとに目標値を決めて電気使用量を減らしたりと、寮全体として地球環境のための取り組みをしています。

Environmental Studies（環境学）が強く、この学部の建物にあるトイレは全てコンポスト。「ゴミの有効活用」の授業ではこのコンポストトイレを掘り起こすそうで、なかなか楽しそうな授業です。

ちなみに。毎週金曜日は“Log Lunch”というランチイベントが環境学部主催で行われます。

ウィリアムズタウンにある“The Log”というレストランがLog Lunchにキッチンを貸し出し、そこで学生チームが地元の農家の野菜を使って地域住民や学生たちに約１００人分のベジタリアンランチをふるまいます。

ランチには毎回ゲストスピーカーが招待され、環境関連のトークセッションが行われます。学生でも町の人でも町の外の人でも誰でも大歓迎で、料金はたったの4ドル（約600円）。残りの経費は大学の環境学部が負担します。

話を聞かせてくれた日本人学生は今年Log Lunchの料理チームに入っており、毎週金曜日、レストランのキッチンで100人分の料理を作れるのがとても楽しいと言っていました。

Log Lunchのキッチンの様子

この日本人学生に、「最後にウィリアムズに関して何か言い残したことは？」と聞いたら、「ウィリアムズに来てから本当に毎日が楽しみになった」と返ってきました。平日は授業が楽しいし、週末も友達と料理をしたりアウトドアをしたりして楽しい。だから、月曜日の朝起きて、「あぁ～また1週間が始まっちゃう」って思うこともないし、土曜日に「やっと週末になった」って思うこともない。本当に毎日、わくわくした気持ちで朝を迎えることができるそうです。

この学生が、これほど幸せにウィリアムズで過ごしているのを聞いて、私も幸せな気持ちになりました。

ちなみに。食堂が残念ながらあまりおいしくありません。

私が数年前にビジットした際、食堂においしそうなジャガイモの揚げ物があって、食べようと思ってその列に並んでいたら、私の目の前でなくなってしまいました。すると優しいコックさんが「今から追加で作って、君のいるテーブルまで持っていってあげるよ」と声をかけてくださったので、テーブルに戻って待っていると、そのコックさんがニコニコしながら山盛りのポテトを持ってきてくださいました。そして期待に胸を膨らませて食べてみたところ、信じられないくらいまずかったのが懐かしい思い出です。

ウィリアムズタウンにもそれほどおいしいレストランはなく、食事はあまり期待できません。だからこそ、自炊をする学生も少なくないようです。

Williams College

基本 DATA

学生数：2200人
合格率：8.5%
種類：リベラルアーツ・カレッジ
奨学金：柳井・笹川
留学生：９％
リベカレランキング：１位
学期：２学期制（＋短い冬学期）

日本からの留学生

２人ほど。一条校出身者や留学経験のない学生を大事にしてくれている印象があります。

交通アクセス

オルバニー空港から車で１時間。

ボストンからだと車で3時間。

学期のはじめと終わりは周辺の大きな空港と大学とを繋ぐシャトルバスが走るので、車がなくても大丈夫です。

治安

夜に一人で出歩けるくらい治安の良いのどかな田舎町です。

田舎すぎて夜だと人も明かりも少ないので、逆に怖いかもしれません（笑）。

シカが山からいきなり下りてきて、ぎょっとすることがあるそうです。

Column 3

コンソーシアム　Consortium

アメリカの大学にはコンソーシアム（Consortium）と呼ばれる、複数の大学が提携する制度が存在します。次項以降で紹介する大学の中にはコンソーシアムを組んでいる大学群もあるので、ここでコンソーシアムについて軽く紹介します。

コンソーシアムの主役はほとんどの場合、小さなリベカレです。小規模であるため開講されている授業数が少ないという弱点を補うために、近隣の複数のリベカレが、場合によっては総合大学も含めて連盟を作り、連盟内の他の大学の授業を履修できるようにしたのがコンソーシアムです。

授業面だけでなく、連盟内で部活動を共同で行ったり、食堂をシェアしたりと、大学の枠を超えた学生同士の交流が促進されており、学外で様々な友人関係を築けるのもコンソーシアムの魅力です。

そして、アメリカにあるコンソーシアムの中でも特に有名なのが、以下の３つです。

■ファイブ・カレッジ・コンソーシアム　Five College Consortium

- （リベカレ）アマースト・カレッジ（Amherst College。１３３ページ）
- （リベカレ）スミス・カレッジ（Smith College。１３９ページ）
- （リベカレ）マウントホリヨーク・カレッジ（Mount Holyoke College。１４５ページ）
- （リベカレ）ハンプシャー・カレッジ（Hampshire College）
- （総合大学）マサチューセッツ大学アマースト校（University of Massachusetts Amherst）

マサチューセッツ州にある、文字通り5大学（five colleges）によるコンソーシアムです。お互いの授業を受けられるだけでなく、7年連続で全米イチおいしい食堂に選ばれているマサチューセッツ大学アマースト校で食事ができることがこのコンソーシアムの隠れた魅力。車で20～30分ほどの距離に散らばっており、移動には無料のシャトルバスを利用します。

■クエーカー・コンソーシアム（Quaker Consortium）

- （リベカレ）スワスモア・カレッジ（Swarthmore College。２１１ページ）
- （リベカレ）ハバフォード・カレッジ（Haverford College）
- （リベカレ）ブリンマー・カレッジ（Bryn Mawr College）
- （総合大学）ペンシルベニア大学（University of Pennsylvania。２０３ページ）

ペンシルベニア州フィラデルフィアにある4大学によるコンソーシアム。

ペンシルベニア大学（UPenn）という、アイビーリーグの総合大学と連携している点がこのコンソーシアムの強みですが、UPenn までは電車またはバスで30分以上離れている上、UPenn で受けられる授業にも制限があるので、あまり結びつきは強くないように感じました。

一方で、無料のシャトルバスで30分ほどの距離にあるリベカレ3大学同士の結びつきは非常に強く、この3校で、Tri-College Consortium と呼ばれるコンソーシアムを形成しています。授業を共有するだけでなく、3校合同の部活を通して学生たちの交流が盛んに行われていました。

■クレアモント・コンソーシアム（Claremont Colleges）

- （リベカレ）クレアモント・マッケナ・カレッジ（Claremont McKenna College。372ページ）
- （リベカレ）ポモナ・カレッジ（Pomona College。381ページ）
- （リベカレ）ハービー・マッド・カレッジ（Harvey Mudd College。388ページ）
- （リベカレ）スクリップス・カレッジ（Scripps College）
- （リベカレ）ピッツァー・カレッジ（Pitzer College）
- （大学院）クレアモント大学院大学（Claremont Graduate University）
- （大学院）ケック大学院大学（Keck Graduate Institute）

カリフォルニア州クレアモントにある5つのリベカレと2つの大学院から成るコンソーシアム。各大学や大学院が非常に近距離にあるため、徒歩で他の大学に行けるのが魅力です。リベカレ5大学の結びつきは強く、5C（ファイブ・シー）と呼ばれています。それぞれが全く異なる文化・強みを持った多様な大学の学生たちが盛んに交流することで、本当に生き生きとしたコンソーシアムを形成していました。

367ページで詳しく紹介します。

知的探求心に溢れた学生が集まる

アマースト・カレッジ

Amherst College

マサチューセッツ州の田舎町にある小さなリベカレ・アマーストは
知的探求心に溢れた学生が集まる、面倒見の良い大学。
キーワードは、「オープン・カリキュラム」「コンソーシアム」
「ニード・ブラインド」です。

必修なしの自由なカリキュラム

（ほぼ）必修なしの自由なオープン・カリキュラム（Open Curriculum）が特徴で、卒業のために必要なのは、

- 授業を32個受ける（＝1学期4個×2学期制×4年間）
- 専攻を1つ修める（専攻内での必修授業あり）
- First Year Seminar（一年生向けの小規模なセミナー授業）を受ける

それだけ。

アドミッションズ・オフィスによると、

「知的な冒険心と好奇心を持った学生が多い。何でも自由に選べるからこそ、何も指針がない中で自信を持って冒険できる人や、新しい興味を見つけた時、恐れずに進んでいける人がこの大学に合っている」

必修という縛りがない中で進んでいく芯の強さが必要な大学です。

広々としたキャンパス

面倒見の良い大学

リベカレとしてはかなり珍しく、留学生も含め全学生にニード・ブラインド（Need-blind。奨学金への応募が受験結果に悪影響を与えない制度）の奨学金を提供する資金力のある大学です。大学内にあるResource Centerでは、ノートや軽食、歯ブラシなどの小物が常に無料で置かれていて、学生の生活を支えていました。

Resource Centerに常備してある
歯ブラシなどの生活必需品

一学年500人弱の小さな大学なので教授との距離は非常に近く、教授と一対一で研究を進めることもよくあるそう。大学の資金力も相まって研究がしやすく、大学院進学を目指す学生もたくさんいます。

オープン・カリキュラムで学生の自由な知的冒険を促しつつ、教授との人間関係と資金力でちゃんとそれを支える、面倒見の良い大学です。

理論重視の教育

人文系（特に歴史学・哲学・英文学・法学など）に強く、学生いわく、「10人程度の少人数でここまで質の高い人文系の授業を受けられるのはアマーストぐらいだろう」。学問と真剣に向き合って、読み書きやディスカッションを通して己の学識を磨き上げたい人にとっては最高の環境です。

人文系に限らず自然科学や数学にも強く、大学全体にアカデミックな雰囲気が漂います。

一方で、工学部やビジネス学部は存在せず、コンピューターサイエンスは専攻として用意はされているものの、実践ベースというよりは理論ベース。

理論を重視し学問に忠実な大学である反面、実学的な教育からは離れた大学でもあるので、自分のキャリアに直接的に繋がるような学びを得たい人にはおすすめできません。

ただ、これは理論を重視する他の大学でも言えることですが、実学を教えないからといって就職に不利というわけでは決してありません。

学問を探求する過程で得られるアカデミックな読み書き・ディスカッションの経験や、論理的思考力の高さなどがきちんと評価され、就活でもちゃんと役立つので、そこは心配無用だそうです。

周辺4大学と提携

周辺4大学とファイブ・カレッジ・コンソーシアム（Five College Consortium。130ページ）を組み、お互いの授業を取れるようにすることで、小さな大学ではありがちな授業数の少なさという問題点を補っています。

提携大学間は無料のシャトルバスで結ばれ、近所の総合大学・マサチューセッツ大学アマースト校で大学院レベルの授業を受ける学生もたくさんいます。一方、同じコンソーシアム内でもバスで20〜30分ほど離れたスミス・カレッジ（139ページ）やマウントホリヨーク・カレッジ（145ページ）まで授業を受けに行く人は少ないようです。

周辺の町の様子はと言うと、中華料理屋が3、4軒あり、どれもおいしいとのこと。日本食レストランもありますが、値段が高く味はそこそこみたいです。

残念ながら大学の食堂は「ずば抜けてまずい」そう。「逆に、食堂以外の不満は特にない」と学生が話していました。

ちなみに。キャンパス内には日本庭園もあり、日本との関係が非常に深い大学です（次ページ参照）。

Amherst College

基本 DATA

学生数：1900人
種類：リベラルアーツ・カレッジ
留学生：11%
学期：２学期制
合格率：７％
奨学金：柳井・笹川
リベカレランキング：２位

日本からの留学生

10人ほど。そのうちの数名は、「新島スカラーシップ」「同志社新島スカラーシップ」、そして「内村鑑三スカラシップ」と呼ばれる奨学金制度で、日本国内の大学からアマーストに編入してきた学生たちです。

「新島スカラーシップ」と「同志社新島スカラーシップ」は同志社大学の創立者でありアマースト※の卒業生である新島襄《じょう》を記念しており、２つの奨学金制度を通して同志社大学から毎年１人ずつアマーストにやってきます。

「内村鑑三スカラシップ」も同様にアマーストの卒業生である内村鑑三を記念しており、こちらは同志社以外の大学から、隔年で１人ずつやってきます。日本の大学からの編入生ではなく４年間の正規留学生だと、一条校出身者とインター出身者は半々くらいだそうです。

※同志社大学では、アマースト・カレッジではなく、「アーモスト大学」の表記を用いています。

交通アクセス

ボストンからは車で２時間ほど。ニューヨークからは車で３時間ほど。

ボストンの空港からは直行の公共バスもあります。

治安

マサチューセッツ州の田舎町にあるので、治安は非常に良好です。

強い女性を育てる大学

スミス・カレッジ

Smith College

女子大のリベカレ・スミスは、強い女性を育てる大学。

ジェンダーロールを意識しない環境の中で、

「女らしく」ではなく「自分らしく」

学生たちがのびのびと学んでいます。

理系を学びたい女子学生にはおすすめの大学です。

「女子大」の定義

「女子大」であるスミスですが、そもそもの入学資格は「生物学的に男かつ性自認が男」以外の全ての人なので、生まれた性は男だけど性自認は女である学生がいれば、生まれた性は女だけど性自認は男である学生もおり、必ずしも「女子」大というわけではありません。

性的マイノリティーがマジョリティーを占める大学で、誰もが「普通」であり、何もかもを受け入れてくれる場所がここにあります。

共学の大学では絶対にできないことができるので、性に関して開放的な学生も多いよう。

毎年、その年の最初の授業が始まる前日に一部の学生が開放的な服で過ごす伝統（?）があり、上半身裸で歩いたり、裸の上に一枚だけ羽織って歩いたり。

私が訪れた週末は、自分のフェチズムを全開にした格好で行くパーティーが開催されていました。

「STEM系の女子には圧倒的におすすめの大学」

強い女性を育てる大学で、学生に女子大であることの魅力を聞いたところ、「男性のいない、性差別の存在し得ない環境において、ジェンダーロールを意識せずに好きなことに打ち込めること」。「女らしく」ではなく「自分らしく」、自分の興味にまっすぐに向き合える大学です。

例えば、いまだに世間ではジェンダーギャップの大きいSTEM（科学・技術・工学・数学）分野においては、共学校だと無意識のうちに教授が女性かどうか、クラスに女子学生が多いかどうかに影響されて、女子学生がSTEMから遠ざかりがちであるという研究データがありますが、ここではみんなが女性であるからこそ、女子学生がいるかどうかを気にせずに好きなように学べます。

特にスミスは工学部がある数少ないリベカレの一つで、女子大において初めて工学部を設置した大学でもあります。物理の博士課程を目指す日本人学生いわく、

「STEM系の女子には圧倒的におすすめの大学」

自分らしく生きる女性を応援するために、大学はオープン・カリキュラム（Open Curriculum）を採用。卒業に必要なのは、

• 授業を32個受ける（＝1学期4個×2学期制×4年間）
• 専攻を1つ修める
• ライティングの授業を1個受ける

のみ！

さらに近隣4大学とファイブ・カレッジ・コンソーシアム（Five College Consortium。130ページ）を組み、お互いの授業を受けられるようにすることで、学生の選択肢を広げています。

特にSTEM分野においては、近所の総合大学・マサチューセッツ大学アマースト校で大学院レベ

ルの授業を受けられるのはありがたいそう。そして何より、全米1位のおいしさと名高いここの食堂にアクセスできるのは魅力的です。

Mountain Dayがここにも

そして、ウィリアムズ・カレッジ（118ページ）で紹介したMountain Dayがここにも。

秋休み前の平日の朝、学長が「今日は秋っぽい良い日だな」と思った日に突如として授業が全てキャンセルされ、みんなで学長の家に行って食べ物とMountain DayのTシャツをもらって、サイクリングに行ったり近所の果樹園にりんご狩りに行ったりします。

ウィリアムズと違って、こちらのMountain Dayは「金曜日」という指定がないので、予測するのはなかなか難しそうです。

キャンパスが非常に美しいことも魅力的で、デザインコンセプトは「植物園」。そこかしこに美しい植物が育てられており、中でも構内にある温室は圧倒的クオリティーでした。

大学周辺でできる娯楽としては、歩いてすぐの場所にある池でカヤックをしたり、大学のアウトドア部が主催しているハイキングやクラ

キャンパスにある温室

イミングのツアーに参加したり。

周辺の町は非常に小さいですが、最低限のものは揃いそうでした。

ちなみに。図書館のイスは女性の体格に合わせて少し低め・小さめになっています。図書館のリノベーションの際に、学生センターの前に図書館で新たに購入する候補のイスがいくつか並べられ、学生が座り比べをして一番評判の良かったイスが採用されたそうです。男性基準になりがちな大学施設がきちんと女性目線で作られていること、そしてそのプロセスに学生の意見が反映されていることに非常に好感を持ちました。

さらにちなみに。大学のグッズストアにはこんなTシャツが。

大学のグッズストアで売られているＴシャツ

“If you're dating a Smith College woman raise your hand.
If not, raise your standards.”
(スミスの女性と付き合っている人は手を挙げなさい。
スミスの女性と付き合っていない人は自分のスタンダードを上げなさい)

強い女を感じました。

Smith College

基本 DATA

学生数：2500人
種類：リベラルアーツ・カレッジ（女子大）
留学生：14.3%
学期：２学期制
合格率：19%
奨学金：柳井・笹川（・グルー）
リベカレランキング：16位

日本からの留学生

８人ほど。インター出身者の方がやや多めです。

交通アクセス

ボストンからは車で２時間ほど。ニューヨークからは車で３時間ほど。
ボストン空港からは直行の公共バスもあります。

治安

マサチューセッツ州の田舎町にあるので、治安は非常に良好です。

心優しい女子大

マウントホリヨーク・カレッジ

Mount Holyoke College

マサチューセッツ州の田舎町にある女子大のリベカレ。
マウントホリヨーク・通称マンホリでは、
思いやりに溢れる学生たちが、
様々なサプライズイベントやジンクスを
楽しみながら暮らしています。

思いやりに溢れる学生たち

日本人学生が教えてくれた、マンホリの学生たちのたとえ話があります。

例えば友達2人でオーディションを受けて、1人が受かって1人が落ちたら、普通はその後の2人の関係はギクシャクするけれど、マンホリでは、受かった方が落ちた方に色々教えてあげて、翌年は2人ともオーディションに受かる。

そんな学生コミュニティーが存在します。

ディスカッション中も言葉選びに気を遣い、弱者・マイノリティーに対する配慮を、当事者意識を持って考えられる学生が多いそう。

案内してくれた日本人学生にどんな学生が多いのか聞くと、返ってきたのは、

「優しい。他人のことを心から気にかけている」

とても温かいコミュニティーなので、留学生としても全く疎外感を感じないそうです。

マンホリの学生が考える女子大の魅力

セブン・シスターズ（Seven Sisters。114ページ）と呼ばれるアメリカの北東部にある7つの名門女子大学群に所属し、「マンホリ生です」と言えば、ここの卒業生が色々助けてくれるそう。

Sisterhood（姉妹関係）と呼ばれる在校生と卒業生の繋がりが深いのも魅力です。

女子大であることの魅力を日本人学生に聞いたところ、返ってきたのは「何かと安心」。アメリカの学部生の6人に1人（諸説あり）が何かしらのセクシャルハラスメント・性暴力を大学で受けると言われている中で、このキャンパスではそういったことはほとんどありません。田舎町だからこその治安の良さと共に、こういった安全性を感じられるのも、女子大・マンホリの魅力です。

同じく女子大ですぐ近くにあるスミス・カレッジ（139ページ）の学生は、女子大の魅力を、「女子がなんの気兼ねもなくSTEMを学べることだ」と話していましたが、「女子大の魅力は？」という質問に対する回答の違いだけでも2つの大学の特徴がよくわかりました。

カリキュラムにおいては近隣4大学とファイブ・カレッジ・コンソーシアム（Five College Consortium。130ページ）を組み、専門性の高い授業は総合大学のマサチューセッツ大学アマースト校に受けに行ったり、スミス・カレッジのキャリアイベントに行く人がいたり、アマースト・カレッジ（133ページ）からマンホリの学生イベントに参加しに来る人がいたり。

ここのコンソーシアムはちゃんと機能している印象です。

イベント好きな大学

そして、ウィリアムズ・カレッジ（118ページ）、スミス・カレッジで紹介したMountain Dayが、なんとここにも。10月頃、普段は5回しか鳴らない鐘が、ある朝100回鳴ったら、その日の授業は全部キャンセル。大学名にもなっている「マウントホリヨーク」という山に全学生でハイキングに行き、頂上でアイスを食べるのが伝統です。

みんなでハイキング

マウントホリヨークの山頂

卒業するまで通ってはいけない正門と、その代わりに通る右脇の小さな門

他にも、四年生が一年生にサプライズイベントをする日もあり（サプライズの内容は入学してからのお楽しみです）、イベント好きな大学です。

ジンクス好きな大学でもあり、卒業までの4年間で大学の正門を一度でも通ると卒業できなくなるので脇の小さな門を通らないといけないとか、入学時にもらう植物を卒業まで枯らさずに育てると億万長者になれるとか、様々なジンクスが存在します。

日本人留学生の間でなぜか受け継がれる馬術部

そして、マンホリの日本人留学生の間でなぜか伝統となっているのが馬術のスポーツチーム。

日本人の先輩におすすめされるのをきっか

けに、代々日本人学生の間で馬術部が受け継がれていっているようで、44人の小さな部活になんと3人もの日本人が。

マンホリは乗馬がとても有名で、毎年全国大会へ出場する選手がたくさんいます。

食堂はとても綺麗で味も良く、コンソーシアム内の他の大学の学生たちもよく食べに来るそう。女子大なのに、明らかに他の大学から来ていると思われる男子学生が食堂内にたくさんいたのが面白かったです。

マンホリにある大きな湖

キャンパス周辺の町は、小さな田舎町ではあるものの、なんだかおしゃれな雰囲気で、そこそこちゃんとしたカフェやお店が何軒かありました。
ちなみに。マンホリには大きな湖が2つあり、湖の周りのトレイルはランニングや散歩にぴったりです。
この湖に長年棲みついている、Jorgeと書いてホーヘイと読むガチョウがいて、彼は今まで何代ものマンホリ生たちが大学から旅立っていくのを見送っているそう。
マンホリの名物なので、訪れた際にはぜひ探してみてください！

Mount Holyoke College

基本DATA

学生数：2200人
合格率：38%
種類：リベラルアーツ・カレッジ（女子大）
奨学金：（グルー）
留学生：23%
リベカレランキング：34位
学期：２学期制

日本からの留学生

各学年３人ほど。

もともと一条校出身者がほとんどだったのですが、最近はインター出身者が大部分を占めるようになってきているそうです。

交通アクセス

ボストンからは車で２時間ほど。ニューヨークからは車で３時間ほど。
ボストンの空港からは直行の公共バスもあります。

治安

マサチューセッツ州の田舎町にあるので、治安は非常に良好です。

Column 4

アイビーリーグ　Ivy League

アメリカの名門大学の中でも特に有名なのが、「アイビーリーグ（Ivy League）」と呼ばれる大学群です。左に示した、東海岸にある歴史が特に長い8校の私立総合大学の連盟であり、どこも入学は狭き門となっています。

- ブラウン大学（Brown University。154ページ）
- イェール大学（Yale University。163ページ）
- コロンビア大学（Columbia University。185ページ）
- プリンストン大学（Princeton University。192ページ）
- ペンシルベニア大学（University of Pennsylvania。203ページ）
- コーネル大学（Cornell University。224ページ）
- ダートマス・カレッジ（Dartmouth College。241ページ）
- ハーバード大学（Harvard University。267ページ）

（この本における紹介順）

アメリカ国内でも世界においてもアイビーリーグの知名度は抜群なので、「アイビーリーグだから」という理由だけで受験する人も多いのですが（かくいう私もそうでした）、実はその知名度の裏にはとんでもなく強い癖が隠されており、進学の際には注意が必要です。

癖が強いということは人を選ぶということであり、何も知らずに受験して合格し進学した先で、全然合わない、ということが大いにあり得る大学です。実際に、そんな日本人学生たちを、アイビーリーグのビジット中にたびたび見かけました。

知名度だけが一人歩きしてしまって、なかなかその実態が日本では知られていないのです。次のページから、他の大学もはさみつつ、アイビーリーグの大学紹介をしていくので、アイビーリーグの受験を考えている人は特に、「自分は果たしてこの大学でやっていけるのだろうか」と自身に問いかけながら読んでいただければと思います。

何も強制されないチルい大学

ブラウン大学

Brown University

全米屈指の緩いカリキュラムを持つ
アイビーリーグ・ブラウン。
Happiest Ivy（最も幸せなアイビーリーグ校）と名高い
ブラウンの全貌《ぜんぼう》をぜひご覧ください。

圧倒的に〝チルい〟カリキュラム

ブラウンの幸せの秘密は圧倒的にチルいカリキュラム。

チル①　成績評価はA、B、C、No Credit（不可）のみ

他の大学のようにA-、B+といった成績評価がなく、一般的な大学においてA-にあたる評価が全てAになるので、Aを取るための難易度が大きく下がります。イメージとして、他の大学だと95点を取らないとAを取れないのが、ここでは90点で取れるという感じ。

アメリカの学生にとって、90点を目指すか95点を目指すかによって、必要な勉強量も精神的なストレスも圧倒的に違ってくるので、90点でもAが取れるのは正直非常に気楽です。

チル②　全ての授業をPass/Fail（可／不可）で受けても卒業できる

そもそもアメリカの大学において授業の成績の付け方は2種類存在し、学生はどちらかを授業ごとに選ぶことができます。

1つ目はLetter Gradeと呼ばれ、A〜D、Fのアルファベットの成績で評価します。チル①で紹介しているのはLetter Gradeの場合の話です。

2つ目はPass/Failと呼ばれる、可（Pass）か不可（Fail）の2種類で成績を評価する制度で、Letter GradeにおけるA〜C（大学によってはDも）が可、D・F（大学によってはFのみ）が不可に

あたります。この制度においては、ようはLetter GradeにおけるC評価以上を取れば可をもらえるので、難しい授業や興味のない授業を気楽に受けたい場合にはPass/Failで受けるのが学生たちのよくある戦略です（私も苦手なリーディング課題が多い授業はPass/Failで受けていました）。

しかし一般的な大学だと、Letter Gradeの授業を全体の7割ほど取らないと卒業できない決まりになっており、全ての授業を気楽なPass/Failで受けることはできません（例えば、ハーバード大学においては4年間で32個の授業を受けることが卒業条件であり、そのうち21個の授業はLetter Gradeによる授業である必要があります）。

そこで、全ての授業をPass/Failで受けられるようにしたのがブラウンであり、卒業のために必要とされる勉強量は他の大学に比べて圧倒的に少なくなります。

教授たちから積極的にPass/Failを推奨される授業もあり（難しい授業や成績を気にせず学んでほしい授業）、入門の授業は特に、学び始めで諦める人がいないように、Pass/Failがすすめられます。

ブラウンの大学院には医学部があるのですが、学部を卒業後、ブラウンの医学部にエスカレーターで進学が決まっている人の中には、実際に全ての授業をPass/Failで受ける人もいるそうです。

一方で、大学院進学を考えている人をはじめとして、Letter Gradeによる成績証明が必要とされる進路に進む人は、結局、他の大学の学生と同じくらいにはLetter Gradeで授業を受けることになるようです。

チル③　大学が公式のＧＰＡを出さない

一般的な大学では、卒業時の成績証明書にはＧＰＡ（Grade Point Average）、つまり4年間の全ての授業の成績の平均点が掲載されます（Ａが4.0、Ｂが3.0、Ｃが2.0、Ｄが1.0、Ｆが0.0で計算）。この際、Pass/Failで受けた授業の成績は数字に変換することができないので、ＧＰＡの計算には含まれません。

つまり、ブラウンが全ての授業をPass/Failで受けることを認めているということは、ＧＰＡの計算ができないケースを認めているということであり、そのため大学側は公式のＧＰＡを成績証明書に載せないことにしています。

実際、公式のＧＰＡが存在しないという理由で就活の際にＧＰＡを提出しない人も多いようで、これによって大学生活は成績のストレスから一気に解放されます。

ちなみに、大学院などＧＰＡが必要もしくは重視される進路に進む人は、きちんとLetter Gradeで授業を受けて、自分でＧＰＡを計算して提出するそうです。

チル④　Fail（不可）した授業は成績表に載らない、つまり、なかったことになる

ここまでくると、もう他の大学の学生にとってはうらやましいどころか衝撃です。

普通は授業で不可を取ると成績表にそれが載ってとても印象が悪くなるので、学生にとって不可は絶対に避けなければいけないものなのですが、ブラウンでは不可を取っても一切成績表に反映されな

いので、そこまで恐れるものではありません。

失敗してもなかったことになるおかげで、難しい授業、苦手な授業、全く知らない分野の授業にも気軽に挑戦することができます。

さらにチルく、オープン・カリキュラムを採用

オープン・カリキュラム（Open Curriculum）を採用し、卒業に必要なのは、

- 授業を30個受ける
- 専攻を1つ修める
- ライティングの授業を2個受ける

これだけ。


カリキュラムがチルいからこそ学生間の競争は一切なく、みんなで助け合って学んでいます。

「成績なんて気にせずに、純粋に学生に学びを楽しんでほしい」

そんな切実な願いを感じる大学です。


だからこそHappiest Ivy（最も幸せなアイビーリーグ校）なんて名前が付けられているわけですが、見方によっては「勉強しなくてもいい大学」。他の大学に通う学生たちの間では、ブラウンはアイビーリーグの中ではあまり勉強していないイメージだそうです。

自らを律する強さが求められる大学

そこで求められるのは、自ら頑張れる人、自制心のある人です。

「90点でもAが取れるよ」と言われている中で、それでも自分が真剣に取り組みたい授業において「100点を目指そう」と思えるかどうか。

全ての授業をPass/Failで受けることが認められている中で、「可を取ればいいから勉強もテキトーでいいや」と思わずに、熱心に授業に取り組めるかどうか。

勉強しなくてもいい環境において、自分を奮い立たせる強さが求められます。

さらに、オープン・カリキュラムにおいて必修はほとんど存在せず、学生たちの勉強を強制的に導くレールが一切敷かれていないので、自分で何をやりたいのか考えて自分で計画を立て実行できる、自立した人でないとここではやっていけません。

そんな学生たちの自立を促すように、他の大学と違って寮内のコミュニティーが大学主導で形成されることはなく、寮のイベントなどもかなり少ないそう。

大学の寮

強制的にコミュニティーに入れられないからこそ自分に本当に合った人とだけ仲良くできますし、オープン・カリキュラムによって自由に授業も選べるので、何にも強制されずに自分の道をガンガン進んでいきたい人には本当におすすめの大学です。

ただその一方で、多少のガイドラインが欲しい人、多少のプレッシャーがあった方が頑張れる人にとってはなかなか大変な環境でもあります。

私が知る限り全米イチチルいカリキュラムを持っているおかげでHappiest Ivyなんてあだ名が付けられていますが、私はむしろ、簡単に堕落できてしまう、かなり厳しい大学であるように感じました。

お尻を叩かれないと頑張れないタイプの人（私も含め）には絶対におすすめできない、非常に癖の強い大学です。

非常に落ち着いた小都会・プロビデンス

ブラウンが位置するプロビデンスは、そこそこ大きな街でありつつも治安の良さと落ち着きを保った、非常に住みやすい街です。

大学から歩いて15分ほどのところにはショッピングモールがあり、大学周辺には韓国料理や日本料理をはじめとした様々なレストランがあります。私もハーバード在籍時代、部活の仲間と一緒に冬に

通ってはいけない Van Wickle Gates

踏んではいけない Pembroke Seal

プロビデンスに旅行して、脱出ゲームやアイススケートを楽しんだことがあります。

街全体におしゃれな雰囲気が漂い、さらに食も娯楽も楽しめる、非常に魅力的な場所です。

ちなみに。キャンパスの階段のどこかにある Pembroke Seal と呼ばれる紋章を男子が踏むと退学、女子が踏むと卒業できなくなる上に妊娠するというジンクスが存在します。

道行く学生たちが次々と避けていくのが面白かったです。

さらにちなみに。Van Wickle Gates と呼ばれる、入学式と卒業式の年に2回しか開かない門があり、式典でパレードを先導するマーチングバンドに所属している学生以外は、入学式以降その門を一度でも通ったら卒業できないという、これまたジンクスが存在します。

Brown University

基本 DATA

学生数：7200人

種類：私立総合大学（アイビーリーグ）

留学生：11％

学期：２学期制

合格率：5.0％

奨学金：柳井・笹川

アメリカ大学ランキング：９位

世界大学ランキング：64位

日本からの留学生

20人ほど。そのうち一条校出身者は３分の１くらいです。

交通アクセス

日本からだと、ニューヨーク、シカゴなどで乗り継いでT・F・グリーン空港へ。そこから車で15分。もしくは日本からボストン行きの直行便に乗り、ボストンからはAmtrakという特急電車でProvidence Stationまで30分。そこから車で５分。

治安

治安の良い落ち着いた街です。

学生想いの文化的な大学

イェール大学

Yale University

コネチカット州の校外にある中規模の私立総合大学・イェールは、
文化的な雰囲気が漂うアイビーリーグ。
綺麗なキャンパスとおいしい食堂を兼ね備えた、
とっても学生想いの大学です。

文化人であろうとする大学

哲学、歴史学、政治学、心理学、文学、経済学など、とにかく社会科学・人文科学の分野が非常に強く、法学部の大学院（Law School）は全米1位（２０２３年）。

常に世界ランキング上位に位置する大学なので、文理問わず質の高い教育と研究が行われており、「文系の大学」と呼べるほど一方的に文系に偏っているわけではありませんが、大学全体になんだか文化的な雰囲気を感じました。

例えば、数理経済学の分野で非常に著名なとある教授は、数学をがっつり使う授業の合間にもシェイクスピアの話をしてくれるそう。学生いわく、「どんな分野を教えていたとしても、文化人であろうとする教授が多いように感じる」。

その姿勢は学生も同じで、専攻を問わず文化的教養を大切にする学生が多く、そんな学生たちのために、誰もが楽しめるような人文系の授業も数多く用意されています。

Beinecke Library と呼ばれるユニークなデザインの図書館

イェールにおいて特に有名な文系のプログラムが、Directed Studies、通称〝ＤＳ〟と呼ばれるもの。哲学、歴史・政治学、そして文学の３つの授業を一年生の1年間かけてみっちりと履修します。

１００人という定員があるので応募制になっていて、基本的には大学合格後に応募することになるのですが、私が話を聞いた日本人学生は、出願エッセイに哲学や文学に興味があるという内容を書いたら、大学側からＤＳへの参加を直接誘われたそうです。

とにかくリーディング課題が多いことがこのプログラムの特徴で、1週間に3冊、しかも古典のとってても読みにくい本をひたすら読み続けます。ＤＳに参加していた私の友人の部屋を一年生の頃に訪れた際には、部屋に課題図書が山積みになっていたのを今でも覚えています。

1学期に4個の授業を受けるのが一般的なイェールにおいて、３つの授業をセットで、しかも1年間受け続けるということは、ＤＳに参加している一年生の授業スケジュールはほとんどがこれで埋まることになります。

同じようなスケジュールで同じような授業を受けて課題図書の多さに同じように苦しむ、そんなＤＳの参加学生１００人の絆は自然と深まっていくようで、授業の前後に一緒にごはんを食べたり、一緒に課題に取り組んだりと、ＤＳを通して1つのコミュニティーができあがります。

ＤＳに参加した私の友人いわく、「昔の人がどう考えていたのかを知るのは面白かった。例えば【幸せとは何か】という問いに対して、アリストテレスは紀元前に【幸せとは結局は友達だ】と言っていた。ＤＳは人生を通しての生き方、考え方を教えてくれて、知らず知らずのうちに自分もすごく影響を受けている気がする」。

人文系に限らず芸術分野、特に音楽も盛んで、イェールの音楽大学院（School of Music）は世界的にも非常に有名。毎週のようにプロレベルのコンサートが行われており、学生たちの間ではアカペラが大人気です。

ちなみに。理系分野も十分ハイレベルな教育が行われているイェールですが、学生がイェールの学問の唯一の弱点と言っていたのがCS（コンピューターサイエンス）や応用科学系の分野。イェールの他の分野と比べると授業のレベルはガクッと下がるそうです。

そういえば、イェールにちょうどいい授業がないからか、ハーバードの有名なCSの入門授業（CS50）がそのままオンラインでイェールでも開講されていたのを思い出しました。

イェールの有名なアカペラグループ “The Whiffenpoofs”

アイビーリーグはどこも似たような大きさですが、一学年1600人強という規模感は、教授に普通に会いに行ける程度には小さく、分野を問わず教授やリソースが充実する程度には大きいという、本当にちょうどいいのが魅力です。

自分の興味のある分野の巨匠が当たり前のようにキャンパスにいて、しかもちゃんと会いに行けるこの規模感が、イェールの高い教育の質を支えています。

そして、次に紹介する寮制度やおいしい食堂もそうですが、かなり学生想いの大学という印象。Good Life Center と呼ばれる学生の幸せな生活のために建てられた施設があり、学生なら誰でも入れるリラックス空間が提供されていました。

新しい寮や食堂もどんどん建っていて、健康的で充実した学生生活のために積極的に投資していく姿勢がとても素敵な大学です。

4年間を通してコミュニティーを作るカレッジ制度

生活面において特徴的なのが「カレッジ制度」と呼ばれる寮制度。

入学時に14の「カレッジ」と呼ばれる寮にランダムに振り分けられ、多くの学生がそこで卒業するまでの4年間を過ごすことになります。

何か特別な事情があって、かつ移動先のカレッジに空きがあれば、4年の間にカレッジを移動することもできますが、基本的にそのカレッジにいる人みんなと卒業するまで一緒に過ごすことになるので、カレッジ全体に仲間意識が生まれ、自然と友達を作ることができます。

入学した瞬間から自動的に、4年間ずっといられるコミュニティーに所属することになるので、一年生にとっては特に安心。

4年の間で寮を移動する、もしくは寮から出ていかなくてはいけない大学が多い中で、4年間ずっと同じ寮で暮らし続けられるというのは非常にありがたい制度です。

寮制度しかり、コミュニティーを大事にする大学だからこそ、フレンドリーな学生が多く、私の友人たちを見ていても和気あいあいとした雰囲気を感じました。

大学ランキングが上位になるほどパーティー文化が弱くなる傾向がある中では、イェールは比較的パーティースクール。特にハーバード大学（267ページ）やプリンストン大学（192ページ）といった他のアイビーリーグ校に比べるとパーティーはかなり盛り上がっている印象を受けます。

キャンパスのすぐ隣に Toad's というクラブがあり、毎週水曜日（Wednesday Toad's で "Woads" と呼ばれています）はなんとイェール生限定。さすがに授業があるので Woads は毎週のようには盛り上がりませんが、授業がそこまで忙しくない学期のはじめと終わり、ハロウィンやクリスマスなどのイベントの時期には大盛り上がりします。

Woads も含めてパーティーは毎週水、金、土曜日に開催され、イェールの重要な文化の1つとなっています。

充実の食生活

イェールを語る上で欠かせないのが食事。

学生いわく、「イェールの一番の売りは、食堂も外食も、食事が全体的においしいこと」。

各カレッジに1つある食堂ではメインとなるメニューは共通しているものの、食堂ごとにサイドメニューが異なり、ピザ窯があるところもあればうどんが食べられるところも。所属を問わずどのカレッジの食堂も出入り自由なので、学生たちはその日の気分に合わせて食堂を選ぶことができます。

私も食堂で食べてみましたが、オプションも多く、なかなかおいしかったです。

それでも食堂の料理に飽きてしまった人は、Commonsと呼ばれる2022年に新しくできたフードコートに行くこともできます。アジア系料理やパスタ、サラダなどのお店が入っており、こちらもかなりおいしいとのこと。

ただ、このCommonsの見た目がハーバードの有名な食堂であるAnnenberg Hallとよく似ているのが少し気になります。

Commonsの様子。
268ページのAnnenberg Hallと比べてみてください

さらにイェールが位置するニューへイブンという街はピザが有名で、私もニューへイブンに行くたびに、アメリカ人の友達に「絶対にピザを食べてこい」と言われました。

ピザ屋さんやイタリアンレストランが並ぶ通りが大学の近くにあり、どこもとってもおいしいそうです。

食生活の充実は、健康的な大学生活に何よりも欠かせない要素です。

ニューヘイブンは比較的大きな郊外の街なので、都会のようなエンターテインメントはないものの、外食以外にもおしゃれなカフェや映画館、ボウリング場やゲームセンターなどがあり、大学周辺でも多少の娯楽は楽しむことができます。もちろん4年も暮らせば飽きてきますが、そんな時には電車で2時間の距離にあるニューヨークまで遊びに行くこともできます。

そして何より、キャンパスがとっても綺麗。学生たちも、「毎日歩いているだけで幸せな気分になれる」と言っていました。

郊外の落ち着いた雰囲気と相まって、本当に素敵なキャンパスなので、機会があればぜひ訪れてみてください。

食事も住環境も、とても暮らしやすそうな印象を受けましたが、学生が嫌なこととして挙げていたのが治安。周辺の一部の地域の治安があまり良くないので注意が必要です（次ページ参照）。

キャンパスの様子

Yale University

基本DATA

学生数：6600人
種類：私立総合大学（アイビーリーグ）
留学生：10%
学期：２学期制
合格率：4.4%
奨学金：柳井・笹川
アメリカ大学ランキング：５位
世界大学ランキング：10位

日本からの留学生

一学年３人ほど。ほとんどが一条校出身ですが、留学経験のない日本人はかなり少ないそうです。

交通アクセス

日本から行く場合は、ニューヨークの空港に直接飛んで、そこからAmtrakという特急電車に乗って２時間半でNew Haven Union Station。さらにバスで15分で到着します。もしくは、日本からジョン・F・ケネディ国際空港（ニューヨーク）に飛んで、そこから大学直通のバス（70ドル。約１万円）に乗って２時間。

ボストンからもAmtrakで２時間半で行けます。

治安

ニューヘイブンは比較的大きな街なので、治安の良い地域と悪い地域が存在します。特に大学から少し離れた北西部は、警察が常駐しているほど治安が悪く、発砲事件が週１ほどの頻度で起きているので要注意です。

ただ、北西部以外の治安は良好なので、場所に気をつければ基本的には問題ありません。

自己表現に溢れるちょっと大きめのリベカレ

ウェズリアン大学

Wesleyan University

コネチカット州の田舎町にあるウェズリアン大学・通称ウェズは、
ちょっと大きめのリベカレ。
舞台・芸術の分野で非常に有名な大学ですが、
研究費の支援額は全米のリベカレで１位、
学術分野にも優れた大学です。

総合大学とリベカレのいいとこ取り

一般的なリベカレは学生総数2000人ほどなのに対し、ウェズは3100人と、やや大きめなリベカレ。加えておよそ200人の大学院生が所属しているため、"College"ではなく"University"の名称がついています。

大学の規模がリベカレとしては比較的大きいこと、そして大学院生がいることによって、総合大学ほどではありませんがそれに準ずる豊富なリソースを持ち合わせており、その一方で、小さな授業サイズや丁寧な教育といったリベカレの良さも同時に持ち合わせ、総合大学とリベカレのいいとこ取りのような大学です。

研究が他のリベカレに比べて非常に強く、研究費の支援額は全米のリベカレで1位。BA/MA Programと呼ばれる、ウェズの学部の卒業生が1年間学費無料でウェズに残って、5年目に修士を取得するプログラムが、自然科学・数学・心理学の分野で用意されています。卒業後は博士課程に進みたいものの、まだ準備ができていない四年生にとっては、学費無料の1年間で、論文を書いたり博士課程の入学テストを受けたりして受験準備を進めることのできる最高のプログラム。大学4年目であわただしく院進の準備を進めなくていいのは非常に魅力的です。

研究に興味がある学生の間ではかなり人気のようで、私を案内してくれた日本人学生（三年生）

キャンパスを一望

も、これに参加予定だと教えてくれました。

オープン・カリキュラムを採用

オープン・カリキュラム（Open Curriculum）を採用し、卒業に必要な条件はたった2つ。

- 授業を32個受ける（＝1学期4個×2学期制×4年間）
- 専攻を1つ修める

アドミッションズ・オフィサーいわく、ウェズの学生たちを一言で表すと、

"Open-minded explorers"（何事にも囚われない冒険家）

1つのことにしか興味のない学生よりも、自分の興味の外側に踏み出していける学生が求められています。自分の得意なこと、自分の好きなことをやっている受験生は多くても、自分のComfort zone（既知の分野）の外に飛び出していける受験生は少ないようで、苦手なことにも挑戦していける、興味が湧くかどうかわからないことでも試しにやってみるような人が、アドミッションズ・オフィスの目に留まるそうです。

舞台・芸術の分野で非常に有名な大学

ウェズを語る上で欠かせないのが舞台・芸術分野。

全米でトップ10に入るほど強いそうで、ブロードウェイ・ミュージカル『ハミルトン』の制作・主演で知られるリン＝マニュエル・ミランダや、ハリウッド映画『トランスフォーマー』の監督マイケル・ベイもここの卒業生。

映画の授業は大人気で、ウェズで一番大きな授業も映画入門。毎回100人ほどが受けるそうです。ウェズの映画の授業は非常に理論的で、実際に制作したり撮影したりする面では他の大学に劣っていますが、評論・分析などに関してはかなりハイレベルとのこと。

大学所有の映画館が構内にあり、毎日映画が上演されています。私にはよく理解できなかったのですが、古いフィルムもオリジナルのフレームのまま見られるすごい映画館だそうです。

大学が様々な舞台関係者と繋がっており、著名な監督がウェズを訪れて講演する機会もたくさんあります。小さな大学だからこそ質問もいっぱいできて、かなり贅沢な経験です。

ウェズよ、変人であれ

案内してくれた学生いわく、

「自分のやりたいことがなんなのか考えさせられる4年間」

学生の間では、

"Keep Wes Wired"（ウェズよ、変人であれ）

というスローガンがあるそうで、ここでは何をしても色眼鏡で見られることはありません。

だからこそ、周りの目を気にすることなく誰もが自分の興味にまっすぐに向き合って、自分の好きなことに好きなように取り組める空間が提供されています。

キャンパスを歩いていても奇抜なファッションの学生をよく見かけましたし、芸術分野が強いこともしかり、とにかく自己表現が盛んで、かつどんな自己表現も否定されることのない大学だと感じました。

なお、ニューヘイブンの田舎町にあるので大学周辺でできる娯楽は少なく、話を聞かせてくれた日本人学生は、月に1、2回ほど、電車で2時間の距離にあるニューヨークに遊びに行くと言っていました。

校庭の真横にある坂は絶好のピクニックスポット

Wesleyan University

基本DATA

学生数：3100人
種類：リベラルアーツ・カレッジ
留学生：11.6%
学期：２学期制

合格率：16.5%
奨学金：柳井
リベカレランキング：11位

日本からの留学生

10人弱。一条校出身者の方がインター出身者よりも少しだけ多い印象です。

交通アクセス

ニューヨークもしくはボストンから Amtrak という特急電車に乗って２時間半で New Haven Union Station。そこから Uber で30分。

治安

大学周辺の治安は良いのですが、歩いて15分ほどのところにあるミドルタウンは治安があまり良くありません。

ど田舎にある大学のような抜群の治安の良さはありませんが、基本的には問題ないとのことです。

うらやましすぎるリベカレ

バーナード・カレッジ

Barnard College

マンハッタンのど真ん中、コロンビア大学の真向かいにある、
女子大のリベカレ・バーナードは、実はコロンビア大学の一部。
あまり知られていませんが、
抜群の立地とコロンビアの豊富なリソースを享受できる、
うらやましすぎるリベカレです。

コロンビア大学の一部でありコロンビア大学ではない

バーナードを説明する上で、まずはコロンビア大学について説明する必要があります。総合大学としてのコロンビア大学（Columbia University）（185ページ）には、学士課程としての学部（College）が4つ存在します。

①Columbia College（一般的に日本人がコロンビア大学と呼んでいるもの）
②School of Engineering and Applied Science（コロンビア大学の工学・応用科学系の学部）
③School of General Studies（コロンビア大学の社会人向けの学部。187ページ）
そして、
④Barnard College

①②③をまとめたものが、広義のコロンビア大学の学部にあたり、そこからバーナードのみが独立。アドミッションズ・オフィスもカリキュラムも他の3つの学士課程とは別物になっています。

しかし、授業、寮、図書館やその他施設、課外活動はほぼコロンビアと共有で、コロンビアの教授も、コロンビア生・バーナード生を分け隔てなく指導してくれます。

バーナードのキャンパス自体は1ブロックに収まる小ささですが、通りを挟んですぐ隣のアイビー

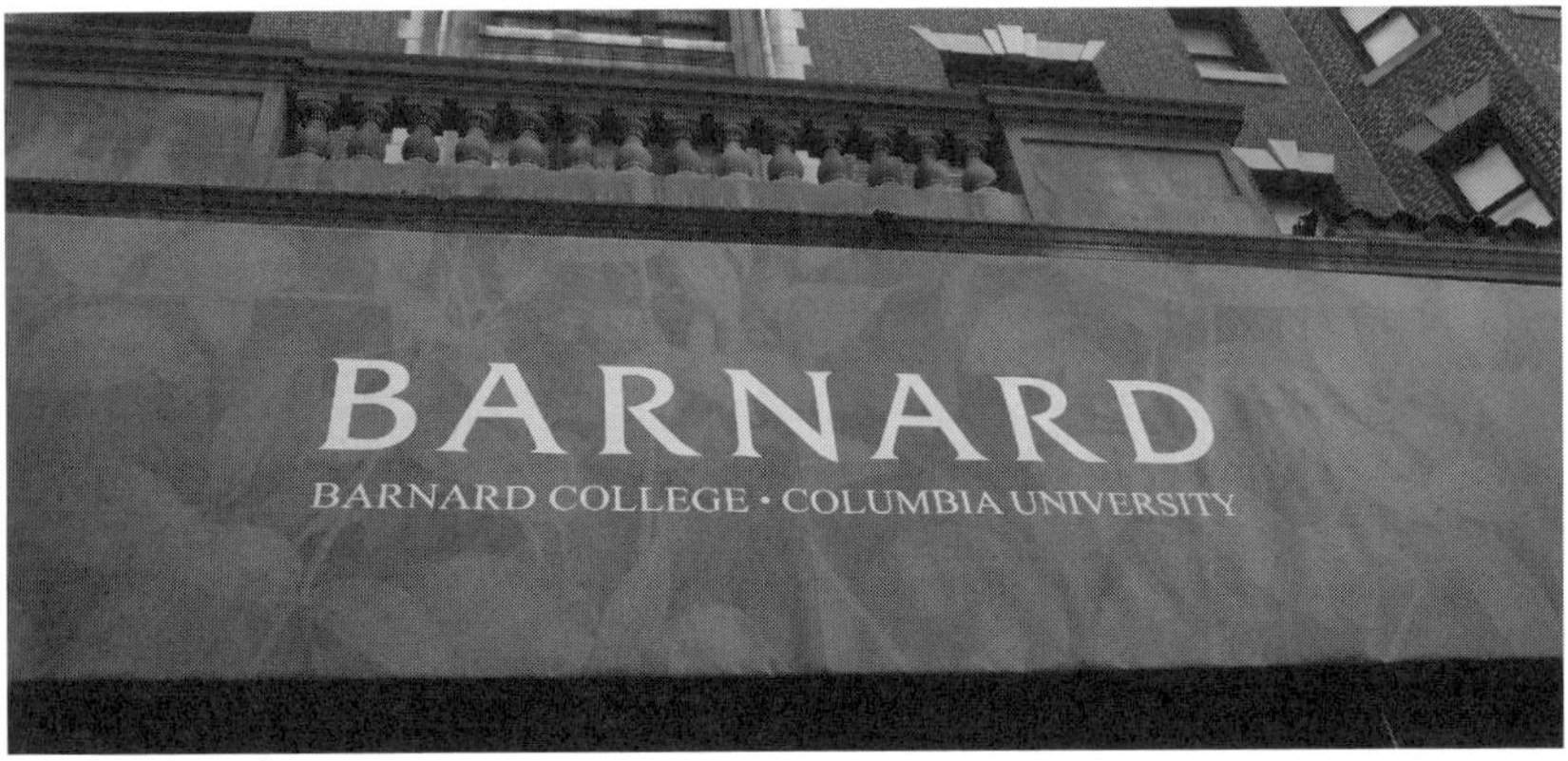

大学正面にある旗に刻まれた“BARNARD COLLEGE・COLUMBIA UNIVERSITY”の文字

リーグ・コロンビアの授業を受け放題、リソースを使い放題となると、リベカレとしては圧倒的なスケールになります。

バーナードとコロンビアの違い

授業や部活も共有となると、「じゃあ、コロンビアとバーナードはいったい何が違うの？」となるわけですが、学生いわく、「コロンビアはすでに花が咲いている学生向け。バーナード生はまだ花が咲いていない。4年間でのんびり自分の花を咲かせていく感じ」。

バーナードはリベカレというだけあってコロンビアよりもカリキュラムは自由度が高く、専攻のために必要な授業数は少なめ。コロンビアにはない、リベカレならではの柔軟な学習環境において、自分のペースで自分の興味と向き合っていくことができます。

バーナードでしか提供されていない専攻もあればコロンビアでしか提供されていない専攻もあり、それぞれの大学の学生たちは、自分の大学にない授業を求めてお互いの大学を行き来します。

さらに、卒論／卒業プロジェクトもコロンビアは選択制なのに対してバーナードでは必須。コロンビア生で卒論を書く人はバーナードの卒論の授業を受けに来るそうです。

このように、バーナードとコロンビアは決して同じ大学というわけではなく、互いの足りないものを補い合う関係にあります。

コロンビアと様々なリソースを共有していることに関して、案内してくれた学生が特に魅力に感じていたのが社会経験者との接点。

コロンビアにはSchool of General Studiesという社会人向けの学士課程のプログラムがあり、授業などを通して幅広い年齢層の、豊富な社会経験を持った大人たちと友達になることができます。学生いわく、「実際に社会を見てきた大人たちと、同じ学生として対等に話せるのは本当に貴重な経験」だそうです。

セブン・シスターズに所属する女子大

アイビーリーグの中で最も共学化が遅かったのがコロンビア（オバマ元大統領が卒業した１９８３年に共学化）で、アイビーリーグが男子校だった当時、女子教育の必要性を訴えて結成された、セブン・シスターズ（Seven Sisters。１１４ページ）と呼ばれる女子大のリベカレ群に、ヴァッサー・カレッジ（１１１ページ）やスミス・カレッジ（１３９ページ）と共に所属しています。

大学周辺の地図

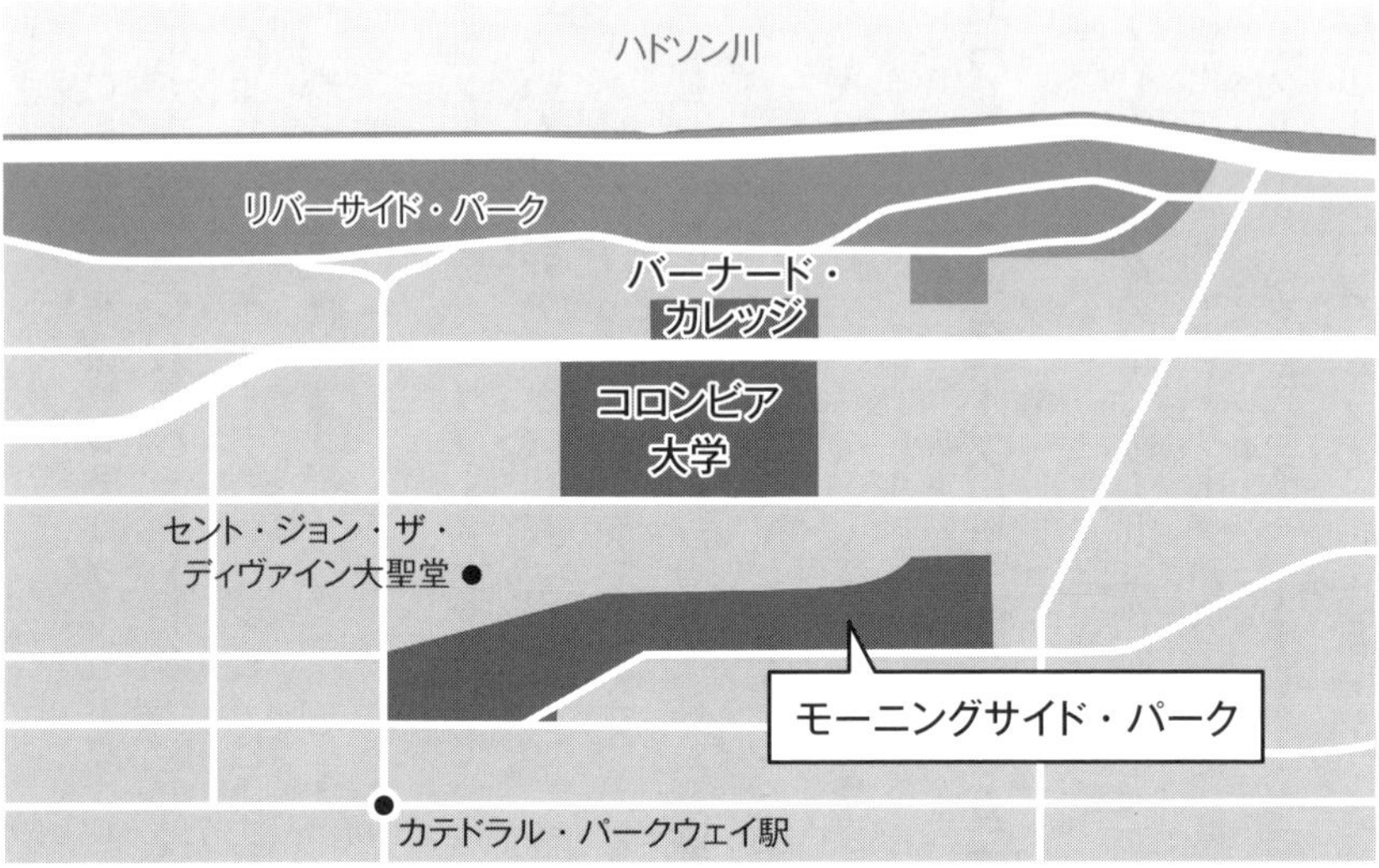

案内してくれた学生に「女子大であることの魅力は？」と聞いたところ、マンハッタンというあまり治安の良くない場所に住む上で、「女子だけ」というのは安心できるとのこと。

大学のルールによって、キャンパス内ではタバコ禁止、寮への大量の酒の持ち込みも禁止。住む上では非常に静かなキャンパスです。

なお、バーナード生でパーティーに行きたい人は、コロンビアか大学の外（ニューヨークの街）に行くそうです。

ぜひ知ってほしい治安事情

大学について嫌なこととして真っ先に挙げられたのが、周辺地域の治安事情。

ハーレムと呼ばれるニューヨークではかなり治安の悪い場所に近く、２０１９年にはキャンパス近くのモーニングサイド・パークという公園でバーナード生が殺害される事件が、さらに、2021年の冬にはその近くでコロンビアの大学院生が殺害される事件が起きています。

キャンパスのすぐ近くの治安は良く、寮も治安の良い場所にある程度まとまっていますが、キャンパスからやや離れた寮も一部あり、学生はパーティーや深夜の勉強などで夜中に出歩くことが多いので注意が必要です。

夜遅くなってしまった場合は大学の車で送ってもらうことも可能ですが、原則として遅い時間に出歩かないことが大切です。

日本人学生に案内してもらった際も、その学生が住んでいる寮がキャンパスから離れた場所にあり、「暗くなる前に帰りたいから遅くとも19時には案内を終わらせてほしい」と頼まれたのが印象的でした。

治安は不安要素ではあるものの、やはりニューヨーク・マンハッタンのリソースは唯一無二で、遊びにも、インターン探しにも、授業の校外学習においても、困ることはありません。

ニューヨークの様々な娯楽を学割、時には無料で楽しむことができるので、バーナードの学生は特にお得。ニューヨークの綺麗な夜景が見られる寮もあるそうで、シティーライフを送りたい人にはおすすめです。

Barnard College

基本 DATA

学生数：3200人
合格率：7.8％
種類：リベラルアーツ・カレッジ（女子大）
奨学金：柳井（・グルー）
留学生：14％
リベカレランキング：11位
学期：２学期制

日本からの留学生

10人ほど。そのうち一条校出身は３人ほどで、インター出身の学生が多いようです。

学生の14％が留学生であるものの、現地の一般校出身者はかなり少ないようで、大学側は一般校出身の留学生を増やすために、奨学金の予算を増やす予定だそうです。

交通アクセス

ニューヨーク・マンハッタンの中心にある Pennsylvania Station から地下鉄で15分ほど。

セントラルパークのすぐそばにあります。

治安

治安が悪い地域が近いので（本文参照）、移動は日中に限定して、夜は出歩かないようにしてください。

教養教育の楽園

コロンビア大学

Columbia University

マンハッタンのど真ん中にある
名門アイビーリーグ・コロンビアは、
コア・カリキュラムで教養を叩き込む「教養教育の楽園」。
社会人や編入生を多く受け入れ、
多様な価値観が共存する大学です。

大学図書館の入口に刻まれるコアの課題図書の作者たちの名前

Core Curriculum

コロンビアといえばコア・カリキュラム（Core Curriculum）、通称コア。

文学、哲学、歴史、音楽、芸術などに関する8個の授業が必修で、学生全員が同じ内容の授業を受講します。

プラトン、アリストテレス、シェイクスピアなどの数々の古典の名著を読み、カリキュラムで読む作者の名前は、なんと大学図書館の入口にも刻まれています。

コロンビア生だと入館無料になる美術館や博物館といった大都会マンハッタンのリソースがすぐそばにあり、授業で学んだことをすぐに実物を通して感じ取ることができるので、教養の意義を日常的に実感できるという意味では、教養教育を行うには最高の環境。

コアを実施しているだけあって文系分野に非常に強い大学でもあるので、学生の言葉を借りるならば、コロンビアは、まさに「文系にとっての楽園」です。

コアの洗礼を今まさに受けている一年生たちに教養を学ぶ意義を聞くと、はっきりと、「人生が楽しくなる」と返ってきました。

コアにおいて必修授業ががっちりと決まっているからこそ、もともと自分が興味のなかった分野でも楽しむ知的好奇心が必要。

コアの授業中、教室の後ろの方でつまらなそうに座っている人も一定数いるそうですが、案内してくれた学生たちに言わせると、「コアが嫌ならコロンビアに来なきゃいいのに」。

ちなみに。コアの必修項目には水泳テストも含まれており、75ヤード（約70m）のプールを泳ぎ切るか、水泳の授業を受けることが卒業のためには必須。四年生がみんな一緒にテストを受けるのが伝統になっています。

なお、テストを行うプールはなんだかしょっぱいそう。さて、何が混ざっているのかな……？

多様な価値観が共存するキャンパス

コロンビアでもう1つ特徴的なのが、School of General Studies（GS）と呼ばれる社会人向けの学部プログラム。もともとは戦争に行って大学に通えなかった人向けに作られたプログラムですが、今は様々な理由で高校卒業後1年以上の学習ブランクがある人や、2つ目の学位を取得しようとする人向けのプログラムになっています。

なんと2900人（リベカレ1校分）もの社会人がこのプログラムに在籍しており、これだけ人数が多いと、どんなに小さな授業にも2、3人はGS生が含まれますし、キャンパスを歩いていても社会人や退役軍人を多く見かけます。

たくさんのGS生に加えて、他の大学からの編入生が毎年100人近くいることで（アイビーリーグの中ではかなり多い方）、多様な価値観が共存するキャンパスになっています。

真向かいにある女子大・バーナード・カレッジ（178ページ）と授業や施設、課外活動などをほぼ完全にシェアしているので、受験の際はぜひバーナードもチェックしてみてください。

マンハッタンの治安事情

大学の嫌なところとして真っ先に挙げられたのが、周辺地域の治安の悪さ（詳しくはバーナードの説明をご一読

キャンパスの中心部

ください。182ページ)。
私が訪れた3日前にも学生寮のすぐそばの日用品店で拳銃強盗があり、案内してくれた日本人学生はその事件が起きる数時間前に、たまたまそこで買い物をしていたそうです。

警備員が配置されている寮の入口

寮の入口には警備員が配置されており(他の大学の寮には普通はいません)、キャンパス内とそのすぐ周辺は比較的安全。日用品の買い物を含め、治安の悪い地域に行かずとも、安全なキャンパスの周りだけで日常生活は事足りるので、夜遅くにヤバい場所を歩かないよう気をつければ問題ないようです。

ただ、周辺でここ数年以内に複数件、学生が巻き込まれる殺人事件が起きているので、治安が心配な人には絶対におすすめできない大学です。

しかしそれでもマンハッタンのど真ん中というのは全米でもダントツの好立地で、コロンビアの学生証があればニューヨークの様々な文化施設や娯楽を無料、もしくは割引で楽しむことができるので、そういったものに興味がある人にとっては夢のような環境です。

大都会なので外食も充実しており、とある一年生は、勉強で疲れた時に日本食レストランに行ったら、あまりにもおいしくて泣きそうになったそうです。

勉強がつらい時、日本が恋しい時、逃げ道があるのも大都会だからこそ。

ちなみに。大学統計で不正をして2021年のアメリカ大学ランキングで2位に躍り出たものの、数学の教授がそれを告発して2022年はランキングから除外。ランキングに復帰した2023年は18位になりました（2024年は12位）。

その教授は大学側から嫌われているらしく、助手の大学院生が変な人しか派遣されなかったり、数学科教授たちのミーティングがその教授の授業中に設定されたりしているという噂が。

でも学生たちはみんなその教授に会いたくて、オフィスアワーはなんと3時間待ちだそうです。

さらにちなみに。最後に少しだけ受験のアドバイスを。

コロンビアでは、一般的な学部（Columbia College）と並んで、School of Engineering and Applied Science（SEAS）という工学・応用科学系の学部が用意されています。

受験方法や受験に必要なものは2つの学部でほぼ一緒ですし、カリキュラムに多少の違いはあるものの、授業や寮などの生活面もほとんど一緒なので、同じ学部のようなものなのですが、いざ工学系、応用科学系の専攻をしようと思ったら、SEASに所属している必要があるので、それらの分野に興味がある受験生は注意が必要です。

二年生のタイミングで一般的な学部から編入することも可能ですが、これがかなり厳しいようなので、興味がある人は受験のタイミングできちんとSEASを選んで出願するようにしましょう。

Columbia University

基本DATA

学生数：9700人（GSを除くと6800人）
種類：私立総合大学（アイビーリーグ）
留学生：17.6%（GSを除くと16.6%）
学期：２学期制
合格率：3.9%
奨学金：柳井・笹川
アメリカ大学ランキング：12位
世界大学ランキング：17位

日本からの留学生

日本の大学からの数名の交換留学生を含めて30人ちょっと。
４年間の正規留学生の中ではインター出身者が７割ほどになっています。

交通アクセス

ニューヨーク・マンハッタンの中心にある Pennsylvania Station から地下鉄で15分ほど。

セントラルパークのすぐそばにあります。

治安

バーナード・カレッジと同様、治安が悪い地域が近いので（本文参照）、移動は日中に限定して、夜は出歩かないようにしてください。

浮世を離れて学問の基礎に向き合う大学

プリンストン大学

Princeton University

ニュージャージー州の郊外にあるアイビーリーグ・プリンストンは
学部教育重視、理論重視の真面目な大学。
丁寧な指導のもと、
浮世を離れて勉学に励みたい人におすすめです。

学部教育重視のアイビーリーグ校

５６００人の学部生に対して大学院生は３２００人。プリンストンのように知名度があり、かつ研究が盛んな総合大学において、大学院生がたったこれだけというのは非常に珍しく、「学部生を丁寧に教えたい」というスタンスのもと運営されている大学です。

大学院だけでなく、学部の規模５６００人というのも一般的な私立総合大学と比べるとひと回り以上小さく、非常に丁寧な教育が特徴。

レクチャーに付随するセクションを教授が教えることも多く（一般的な総合大学では院生が教えます）、学生いわく「教授と顔を合わせている時間が長い気がする」。

サポート体制が充実しており、勉強面においても生活面においても相談できる教授やアドバイザーがたくさんいます。

例えば話を聞かせてくれた日本人学生は、三年生になるタイミングで専攻を経済から美術史に変えた際、美術史を専攻するなら本当は二年生までに取り終えなければならなかった必修授業が終わっていなかったのですが、アドバイザーに相談したら、卒業までに終わらせればいいことになったそう。

学部生を大切にしているからこそ、一人ひとりに対して柔軟な教育が行われています。

知名度の高いアイビーリーグ校なだけあって、機会面でも金銭面でもやりたいことは何でもできますし、著名な教授も数多く在籍しています。

リソースが豊富な大学は他にもあれど、それをしっかりと学部生のために使ってくれるのがプリンストンの魅力です。

「実学より理論」の教育

プリンストンの教育のもう一つの特徴は、非常に理論的であるということ。時代が移り変わっていってもどんな状況でも対応できる、学問の本質を教えることが重んじられています。

例えばハーバード大学の金融の授業では、Excelやプログラミングを用いてデータ分析をするという、実社会でそのまま使えそうな内容になっているのに対し、プリンストンの金融の授業の課題は全て数学。金融理論を叩き込む、実学よりも理論ベースの授業となっています。

大学が「実学を教えない」というポリシーを持っており、一般的な総合大学の大学院では必ずと言っていいほど用意されている医学部（Medical School）や法学部（Law School）、ビジネス学部（Business School）がありません。

研究が盛んな大学ではありますが、応用研究よりも基礎研究に全振り。

理論系の学問が非常に強く、特に数学や物理に興味がある人にはおすすめです。

大学全体にアカデミックな雰囲気が漂い、次に紹介するペンシルベニア大学（２０３ページ）とは非常に対照的。

郊外にあるということもあって、学期中のインターンや学外での活動はそれほど盛んではなく、学生たちが授業を大切にする文化が存在します。

あれもこれもと手を出して色々活動するというよりは、都会の喧騒《けんそう》を離れた静かなキャンパスで、どっしりと勉学に励む大学です。

図書館の様子

ただ、実学を捨て理論に大きく偏っているからこそ、実社会との距離を感じる瞬間もあるそう。学生いわく、「研究をしていても実社会のことを知らずに研究をしている感覚があった」。

もちろん、長期休みにインターンや様々なプログラムを通して自ら社会との繋がりを作っていくこともできますが、やはり、学期中は理論重視の授業を中心とした生活になるので、実学を重んじる人、インターンやネットワーキングなど学外での活動を大切にしたい人にはあまりおすすめできません。

全員必修の卒業研究

そんな学部重視、理論重視のプリンストンの教育スタイルを象徴しているのが、全員必修の卒業研究。教授と一対一で、2年間という長い時間をかけて、卒業論文／プロジェクトを完成させます。

プリンストンの卒業研究で特徴的なのが、三年生の段階で"Junior Paper"と呼ばれるミニ論文を書くこと。四年生で提出する卒業論文と合わせると2年間で2つの論文を完成させることになり、長い時間をかけて丁寧に研究のいろはを教わることができるので、研究に興味のある学生にとってはまさに最高の環境です。

学生全員に卒業論文を課す、つまり、学生全員の研究を指導するというのは教授側の負担も相当で、そこまで教授たちが学部生に時間を割《さ》いてくれるのは、さすが学部教育重視のプリンストン。カレッジ・オブ・ウースターでも紹介した、卒業プロジェクトに関するランキング（67ページ）では、全米1位（2024年）を誇ります。

ほとんどの教授はしっかりと時間を割いて丁寧に指導してくれるそうですが、残念ながら、いつまで経ってもメールに返信してくれない教授や、学生が困っていてもなかなか会ってくれない教授も中にはいます。

また、私が話を聞いた3人の日本人学生のうち、2人が卒業研究に関して「やってよかったとは思うけど、やらなくていいならやりたくなかった」という意見なのも印象的でした。理由として、1人の学生は「研究に必要な作業が好きではなかった」。もう1人は「卒業後も研究を続けるつもりはなかったので、卒論を書く時間があったらもっと色んな授業を受けたかった」。

それでも2人が多少なりとも「やってよかった」と思っているのはプリンストンの丁寧な指導の賜物ですが、教授とのマッチングも含め、様々な事情で卒業研究に取り組みたくない学生がいる中で、「全員強制」というのがかなりネックだと感じました。特にプリンストンでは2年間という他の大学よりも長い時間をかけて卒業研究に向き合うので、嫌な人にとっては苦しい時間も長くなります。自分の興味が何であれ、学術的なレンズを通して何かを深く掘り下げたいと思う、知的好奇心が求められる大学です。

落ち着いた郊外にある綺麗なキャンパス

ニュージャージー州の郊外にあるので、キャンパスの外で外食以外に楽しめるのは、せいぜい映画館に行くことぐらい。

エンターテインメントに囲まれた生活を送りたい人にとっては非常に厳しい環境ですが、私が話を聞いた学生たちはみんな、「落ち着いて勉強に集中できるのが魅力だ」と話していたので、この環境をプラスに捉えられる、真面目で大人しい学生が多い印象を受けました。

大学が郊外にあることに加えて、全員必修の卒業研究を通して三年生はJunior Paper、四年生は最終成果物の提出という、全員が同じタイミングで同じ課題に取り組むことによって、一体感も生まれますが、同時に閉塞感も漂いがち。

そんな閉塞感から抜け出すために、学生たちはよく電車で1時間半の距離にあるニューヨークまで足を延ばします。

美術の授業ではニューヨーク近代美術館やメトロポリタン美術館まで校外学習に行くこともあり、芸術分野では現役のアーティストやミュージカル俳優がニューヨークから教えに来ることも多いそう。

授業面・生活面共に、少し離れた大都会のリソースが学生たちの支えとなっています。

そして何より私が感動したのは美しいキャンパス。ゴシック建築の壮麗な建物に加えて、緑豊かで桜も育てられているキャンパスを歩くと心がとって

桜が綺麗な美しいキャンパス

も癒やされました。

独自の食堂制度　Eating Club

娯楽の少ない街だからこそ、学生たちの情熱は自然と食に向かいます。

とある Eating Club の外観

7つある食堂はアメリカの大学の中ではかなりおいしい方で、話を聞いたどの学生も、食には満足していた印象。アジア料理専門の食堂があったり、アサイーボウルやチョコレートフォンデュが提供される食堂があったり。食堂ごとにメニューが異なり、その日の気分で好きな食堂に行くことができます。

そんな食事を大事にするプリンストンで生まれた独自の制度が"Eating Club"。

食堂と社交クラブをかけ合わせたもので、入会は三、四年生限定。1日3食、大学が運営する食堂で食べる代わりに自分が所属する Eating Club の食堂で食事をし、そこで勉強をしたり授業の合間にのんびりしたり。それに加えてイベントが行われ、週末にはパーティーも開催されます。

Eating Club は十数個存在し、それぞれ活動内容も大きく異なります。食堂としての機能がメインの Eating Club もあれば（参加自由な場合が多い）、社交クラブとしての機能がメインのものもあり（オーディション制の場合が多い）、限られた予算の中で運営するので、後者のような Eating Club では、酒とパーティーにお金を使いすぎて食事はとってもまずいそうです。

他の大学の社交クラブと違って性別ごとに Eating Club が分かれることはなく、それぞれのクラブが持つ建物に暮らすこともなく、学生たちは自分の寮に暮らしながら、基本的に食事とイベントの際にだけ Eating Club にやってきます。

数々の大学の社交クラブを見てきましたが、プリンストンだけ独自の社交スタイルを築いているのが大変興味深かったです。

なお、Eating Club は全員参加ではなく、三、四年生になっても Eating Club に所属することなく大学の食堂で食事を続ける人も多いですし、持ち回りで料理をする寮に入る人もいれば、自炊をする人もいます。

そして食堂とは別に、街の外食も充実しています。

大都会ほどのオプションはありませんが、大学前のメインストリートには日本食を含め20軒ほどのレストランが立ち並び、食に困ることはないそうです。

新しいレストランもどんどん増えていて、特に日本人学生たちにとって大きな変化だったのが、大学の目の前に日本食専門のスーパーができたこと。休日にはお好み焼きの試食が行われていることを、とある日本人学生が熱く語ってくれました。


才能溢れる学生が多いので課外活動は非常に盛ん。

ただ、後に紹介するハーバード大学（267ページ）と同様、ダンスや音楽といったメジャーな部活はオーディション制のものがほとんどで、ハイレベルな経験者の学生が多い中で初心者が入る余地はありません。

話を聞かせてくれた日本人学生は、ダンスや音楽を大学でやろうと思ったけれど、オーディションに1つも受からなくて非常に残念だったと教えてくれました。


ちなみに。プリンストンのパーティーは地味なことで有名です。

アイビーリーグ8校合同のビジネスイベントがプリンストンで開催された際、パーティーも行われたのですが、翌日、他校の参加者の学生たちから「パーティーがつまらなすぎてヤバかった」という声がたくさん聞かれたそうです。

とある日本人学生いわく、「基本的に勉強熱心で真面目な学生が多いから、パーティーとかは苦手なんだと思う」。

Princeton University

基本 DATA

学生数：5600人
種類：私立総合大学（アイビーリーグ）
留学生：12.2%
学期：２学期制
合格率：4.5%
奨学金：柳井・笹川
アメリカ大学ランキング：１位
世界大学ランキング：６位

日本からの留学生

一学年で２、３人ほど。一条校出身者とインター出身者は同じくらいだそうです。

交通アクセス

ニューアーク空港から電車を乗り継いで１時間ほど。
ニューヨークの中心部までは電車で１時間半ほどです。

治安

ニュージャージー州の郊外にあり、治安は非常に良好。
夜中でも一人で出歩けます。

QOL高め、意識高め

ペンシルベニア大学

University of Pennsylvania

言わずと知れた名門アイビーリーグ、
ペンシルベニア大学・通称 UPenn。
一般的な学部に加えてビジネス学部を持つ UPenn は、
pre-professional（実学的）な文化が特徴。
QOL（生活の質）高め、意識高め、
おすすめする人を選ぶ非常に尖った大学です。

世界トップレベルのビジネスプログラム

UPenn（ユーペン）の学部は以下の4つのプログラムに分かれています。

①College of Arts and Sciences（一般的な学部）
②Wharton School（ビジネス学部）
③School of Engineering and Applied Science（工学部）
④School of Nursing（看護学部）

出願時点で希望するプログラムを選ぶ必要があり、二年生になるタイミングでプログラムの移動も可能ですが、希望通りに移動できるかは確約されていないので注意が必要です。

特に特徴的なのが、学部生の6分の1ほどが所属するウォートン（Wharton School）で、世界中からビジネスを学びたい学生たちが集まります。

ウォートンの学生いわく、学部のうちからコンサルや投資など実社会で活きる経験を積めるのが魅力で、こんなに実学的なビジネスを学べるのはここくらいだそう。学生のほとんどがコンサル・金融系の部活に入り、一年生のうちからインターン経験を積み、ネットワーキングを学び、まさにpre-professional（実学的）です。

綺麗なウォートンの内観

実学的な雰囲気が漂うキャンパス

そんなウォートンの学生がいるからか、UPenn には全体的に実学的な雰囲気が漂います。

「将来これを実現するためにこういった進路に進みたいから、大学ではこれを達成する」といった明確な目標を持った学生たちが、着々と実績を積み、目標までの道筋を計画的にたどっていく4年間。

部活でリーダーをやるのも授業で良い成績を取るのも履歴書に書くためで、多くの学生にとって大学生活のモチベーションが「進路」なので、案内してくれた学生いわく、

「ピュアに学問を学びたい人、ピュアに学生生活を楽しみたい人が来る大学ではない」

明確なモチベーションがないと周りの学生たちに流されて自分を見失ってしまうので、大学で自分を探したい人は絶対に来ない方がいいとのことでした。

あまり学問そのものを楽しむような大学ではなく、朝8時半に開講されている400人のとある授業は、内容が録画されており出欠も取らないので、授業に行ってみたら10人しか出席していなかったこともあったそうです。

目的意識を明確に持っている人が多いので、大学はやや競争的な雰囲気。部活に入るのにもエッセイが3本必要で、さらにスーツでの面接が実施されるところもあります。

実際、私が見学した日は授業のある平日にもかかわらず、スーツ姿の学生をたくさん見かけました。大学ロゴをもじった、Penn ではなく Pain（つらい）というステッカーが学生間で自虐的に出回るほどハードな大学で、学生いわく、「タフな人が合っている」。

大学ロゴをもじった、Pain のステッカー

アドバイザーや教授が自ら学生にアプローチすることは少ないですが、学生が積極的に関われば豊富なリソースを提供してくれます。

そのため、自分のやりたいことが明確にあって、今の自分に必要なものを自ら掴みとりに行ける人にとっては最高の環境です。

ＱＯＬ高めの学生生活

そんなハードな学生生活を支えるために、ＱＯＬは超高め。私が訪れたアメリカの大学の中では、生活水準は圧倒的1位を確信しました。

寮はとっても綺麗で、入口には学生証と暗証番号を読み取る自動ゲートと警備員が配置され、セキュリティはガチガチ。予約制の食堂があり、寿司やうどんが出るところもあります。そして上級生は25階建てのタワーマンションの寮に住み、眺めが綺麗な最上階のラウンジで勉強します。

構内には"Hall of Flags"というアイビーリーグの旗を飾るためだけの部屋があり、エリート意識がかなり高め。

他のアイビーリーグ校でこのような部屋は見たことがありません。

UPenn の学生生活のもう一つの特徴として挙げられるのが、パーティースクールであること。ウォートンの学生は金曜日に授業がない人が多く、木、金、土曜日の3日間連続でパーティーが行われます（一般的な大学は金、土曜日の2日間）。

ハイテクな寮の入口

食堂で出てきた
寿司とうどん

タワーマンションの寮

ただ、社交クラブの評判は非常に悪く、様々なハラスメント行為が問題になっています。

Hall of Flags

ちなみに。周辺のリベカレ3校（スワスモア・カレッジ〈211ページ〉、ハバフォード・カレッジ、ブリンマー・カレッジ）とクエーカー・コンソーシアム（Quaker Consortium。131ページ）を組んで他の大学の授業を受けられるようにしていますが、総合大学のUPennからわざわざ小さなリベカレの授業を受けに行く人は少ないようで、UPennにとってはあまりメリットのないコンソーシアムだと感じました。

さらにちなみに。有名な卒業生として、X（旧ツイッター）で何かと話題のイーロン・マスク氏が挙げられます。

総じて人を選ぶ非常に尖った大学

案内してくれた複数の日本人学生の中でも「UPenn最高！」という学生とかなりつらそうな学生とにはっきり分かれ、私の留学仲間にUPennの話をしても、好き嫌いが大きく分かれました。

これほどまでに好みが分かれる大学は他にありませんでしたし、そんな人を選ぶ大学が、誰もが憧れるアイビーリーグだということがこの話のミソ。

合う人にはとことん合い、合わない人にはとことん合わない大学なので、受験の際には自分がどちらなのかよく考えてから出願してください。

少なくとも、「アイビーリーグだから」というなんとなくの理由だけで進学するべき大学ではありません。

【後日談】

UPennを訪れてから半年後、案内してくれた学生から「これもUPennっぽいかも」と送られてきたのがこちらの写真。キャンパスの中心にある"LOVE"の文字を象《かたど》った像に、「What do you regret?（あなたが後悔していることは?）」というテーマで付箋《ふせん》を貼ったもの。

一番多かった答えは、「Coming to UPenn（UPennに来たこと）」だったそうです。

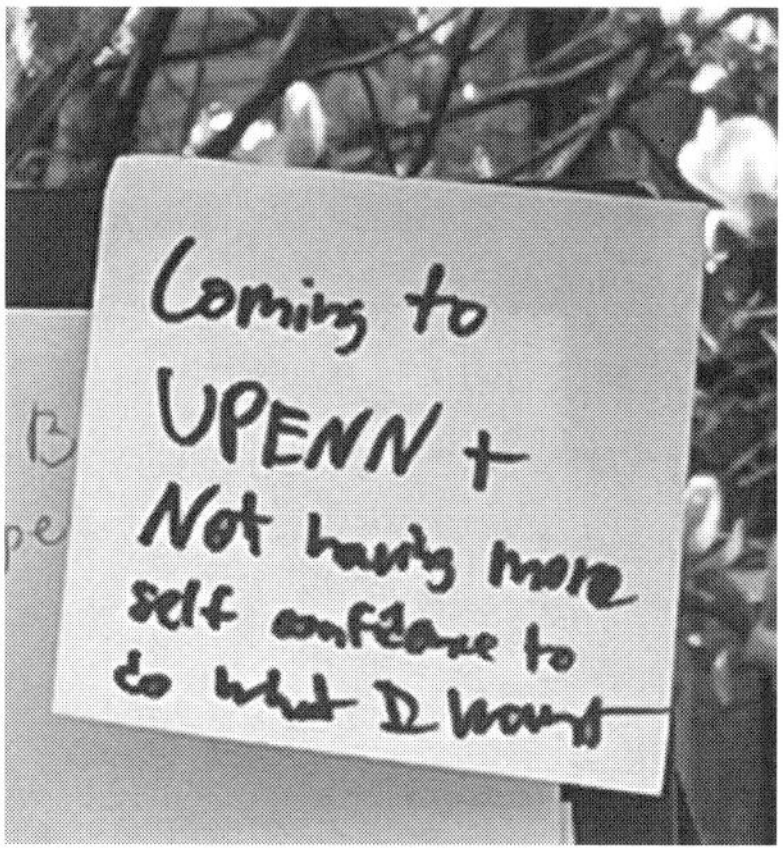

Coming to UPenn（UPennに来たこと）

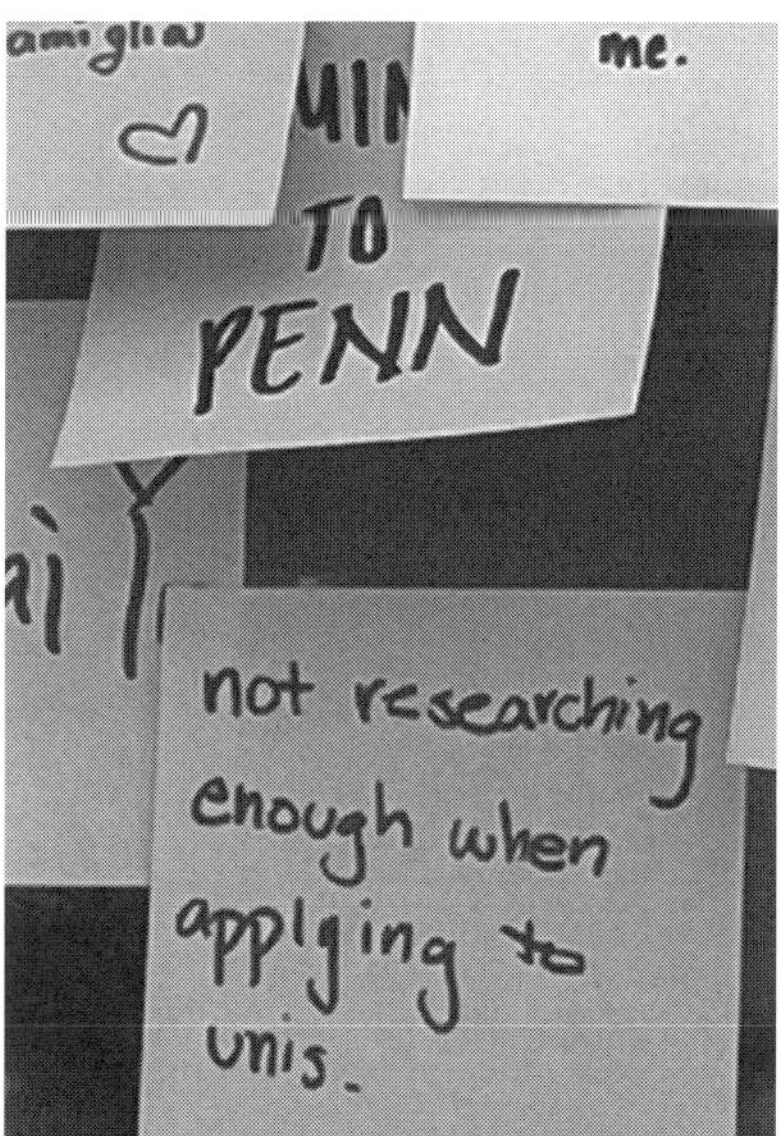

Not researching enough when applying to universities（大学を受験する時によく調べなかったこと）

University of Pennsylvania

基本 DATA

学生数：10000人
種類：私立総合大学（アイビーリーグ）
留学生：13%
学期：２学期制
合格率：6.5%
奨学金：柳井・笹川
アメリカ大学ランキング：６位
世界大学ランキング：16位

日本からの留学生

20人ほど。そのうちおよそ６割がインター出身。
日本の大学からも10人ほどの交換留学生が来ているそうです。

交通アクセス

ニューヨークから Amtrak という特急電車でフィラデルフィアの William H. Gray III 30th Street Station まで１時間半。そこから大学までは歩いて10分。

治安

キャンパス周辺は安全ですが、やや離れたところに行くと治安の悪い地域に入るので注意が必要です。

日常生活を送る分には基本的に安全に過ごせるそうです。

Ph.D取得率全米3位の好奇心旺盛な大学

スワスモア・カレッジ

Swarthmore College

ペンシルベニア州にある小さなリベカレ・スワスモアは、
好奇心旺盛な大学。
真面目で勉強熱心な学生たちが、
綺麗なキャンパスで教授たちの手厚いサポートのもと勉強した結果、
Ph.D 取得率全米3位、文系分野では1位を誇ります。

学びそのものを楽しむ大学

根が真面目な学生が多く、学びそのものを楽しむ雰囲気。

学生同士で話していると、自分の興味のある話題でもそうでない話題でも、話のネタや意見が「ざくざく出てくる感じ」。

学生数１７００人で授業サイズはとても小さく、入門のような誰もが受ける授業を除いて、基本は６、７人で行われます。

とにかくとことん議論するのが特徴で、ただ聞いているだけなんて学生は一人もいません。

一年生の前期は成績がつかないシステムなので、学業面・生活面共に成績のストレスを忘れて新しいことに挑戦できるようになっています。

さらに、４年間で受ける（最低）32個の授業のうち、20個は専攻以外の授業を取る必要があるので（専攻が1つの場合）、自分の興味を超えて様々なことにチャレンジし続けることが求められます。

「これしかやりたくない」といったような学生が入ってくると、カリキュラムも周りの学生もそれをガンガンに揺さぶりにくるので、そういう人はあんまり向かないかも、とのことです。

学生たちの自由な挑戦を応援するようにカリキュラムは非常に柔軟になっていて、専攻の必修授業が少ないので、いつでも簡単に専攻を変えることができます。

実際、話を聞かせてくれたある日本人学生は、最初は政治学専攻でしたが、それを法学に変えて、そこからさらに専攻を変えた結果、最終的に人類学にたどり着いたそう。

成績に関係なくても、キャリアに繋がらなくても、授業で取り扱う内容じゃなくても、自分の興味を探求する好奇心を持った学生が多く、前項で紹介したペンシルベニア大学（UPenn。２０３ページ）とは電車やバスで40分ほどの距離にありますが、打って変わって対照的な大学です。

教育熱心な教授たち

助け合いの精神が根付き、学生だけでなく教授もとても協力的。
案内してくれた学生が教授に言われた言葉が、
"The biggest purpose for us teaching here is to help you grow."
（私たちがここで教える一番の目的は、あなたたちの成長を助けること）
研究だけに集中したい、なんて教授は一人もおらず、教育熱心な人がたくさんいます。
例えば、興味のある分野で授業が用意されていない時、それを教授に相談したら、わざわざ学生一人のために新しい授業を作ってくれたそう。
やりたいこと、研究したいことがカリキュラムとマッチしなくても、教授の協力のもと、それを実現できる環境が整えられています。

案内してくれた日本人学生（一年生）が今学期受けている授業では、教授が一人ひとりの課題に対して毎週コメント付きでフィードバックをくれるそう。一年生という学び始めの段階から教授のコメントをもらえるのは、勉強のモチベーションが上がるそうです。

Ph.D取得率　全米3位

真面目でちょっとオタクっぽい学生たちが、教授の手厚いサポートのもと勉強した結果、大学院進学率が非常に高く、卒業生のPh.D取得率は全米3位、文系分野にいたってはなんと1位。かなりアカデミックな大学です。

パーティースクールでは全くなく、コロナ禍以前は大学周辺の町でお酒を売らないルールがあったほど（今は売っているそうですが）。パブもクラブもない治安の良い静かな町に位置しています。そのため、激しく遊びたい人には向きませんし、静かに勉強したい人にはおすすめの大学です。

キャンパスが非常に綺麗なことでも有名で、一年生の学生いわく、「寮を出る時、毎朝めっちゃ綺麗って思って、心が洗われるんです」。

大学所有の保護林とキャンパスが隣り合わせで、森を見ながら勉強をしたりランチを食べたり。休

入学式などの式典を行う森の中の円形舞台

日にはハイキングもできて、鹿やアライグマを見ることもあるそうです。

無料のシャトルバスで30分ほどのところにあるハバフォード・カレッジ、ブリンマー・カレッジとTri-College Consortium（131ページ）を組んでいますが、授業面ではスワスモアで事足りる人がほとんどで、わざわざそっちに授業を受けに行く人はあまり多くありません。UPenn ともクエーカー・コンソーシアム（Quaker Consortium。131ページ）として提携を結んでいますが、受けられる授業に制限があり、そこまで授業を受けに行く人はさらに少ないようです。

勉強面でのメリットは少ないコンソーシアムですが、リベカレ3校合同の部活を通して他の大学の学生たちと仲良くなれたり、とてもおいしいことで有名なブリンマーの食堂に食べに行けたりと、生活面でのメリットは非常に大きくなっています。

Swarthmore College

基本 DATA

学生数：1700人

種類：リベラルアーツ・カレッジ

留学生：16%

学期：２学期制

合格率：6.8%

奨学金：柳井・笹川

リベカレランキング：４位

日本からの留学生

８人ほど。全員一条校出身だそうです。

交通アクセス

ニューヨークからAmtrakという特急電車でフィラデルフィアのWilliam H. Gray III 30th Street Stationまで１時間半。そこから電車で30分ほど。

治安

高級住宅街に大学があるので、治安はとても良好です。

研究・医療に興味がある人におすすめ

ジョンズ・ホプキンス大学

Johns Hopkins University

メリーランド州にある私立総合大学ジョンズ・ホプキンスは、
学生たちがいつも勉強している「ガリ勉大学」。
全米トップクラスの医学部があり、
メール１通で研究や医療現場に関われるため、
研究したい人・医者になりたい人には超おすすめの大学です。

ガリ勉大学

ホプキンスの一番の特徴はガリ勉であること。日曜日にもかかわらず、私が覗いた部屋全てに勉強中の学生がいて、とても驚きました。

学生いわく、「学期中はマジでずっと勉強していないといけない」。

ジムのランニングマシーンで走りながら、前に教科書を置いて勉強する人もいるみたいです。

授業が大変なので課外活動はそれほど盛んではなく、パーティー好きな人でも忙しい時はもちろん勉強優先。少なくとも、ずっとわいわい遊んでいるような大学ではありません。

勉強が大変な大学ほど競争的な雰囲気になりがちですが、ホプキンスではクラスメイトと協力しないと解けないような難しい課題も出されるので、大変

キャンパスの様子

な授業もみんなで助け合って一緒に乗り越える文化が形成されています。

学生たちの助け合いを促すように授業サイズも工夫されており、受講者が数百人になるような大きな授業はレクチャーの時間がいくつも用意され、教授たちが複数回同じ内容の講義を繰り返すことによって、多くても１００人程度のサイズに収まるようになっています。

4:15
突破
世界のコロナ感染者 4億人超える
3億人を超えてから1か月あまりで
News Clip
世界全体（日本時間けさ）
新型コロナ累計感染者が4億人超える
（米ジョンズ・ホプキンス大学集計）

2022年２月９日　ＴＢＳテレビ『Ｎスタ』
世界のコロナ感染者数に関する報道

医学がウルトラ強い

ホプキンスの２番目の特徴は医学がウルトラ強いこと。

コロナ禍の感染者数の報道において、「ジョンズ・ホプキンス大学によると……」というように、ホプキンスの名前をたくさん聞いた覚えはありませんか？

実は、世界やアメリカのコロナ感染者数を発表していたのがこの大学なんです。コロナの統計データの出典を見ると、大抵の場合、ホプキンスの名前が入っています。

大学病院がすぐ近くにあり、臨床研究にも簡単に関われて、メール１通で医療現場の見学ができるそう。学生いわく、「病院と大学の研究機関が隣接していて、そこが一緒になって医学に取り組む環境があるのは非常に魅力的」。

医療分野に限らず研究が本当にしやすい大学で、これまたメール1通で研究に参加が可能。学生の7〜8割は卒業までに一度は研究に関わり、研究者になりたい人、医者になりたい人がたくさんいます。

学生間であまりにも研究が当たり前になりすぎて、なんと、卒業論文という概念がないそう。「みんな研究に関わっているから、そんなものわざわざ必要ないよね」という感じみたいです。

逆に、研究・医療現場に興味がない人にとってはあまり来る意味がないかも、とのこと。前述の通り課外活動もそれほど盛んではありませんし、娯楽を求めて大学の外に遊びに行く時間もありません。大学があるボルチモアにはそれほどインターンの機会もないそうなので、研究や医学に取り組まないと、本当に授業を受けるだけの4年間になってしまいます。

ホプキンスの持つ、研究と医療という強みにどっぷり浸かりたい人にのみおすすめの大学です。

特に人気なのがBiomedical Engineering

一番人気の専攻はBiomedical Engineering（医用生体工学。通称ＢＭＥ）で、この分野の学部生向けプログラムとしては、ジョージア工科大学（２５８ページ）に次いで全米2位を誇ります。

ＢＭＥ専攻のみ受験段階で応募・選考が行われ（応募はＢＭＥを第一希望の専攻として登録するだけ）、超人気の専攻なので、ホプキンスに受かってもＢＭＥには選ばれないことも多々あります。なお、ＢＭＥに応募することによって、ホプキンスに受かりにくくなることはないそうです。

人気の分、予算もがっつり注《つ》ぎ込まれていて、研究レベルで行われるような実験が学部の必修授業に組み込まれています。

Design Studioの机の様子

ＢＭＥの目玉が「デザインクレジット」と呼ばれる授業。実際に働いているお医者さんたちから解決してほしい課題を聞き、色々な人に取材をしたり文献を読んだりしながらチームで解決策を見つけ、最終的に製品まで作る、１年がかりのチームプロジェクトです。

案内してくれた四年生は、従来製品よりさらに安全性を高めた新しい注射針を作ったそう。この授業をきっかけにスタートアップが生まれたこともあるそうです。

Design Studioと呼ばれるデザインクレジット専用の教室が用意されていて、製品を作るための３Ｄプリンターやはんだごてが置かれていました。

BMEが取得した特許の数々

実際に私がその教室にお邪魔した際も、そこでミーティングをしているチームがいて、真剣な様子が今も印象に残っています。

そんなBMEの建物の壁には、BMEが学部として取得した特許がずらり。全米トップクラスの実力を誇る医学部の力強さを実感しました。

ワシントンD.C.まで電車とバスで1時間ほどの好立地なので、授業が忙しくない時に遊びに行けば大都会のエンターテインメントを楽しむことができますが、学期中はどうしても忙しいのでなかなか遠くまで出かけることはありません。

大学のすぐ隣にあるハムデン（Hampden）という街には可愛い雑貨屋さんやおいしいレストランが立ち並ぶので、そこでのんびり過ごすのが学期中の息抜きになっています。

ただ、大学周辺には治安が悪いエリアもあるので注意が必要です（次ページ参照）。

ちなみに。大学名をよく間違えられるので注意が必要です。「ジョン・ホプキンス」でもなく、「ジョンズ・ホプキン」でもなく、ジョンズ・ホプキンスです。

Johns Hopkins University

基本DATA

学生数：5300人
種類：私立総合大学
留学生：14%
学期：２学期制
合格率：6.3%
奨学金：柳井・笹川
アメリカ大学ランキング：９位
世界大学ランキング：15位

日本からの留学生

５、６人ほど。全員インター出身で、一条校出身者はいないそうです。

交通アクセス

ワシントン D.C. からボルチモアの Pennsylvania Station まで Amtrak という特急電車で40分。そこからバスで10分。
ボルチモア・ワシントン空港からは車で30分。

治安

大学があるボルチモアはあまり治安の良い場所ではなく、外出時は場所と時間に注意が必要です。日中は安全なエリアを理解した上で歩けば問題ありませんが、夜に一人で出歩くのは厳禁。慣れていない人はフラフラ出歩かないようにしましょう。特に医学部の周りが危険なので、移動の際は車を使うか集団で歩くようにしてください。

なお、大学のすぐ近くは安全なので、大学生活に支障はないそうです。また、大学から少し離れても安全な場所はたくさんあるので、そういった場所をちゃんと把握して歩けば街も十分楽しめるとのことでした。

アイビーリーグっぽくないアイビーリーグ

コーネル大学

Cornell University

ニューヨーク州の田舎町にあるコーネルは、
アイビーリーグっぽくないアイビーリーグ。
受験制度も学部制度も特殊な大学に、
多様な学生たちが暮らしています。
全米トップクラスで食堂がおいしいのも魅力です。

異質のアイビーリーグ校

アイビーリーグ8校の中で一番新しいコーネル。次に新しいダートマス・カレッジ（241ページ）より約100年も遅れて創立されています。

加えて、東海岸沿いになんとなく一列に並ぶアイビーリーグの中で1校だけ内陸部に位置し、他のアイビーリーグ校とは大きく異なる雰囲気が漂います。

まず特徴的なのは学生数が多いこと。

学部生だけで1万6000人が在籍し、これはアイビーリーグ最多。州立大学ほどではありませんが、私立総合大学としてはかなり大きな大学になります。

キャンパスもめちゃめちゃ広大で、授業間の移動のために一生懸命歩いている学生をたくさん見かけました。

アイビーリーグ8校の位置関係

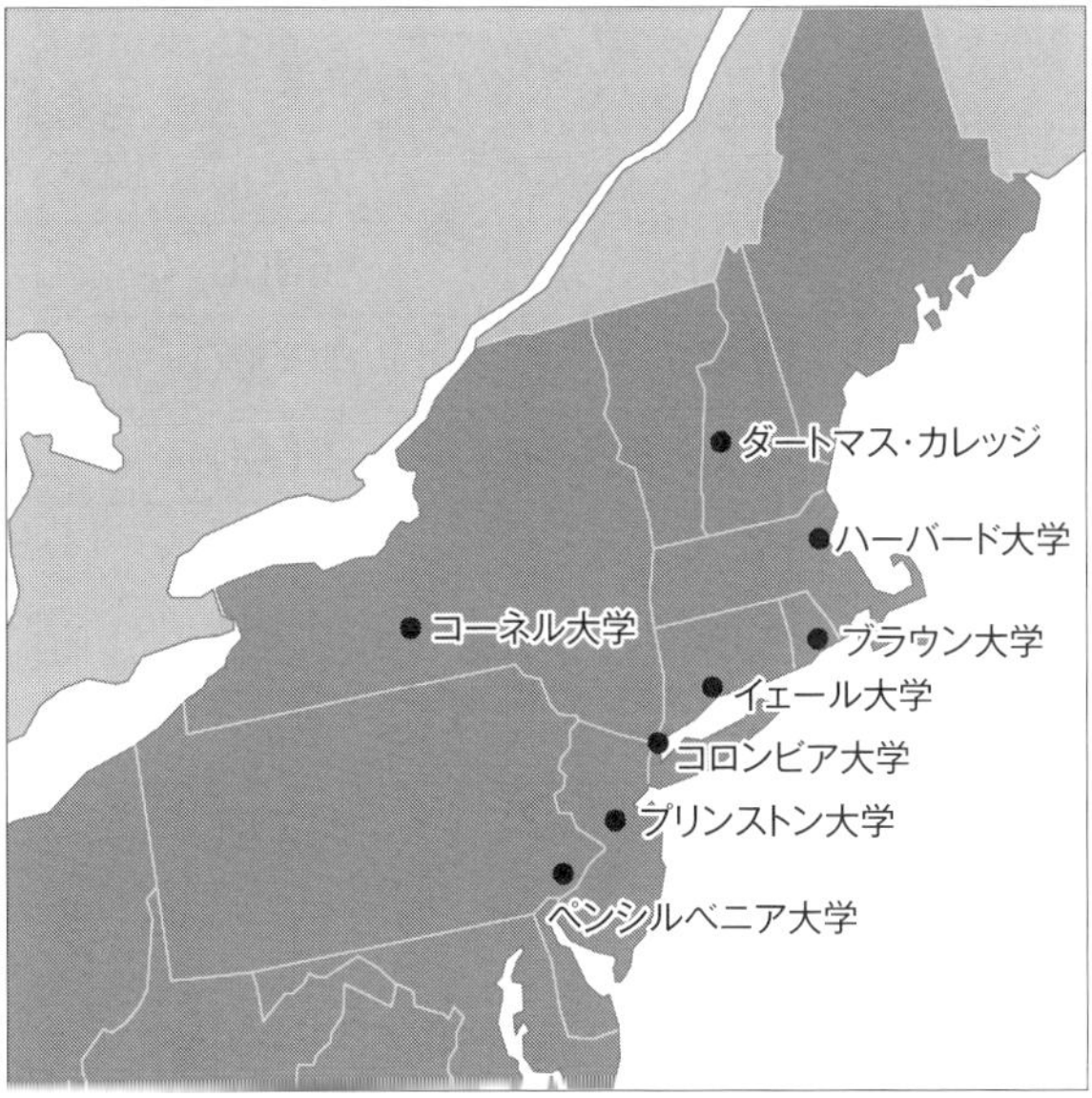

アイビーリーグ８校の比較

大学名	創立年	学生数（人）
ハーバード大学	1636	7200
イェール大学	1701	6600
ペンシルベニア大学	1740	10000
プリンストン大学	1746	5600
コロンビア大学	1754	6800
ブラウン大学	1764	7200
ダートマス・カレッジ	1769	4900
コーネル大学	1865	16000

次に特徴的なのが受験制度。

College/Schoolと呼ばれる８つの学部のいずれかに出願し、受験の必要項目も学部ごとに異なります。

入学後の学部間での移動も可能ですが（移動の難易度は学部ごとに差あり）、入学時点である程度専攻を絞ることが求められるのは、アイビーリーグの中ではここだけです。

学部制度もかなり特殊。

州立の学部と私立の学部があり、コーネルがあるニューヨーク州出身の学生は州立の学部に入学すると学費が安くなるため、アイビーリーグの中では珍しく、州内出身の学生がおよそ3分の1を占めます。

そして全米でもさらに珍しく、「ホテル経営学科」があることも特徴。

この学科が用意されている大学が少ないこともあって、全米でもトップクラスの学科のようで、毎週のようにホテル業界の著名な方がセミナーにやってきます。卒業生との結びつきも強く、この業界での就職に関しては最強の大学だそうです。

とにかく人の振り幅が大きい大学

学生数が多いこと、州内の学生が多いこと、さらに特殊な学科があることが相まって、他のアイビーリーグのように優秀でお金持ちの「ザ・エリート」ばかりが集まるわけではなく、本当に多様な学生たちが在籍しています。

例えば案内してくれた日本人学生の友達には全く勉強しない人がいて、その人は授業にはほぼ参加せず、夕方5時に起きて朝5時に寝る日々を繰り返しているとのこと（それで成績がどうなっているのかは不明です）。一方、授業に出ないその学生と同じ授業を取っている別の友人は、ずっと真面目に勉強していて、独学でフランス語も勉強中。

授業でよく見る光景としては、自分の左隣の人はスマホをいじって授業に全く集中していないのに、右隣の人は一言一句メモを取るといった感じだそう。

とにかく人の振り幅が大きい大学で、その中で流されずに自分の生き方を見つけないといけないので、流されやすい人には向きません。

逆に、大きな大学なので一人になれる時間も多く、さらに、田舎の何もない場所にあるからこそ、

おしゃれなデザインの図書館

自分を見つめ直すきっかけにもなるそう。

案内してくれた学生は、

「一人になれる時間と空間があるのが好き」

と言っていました。


これまで紹介してきた大規模な大学に共通することですが、人が多くコミュニティーが緩くまとまっている大学だからこそ、一人の時間を楽しめる人に向いています。

ちなみに。寮に一人部屋が多いのもコーネルの魅力。一般的な大学の学生寮では、数少ない一人部屋は優先権を持つ上級生たちに占領されてしまうのですが、案内してくれた一年生は、すでに一人部屋に住んでいました。


車で移動しないとどこにも行けないような田舎にあるので、大学周辺でできる娯楽は限られます。

取材を受けてくれた日本人学生は休日には料理を楽しむとのことですが、スーパーに行くのも車を持つ友人に運転してもらっているようでした。

一方、どんな田舎でもできる娯楽がパーティー。

州立大学ほどではありませんが、アイビーリーグの中ではパーティーは盛んな方。特にホテル経営学科の学生たちはパーティーをしまくることで有名です。

ただ、本当に色々な学生がいるので、パーティーに行かないからといってマイノリティーになるわけではありません。

自然を身近に感じられる場所

自然を身近に感じられる場所にあり、大学内に滝があったり、近くにハイキングトレイルがあったり。

勉強とパーティー以外やることが限られる学生たちのために、大学側も面白い授業をたくさん提供しています。

特にコーネルでは体育の授業2単位が必修なので、アウトドア系の授業が大人気。

例えばスノーボードの授業を受けた学生は、毎週土曜日に近くのスキーリゾートで5時間滑っただけで単位をもらえたそう。洞窟探検や、スキューバダイビングの資格を取れる授

キャンパス内にあるちょっとした林道

業もあります。

そんな中、一番人気の授業はコンピューターサイエンスでもなく経済学でもなく、ホテル経営学科が提供する"Introduction to Wines"、つまりワイン入門の授業。毎回のようにワインの試飲が行われ、なんと700人もの学生が受講します。

ワインの歴史から安くておいしいワインの見分け方まで、ワインの様々な知識を学ぶことができるそうです。

他のアイビーリーグ校に負けず劣らずハードな勉強

前述のように他のアイビーリーグ校とは異なる点がたくさんあるコーネルですが、勉強のしんどさは負けず劣らず。

アイビーリーグの中では合格率が最も高く、「入りやすい」なんてイメージも付いているコーネルですが、学生いわく、「なんとなくアイビーリーグに行きたい、みたいな気持ちで来ない方がいい」。

2010年に1カ月間で3人もの学生がキャンパス内の橋から滝へと飛び降りて亡くなったニュースがあまりにも衝撃的すぎて、アメリカでは「自殺者の多い大学」と思われているコーネル。

しかし、実際の鬱《うつ》の学生や自殺者の割合は、他のアイビーリーグや有名私立・州立大学とはそれほど変わりませんし、学生に話を聞いても、コーネルが特筆して自殺者が多いような印象は受けませんでした。

食堂の様子

勉強のストレスによる学生の自殺は、コーネルの問題というよりは、アメリカの全ての名門大学に共通する問題なのだと思います。

なお、過去に学生が飛び降りた橋には、現在は転落防止のためにネットがかけられています。

気候はとても寒く、冬の間はほぼ曇り。

学生からのアドバイスは、「多少値段が張ってもいいから質の良いウィンタージャケットを買ってください」。

ちなみに、食堂がとってもおいしいです。

アイビーリーグの中では間違いなく1位。

The Princeton Review による全米大学食堂ランキング（"Best Campus Food"）では常に10位以内をキープするほどで、２０２３年の最新順位では2位にランクインしました。

ピザを目の前で生地から作ってくれて、出来立てのピザを目当てに学生が列をなしていたのが印象的でした。

さらにちなみに。ホテル経営学科の学生が友人や家族のために「なんちゃってレストフン」を経営する"Establishment"という一夜があり、それぞれの学生が自分でメニューを考えて自分でウェイターを用意して（大抵は友達に頼みます）料理をふるまいます。

そんな特別なディナーにホテル経営学科の友人から招待してもらえるのもコーネル生の醍醐味《だいごみ》です。

さらにさらにちなみに。大学が広い農地を持っている上に、田舎にあるので周辺に農業施設が多く、農業学部が強いことでも有名です。

大学が農地で牛を飼っており、そこで作られた牛乳やチーズが大学内の専用のお店"Dairy Bar"で売られています。私もそこでアイスクリームを食べましたが、とってもおいしかったです。

Dairy Bar でアイスクリームを売っている様子

Cornell University

基本DATA

学生数：16000人
種類：私立総合大学（アイビーリーグ）
留学生：10.3%
学期：２学期制
合格率：7.9%
奨学金：柳井・笹川
アメリカ大学ランキング：12位
世界大学ランキング：20位

日本からの留学生

これまで学年に３、４人程度だったのが最近急に増えているらしく、一年生は６人、二年生は11人もいるそうです（訪れた当時）。インターと一条校出身者はだいたい半々とのことでした。

交通アクセス

ニューヨークからバスで５時間。

シラキュース・ハンコック空港から車で１時間半でも来られますが、シラキュース・ハンコック空港に行くには結局ニューヨークで乗り継ぐことになるので、ほとんどの人がニューヨークから直接バスを使います。

交通の便はウルトラ悪いです。

大学周辺ではUberは拾えないので、必ずタクシーを予約しましょう。私は危うく帰れないところでした。

治安

田舎にあるので治安はとても良好です。

大自然に囲まれたグローバルなリベカレ

ミドルベリー・カレッジ

Middlebury College

バーモント州の大自然に囲まれたリベカレ・ミドルベリーは、
非常に柔軟なカリキュラムと、
全米屈指の言語プログラムを誇るグローバル教育が特徴。
エッセイ１本で気軽に出願できることも魅力です。

ダイナミックでグローバルなリベカレ

とにかく学生の出入りが多い大学で、600人強の9月入学者に加えて、"Feb" と呼ばれる2月入学者が100人ほどと、2つの入学時期が設けられているのが特徴です。

加えて留学プログラムが盛んなことから三年生の半分以上がキャンパスにおらず、休学も当たり前の大学なので、学期ごとにキャンパスの顔ぶれがガラリと変わります。

田舎にある小さなリベカレはどうしても閉鎖的になりがちですが、全体で2800人とリベカレとしてはやや多めの学生たちが、ダイナミックに外の世界との出入りを繰り返すことで、キャンパスに新しい風を常に吹き込みます。

さらに特徴的なのがグローバル教育。

リベカレでNo.1、アメリカでも屈指の言語プログラムがあり、他の大学の1・5倍というエグいペースで進むことで有名です。

食堂には各言語のテーブルが用意され、そこに座る人はウェイター役のネイティブスピーカーの学生アルバイトにその言語でランチを注文しないと食事が出てこないルールになっています。「言語ハウス」と呼ばれる寮もあり、そこで暮らす人は寮内ではその言語しか話してはならず、それぞれのハウスで毎週のように言語系のイベントが開催されています。
言語テーブルや言語ハウスがある大学は他にもたくさんありますが、ミドルベリーほどしっかりと外国語が使われているところは他にありませんでした。

夏休みに行われる学外向けの言語プログラムには、社会人や大学院生も含め、世界中から参加者が集まります。

参加の際には"Language Pledge"と呼ばれる宣誓書を書き、プログラムの間は寮でも食堂でも、いかなる公共の場でもその言語しか話さないこと、そしてもしそれを破ったらプログラムから出ていくことを誓います。

ミドルベリーの学生たちは、このハードな言語の授業を受けたのちに世界中にある提携先に留学していくので、三年生の半分以上が留学するほど、留学が大学の「文化」として定着しています。

グローバル教育に懸けるミドルベリーの熱は何よりも熱く、バーモント州の小さな田舎町にこれほどまでにグローバルな大学があるのはなんだかとても感慨深かったです。

大自然の中にある美しいキャンパス

アウトドアが盛んなことも非常に大きな特徴。

スノーシューを楽しむ学生たち

少し特殊な2学期制を採っていて、4個の授業を受ける秋・春学期に加えて、1月にわずか1個しか授業を受けないJターム（1カ月間の冬学期）が存在します。

Jターム中は大抵、毎日午前中に授業が1個あるだけなので、午後はみんなで大学所有のスキー場でスキーを楽しみます。

つまり、Jタームは事実上、スキーを楽しむための学期ということ。ウィンタースポーツ好きにはたまりませんね。

Jタームの終わりに行われるFeb（2月入学者）の卒業式では、卒業生が雪山をスキーで滑り降りるのが伝統です。

他にも、夏には登山や近くの川・湖での釣りやカヌーなど、様々なアクティビティーを楽しめます。

普通の大学ではせいぜい週末しかアウトドアができませんが、ここではそれが毎日できるのが魅力です。

そして忘れてはいけないのが圧倒的に美しいキャンパ

ス。白を基調とした建物で、雪に覆われたキャンパスを見た時はその美しさに言葉を失いました。
自然に囲まれた開放的なキャンパスを活かすように、どの建物も窓は大きく外を見渡せるようになっていて、美しすぎる窓際の勉強スポットがたくさんありました。

ただ、周辺にはアウトドア以外の娯楽が一切ない田舎町なので、シティーライフを送りたい人にはおすすめできません。
また、交通の便も非常に悪く、気軽に大学の外に出かけていくこともできないので、大自然に囲まれたキャンパスという立地に居心地の良さを感じられる人でないと厳しいかもしれません。

それと、冬はとっても寒いので覚悟しましょう。
それでも、雪に覆われた美しいキャンパスと楽しいウィンタースポーツは、寒さを耐え忍ぶだけの価値があります。

そしてそんな冬の寒さを吹き飛ばす、とても温かいコミュニティーも魅力。

窓際の勉強スポット

教授とは高校の先生のような距離感で、質問に行くと付きっきりで、聞きたかった量の3倍は答えてくれるそう。

“Being hugged by the community”（大学コミュニティーに抱きしめられている感じ）というアドミッションズ・オフィサーの言葉が印象的です。

ちなみに。紅葉に包まれた秋のキャンパスもとっても綺麗です（297ページの写真参照）。

エッセイ1本で応募可能

出願にあたって大学別のエッセイはなく、Common Application（35ページ）の大学共通エッセイ1本のみで応募できるのも隠れた魅力です。

ただし、その1本のみで審査されるからこそ、本気で受かりたい人は、自分のエッセイがちゃんと前述のミドルベリーの雰囲気とマッチしているかを意識して書くようにしましょう。

余談ですが、ミドルベリーのアドミッションズ・オフィスに「日本から毎年何人の出願がありますか？」と聞いたところ、30～50人と返ってきて、正直衝撃を受けました。

ずっと国内の奨学金の指定校になっているし、リベカレランキングでもいつも10位くらいにランクインしているし、エッセイ1本で超気軽に出願できるのにそれだけ？

こんなに良い大学が、まさかこれほど知られていないとは……とっても驚きました。

Middlebury College

基本 DATA

学生数：2800人
種類：リベラルアーツ・カレッジ
留学生：11%
学期：２学期制（＋短い冬学期）
合格率：11.7%
奨学金：柳井・笹川
リベカレランキング：11位

日本からの留学生

７人ほど。そのうち半分近くが国際基督教大学からの交換留学生だそうです。

まだまだ日本からの正規留学生が少ないので、アドミッションズ・オフィスの方々も、どんどん応募してほしいと言っていました。

交通アクセス

ニューヨークからバーリントン空港まで飛行機で１時間半。そこからバスで１時間。交通の便は悪いです。

治安

バーモント州の田舎町にあるので、治安は非常に良好です。

本気で学んで本気で遊ぶアイビーリーグ

ダートマス・カレッジ

Dartmouth College

ニューハンプシャー州の大自然に囲まれたダートマスは、
パーティーとアウトドアでバカ騒ぎする名門アイビーリーグ。
学生数はアイビーリーグ最少で学問も充実しているので、
まさに “Work Hard, Play Hard”。
本気で学んで本気で遊びたいあなたへ！

パーティー大好き、元気な学生たち

ビール樽が大学の非公式マスコットになるほど飲みが盛ん（アメリカの法律上、お酒は21歳から）なダートマスですが、全米の大学のお酒の場で行われているBeer Pong（ビア・ポン）という「飲みゲーム」のオリジナル版を開発したことで有名です。

ルール説明は割愛しますが、持ち手を折って外した卓球ラケットを手のひらで持ってゲームをするので、案内してくれた日本人学生はBeer Pongをやりすぎて小指に硬い豆ができていました。

それほど頻繁にBeer Pongをやりながらみんなで楽しくお酒を飲む文化で、これが学生の社交の中心になっています。

Beer Pongにおける卓球ラケットの持ち方。
親指と小指で挟みます

お酒を飲んで向かうのは、もちろんパーティー。

男子学生だけのフラタニティ（Fraternities）や女子学生だけのソロリティ（Sororities）と呼ばれる社交クラブに学生の半分が所属し、なんと週3回、水、金、土曜日の夜にパーティーが開催されます。週のど真ん中、翌日に授業がある水曜日にもパーティーがあるのは驚きです。

お察しの通り、ダートマス生はいわゆる「陽キャ」が多く、なんと「iPhoneを探す」の機能を使ってお互いの居場所を共有し合う文化があります。会ったばかりの人ともすぐに電話番号を交換して一緒にごはんを食べに行くような学生が多く、みんなとってもフレンドリーです。

ただ、学生にダートマスの社交文化の嫌なところを聞くと、男子の社交クラブが女子の社交クラブと共同でパーティーを開催するといったように、大学にはとてもストレートな雰囲気が漂い、LGBTQsの学生があまり楽しめないことが挙げられました。

また、お酒が社交の中心で、暇さえあればBeer Pongをするので、お酒が飲めない学生はつまらないというか、やることがなく馴染みづらいそうです。

全米屈指のアウトドアガチ勢

大自然に囲まれたダートマスは、アウトドアもガチ勢。

学生いわく、

"Outdoor people here are really really good and crazy."

(ここにいるアウトドア好きの学生たちは、本当にハイレベルだしクレイジー)

Outing Club（アウトドア部）が大人気で、毎日様々な日帰りトリップが開催されています。スキー、サーフィン、カヤック、ロッククライミング、とにかく何でもできて、道具もタダで借り放題。

ここではアウトドアが週末だけでなく毎日の放課後の活動として存在します。

Outing Club の部室

Outing Club の部室は、部屋というよりもはや建物まるごと一棟で、大量のアウトドア装備が収納されています。アウトドアスポーツは始めるのにお金も時間もかかりますが、ここでは全て無料でスキルを教えてもらえて装備も貸してもらえるので、毎学期新しいスポーツを始められるのが魅力です。

長期休みにも連泊のアウトドアトリップが企画され、自分でやりたいことがあって企画書を書けば、Outing Club がお金を出して実現してくれます。

ガチなアウトドアに加えて気軽なアウトドアも楽しめて、大学近くの湖を散歩したり、夏はカヤック、冬はスケートをしたり。ゴルフコースも近くにあって、雪が積もったらみんなでそこでソリをし

カヌーやカヤックを無料でレンタルできる
Ledyard Canoe Club

て遊びます。星もとっても綺麗だそうです。

アウトドアだけでなく大学スポーツもとても盛んで、バーシティーと呼ばれる大学のスポーツチームに所属する学生アスリートが全体の4分の1近くを占めます。私を案内してくれた日本人の学生は、なんとテニスの日本ジュニアチャンピオンでした。

田舎の大学は娯楽がなくてつまらない、なんてことになりがちですが、ここではパーティーとアウトドアでみんなでバカ騒ぎをしながら、学生たちがたくましく生きています。

フレキシブルなカリキュラム

学術面もかなり尖っていて、"D-Plan"と呼ばれるとてもフレキシブルな4学期制のカリキュラムが特徴。

4年間の合計15学期（4学期×4年間＝16学期。そこから卒業後の夏学期を除く）のうち授業を受けるのは12学期だけで、学生たちは授業を受けない残りの3学期をほぼ自由なタイミングで選ぶことができます。

12学期を通して合計35個の授業を受ける必要があり、1学期あたりの授業数は3個になるわけですが、2〜4個の間で自由に授業の数を変えて、勉強量のバランスを調整できるようになっています。

例えば冬は寒くて外で遊ぶ気分にならないので、冬学期にたくさん授業を受けて、その分授業を2個しか受けない緩い学期を増やしたり、1個も授業を受けない学期を増やしてその間に留学やインターンをしたり。

休学する学期が最低3つあり、それに加えて留学する人もいればさらに休学する人もいるので、学生の出入りが激しく大学がいつもフレッシュなことが特徴。その点では、前項で紹介したミドルベリー・カレッジ（234ページ）とよく似ています。

日本人学生も本当は7人ほどいるはずなのに、休学中や留学中の学生が多く、3人しかキャンパスにいませんでした。

人の出入りが多いからこそ友人・恋愛関係を長く続けるのは難しいようですが、それが新しい人と知り合うきっかけにもなります。

そして、そんななかなか会えないダートマス生が、学年全体で仲良くなるのが二年生の夏学期。

この学期、他の学年はほとんどいない中で、二年生はほぼ全員がキャンパスに残り、川に泳ぎに行ったり、ボートを借りてボートパーティーをしたり。

毎晩イベントやパーティーが開催されて、学年みんなで盛り上がります。

1学期は10週間と短く（2学期制の大学では13週間が一般的）、基本は3個しか授業を受けないので、それぞれの授業にちゃんと集中できるのが魅力。

そして、友人関係がうまくいかなくても、授業がしんどくても、10週間で学期が終われば全てリセットできますし、最悪授業を1個落としても他の学期で十分挽回できるので、ストレスなく大学生活を送ることができます。

Work Hard, Play Hardを体現

学部生は4900人、院生は2300人とアイビーリーグ最少規模。

大学院が小さく、総合大学としての側面が比較的弱いこともあって、大学名も、Dartmouth "University" ではなく Dartmouth "College" となっています。

学生が少ないからこそ教授たちもとても丁寧に教えてくれて、総合大学としては非常に珍しく、セクションも含め、授業は基本的に全て教授によって行われます。卒業間近の四年生は、大学院生のアシスタントによる授業を受けたことがないと言っていました。

コンピューターサイエンスの入門のような大きな授業も複数のクラスに分かれて行い、同じ教授がそれぞれのクラスを教えるか、複数の教授が用意されます。

図書館の様子

遊びだけではなく学部教育にもしっかりと重きが置かれていて、さすがはアイビーリーグだなと思いました。

研究もやりやすく、ちょっと教授に頼むだけで研究に参加できるそう。

留学プログラムも非常に盛んで、三年生になると多くの学生が留学するので、案内してくれた三年生は、「マジで同級生がキャンパスにいない」と言っていました。

学生に大学の好きなところを聞くと、「勉強と遊びをみんなバランス良くやっているところ」。

勉強する時は勉強する。でも、せっかくの大学生活だから遊びも楽しむ。

まさにWork Hard, Play Hardを体現した大学です。

ただ、いくらパーティーやアウトドアでバカ騒ぎができても田舎であることには変わりないので、都会のエンターテインメントが必要な人はやめておいた方がいいでしょう。大学周辺の町は小さく、レストランが5、6軒あるだけとのことです。

ちなみに。やることの限られる田舎ライフを楽しむために、様々な伝統が存在します。入学時に一年生がキャンドルを持って森の中を歩かされたり（Matriculation と呼ばれる伝統）、初雪の日に大学の芝生に学生全員で集まって深夜に雪合戦をしたり、冬に凍った池をくりぬいてダイブして泳いだり（Polar Plunge と呼ばれる伝統。危険なので絶対に真似しないでください）。若いうちにしかできないことを、思いっきりやっている大学です。

Ledyard Challenge と呼ばれる伝統は、大学のそばを流れるコネチカット川の岸で服を全て脱ぎ捨てて、全裸で向こう岸まで泳ぎ、裸のまま橋を渡って服を脱いだ岸に戻ってくるというもの。

こういった話を聞いてドン引きする人には絶対におすすめできませんが、これをノリノリで楽しめる人にはぜひともおすすめです。

Dartmouth College

基本 DATA

学生数：4900人
種類：私立総合大学（アイビーリーグ）
留学生：18%
学期：４学期制

合格率：6.4%
奨学金：柳井・笹川
アメリカ大学ランキング：18位
世界大学ランキング：161位

日本からの留学生

７人ほど。インター出身者がほとんどのようです。

交通アクセス

ボストンから Dartmouth Coach というバスで３時間。
交通の便はそこまで良くありません。

治安

高級住宅街にあり、治安は非常に良好。夜でも一人で歩けるそうです。

そっと背中を押してくれる、のんびりとした大学

ボードイン・カレッジ

Bowdoin College

メイン州の大自然に囲まれた小さなリベカレ・ボードインは、
のんびりとした学生たちが暮らす落ち着きのある大学。
リソースにもチャンスにも溢れた名門校ではあるものの、
大学からのサポートに圧を感じない、
学生たちの背中をそっと押してくれる大学です。
アウトドアが盛んなこと、
そして食堂が全米トップレベルでおいしいことも魅力です。

親切で柔軟な教育

リベカレランキングで常に上位にランクインしているだけあって、まずは教授たちの親切丁寧な指導が特徴として挙げられます。

オフィスアワーでは教授が質問に答えてくれるのはもちろんのこと、「大学院進学は考えているの？」「来年は何かしたいことあるの？」といったように向こうから相談に乗ってくれて、学生１人につき1時間も時間を割いてくれることもよくあるそう。

勉強だけでなく精神面・進路面でのメンターになってくれる教授たちがたくさんいます。

教授に限らず学生たちも非常に温かく、学生数１８００人の小さな大学なので、大学全体が１つの大きなコミュニティーとなっています。

学生の半分近くが大学のスポーツチームに所属するアスリートで、他の大学では学生アスリートと一般学生のコミュニティーが分かれがちですが、ここボードインでは分け隔てなく、学生たちがわきあいあいと暮らしています。

他の小規模なリベカレと同様、用意されている授業数は多くないので、気になる授業を取り尽くした結果、未知の授業を求めて学生アスリート以外の一般学生がほとんど全員留学するのが特徴。

そんな時でもボードインは非常に柔軟に留学先での単位を認めてくれて、提携大学でなくとも、学生が自分で留学先の大学から許可をもらってボードインに申請すればそこに留学できるので、大学を問わず、国を問わず、非常に自由な留学の道が開けているのが魅力です。

ただ、いくら留学ができるとはいえ、大学で提供されている授業数にも教授の数にも限りがあるので、小さな大学に共通することではありますが、学びたい分野が1つに決まっていて、それを大学で追究したい人はやめておいた方がいいでしょう。

そっと背中を押してくれる大学

日本人学生に聞いた大学の特徴は、「のんびりしていること」。

一般的な大学のオフィスアワーでは、学生も教授も基本的にテストや宿題のことだけを話して、わからないところが解決すれば学生たちはそそくさと帰っていきますが、ボードインのオフィスアワーでは最初に世間話をして、それから問題を解いて、と思ったらまた世間話をして、という感じでゆったりと時間が進んでいきます。

学生間の競争も一切なく、みんなでのんびり一緒になって宿題に取り組む雰囲気です。

リベカレの中ではかなり資金力がある大学でもあり、のんびりとした学生の雰囲気も相まって、学生の言葉を借りるなら、大学全体に「なんだか余裕がある感じ」が漂います。

大学ランキングの上位に食い込むような大学ほど、学生生活のストレスやプレッシャーから落ち着きのない雰囲気が生まれがちですが、ここはリソースにもチャンスにも溢れた名門校でありながら、大学や周りの学生から圧を感じずに心に余裕を持って過ごせるのが魅力とのこと。

学生たちの背中をそっと押してくれる大学です。

アウトドアも充実

メイン州の大自然に囲まれた場所にあり、前項で紹介したダートマス・カレッジ（241ページ）と同様Outing Clubが大人気。

キャンパスのすぐ近くに森と海があるので、ハイキング、スキー、カヤックなどなどアウトドアスポーツは何でもできます。Outing Clubの予算がしっかりと取られているため、興味のあるスポーツが用意されていなくても、申請すればそれを実現してもらえます。

話を聞かせてくれた学生は、マウンテンバイクをしたいと申請したら、なんとOuting Clubが活動用にマウンテンバイクを20台も買ってくれたとか。

週末になるとアスリートの学生は試合や遠征に行き、一般学生はアウトドアに行くので、土日のキャンパスはガラガラになるそうです。

ヘビーなアウトドアに限らず軽めのアウトドアもできて、大学の裏の林道が学生たちのジョギング・サイクリングコースになっていますし、夏は大学近くのビーチで遊ぶこともできます。

周辺地域には娯楽と呼べるものはほとんどなく、大学には社交クラブも存在しないので、必然的に、アウトドアが学生たちにとっての息抜きになります。

全米トップクラスのおいしい食堂

大学周辺の外食はとってもまずいそうですが、そんな場所に暮らす学生たちの救いとなるように、大学の食堂はかなり充実。

コーネル大学（224ページ）で紹介した全米大学食堂ランキングでは常に上位に食い込み、2023年の最新順位ではコーネルに次いで3位にランクインしました。

味も申し分ない上にオプションも多く、大学の近くに住んでいる教授たちも、それに魅かれて家ではなく食堂で食べる人が多いです。おいしい食堂のおかげで自然と大学のみんなが食堂に集まり、それがコミュニティーの一体感にも繋がっています。


なお、メイン州は豪雪地帯として知られており、冬は気温がマイナス30度くらいまで下がります。「寒い」というよりは「痛い」くらいなので、冬はウィンタースポーツをする時以外は暖かい部屋に閉じこもる生活になります。

寒さが苦手な人はやめておきましょう。

ちなみに。以前は白人のお坊ちゃま・お嬢さま大学のイメージがあったボードインですが、大学がここ数年で人種的・社会経済的多様性の改善に努めた結果、今は留学生の割合も白人以外の人種の割合も、私がこの本で紹介しているような他の大学に少しずつ追いついてきているのが現状です。

実際、話を聞かせてくれた学生も、在学中の4年間で留学生が増えて黒人やヒスパニック系の学生も増え、どんどん大学が変わっていくのを実感したそうです。

なお、大学の人種的多様性が改善し始める以前から、決して日本人留学生として居心地の悪さを感じるような場所ではなかったそうで、白人の学生の割合が統計的に多くても、差別的な扱いを受けることもコミュニティーに入りづらいなんてこともなかったとのこと。

その点では安心して出願を考えていただければと思いますが、依然として他の大学よりも白人学生の割合がやや多く留学生が少ないことには変わりありません。

そのため、居心地の悪さを感じなくても、自分と同じようなバックグラウンドを持った学生が多い方がいいという人は、ボードインへの出願は、その時々の留学生の割合なども注視しながらよく考えるといいでしょう。

Bowdoin College

基本DATA

学生数：1800人

種類：リベラルアーツ・カレッジ

留学生：8.2%

学期：２学期制

合格率：7.8%

奨学金：柳井・笹川

リベカレランキング：９位

日本からの留学生

５、６人ほど。一条校出身者が多めです。

交通アクセス

ボストンからバスで３時間。

周辺の大都市へのアクセスとしては、Amtrak という特急電車でポートランドまで45分。ショッピングや外食を楽しめます。

治安

メイン州の田舎町にあるので、治安は非常に良好です。

ものづくり大好きな州立の工科大学

ジョージア工科大学

Georgia Institute of Technology

ジョージア州にあるジョージア工科大は、
ものづくり大好きな州立の工科大学。
工学にかける学生たちの熱量は、他のどこにも負けません。
MIT やカルテックといった私立工科大学よりも、
学費は安く合格率が高いことも魅力です。

ものづくりへの圧倒的な熱量

訪れた際にまず圧倒されたのは、学生のものづくりへの熱量。

Makerspaceと呼ばれる工作室ではたくさんの学生が作業をしていて、壁にずらりと並ぶ30台ほどの3Dプリンターはフル稼働。

他の大学の工作室にも行きましたが、3Dプリンターはあれど実際にはあまり使われていないところがほとんどで、ここまで活気に溢れた工作室は見たことがありません。

学生たちでにぎわう工作室

ずらりと並ぶ3Dプリンター

私には理解できませんでしたが、
おそらく回路基板のプリンター

もっと理解できませんでしたが、
なんだかすごそうな機械

Competition Center。工学系の大会に参加する部活専用の工作室

ほぼ全ての学部に工作室が設置され（普通は大学全体で1つ）、航空宇宙工学の工作室はなんと3階建て。3Dプリンターや回路基板のプリンター、水圧による切断機など、工作室に置かれているものは何でも自由に無料で使うことができます。

さらに工学系の部活専用の工作室もあり、ロボット、ソーラーカー、レーシングカーなど、様々な部活が行われています。

ロケット部は上空10㎞までロケットを飛ばしていて、今は上空100㎞の宇宙空間を目指しています。ラジコン飛行機の大会ではジョージア工科大が無双状態で、高度なことをやりすぎて軍事レベルに到達し、外国籍の学生が入れない部活もあるそうです。

案内してくれた学生のルームメイトは、「時間があったからレーザーカッターで切ってきた」と言って、ある日ふいに部屋のゴミ箱用に「燃えるゴミ」と「リサイクル」という文字が切り抜かれた金属プレートを作ってきたそう。
それくらい当たり前に、ものづくりが学生生活の中に浸透しています。

工学部のほぼ全ての学科が全米トップ5に入っているので、ＳＴＥＭ、特に工学に興味がある人には非常におすすめの大学です。

工科大と聞くとマサチューセッツ工科大学（ＭＩＴ。２８０ページ）やカリフォルニア工科大学（カルテック。３００ページ）を連想しがちですが、これらは科学オリンピックや研究といった、工学よりも科学が得意な人が集まる大学で、ものづくりよりはＣＳ（コンピューターサイエンス）系の学問や研究が人気の印象。

一方、ジョージア工科大は工作好きが集まる大学で、工科大学の中ではおそらく一番「工学」しているとのこと。

科学技術の中心が工学からＣＳに移り行く中で、それでもものづくりにこだわり続ける学生たちの熱量に心を動かされました。

ちなみに。大学のマスコットはRamblin' Wreckと呼ばれる「車」です。ジョージア工科大らしいですね。

大学のマスコット Ramblin' Wreck

目指せ、航空宇宙工学　全米単独1位

航空宇宙工学が特に強く、学部生向けのプログラムとしては長年MITに次いで全米2位だったのが、2023年のランキングでは初めて1位タイに。案内してくれた航空宇宙工学専攻の日本人学生がとても喜んでいたのが印象に残っているのですが、2024年のランキングでは再び2位に転落。次こそは単独1位を狙うそうです。

学生いわく、ランキングでは負けていても、「ぶっちゃけMITには勝っていると思う」。

アメリカの国防総省や空軍が航空宇宙工学部に多額の投資をしており、外から見られないよう窓に貼り紙をしている研究室や、「外国人立ち入り禁止」と書かれた部屋がそこら中にありました。

分野を問わず研究も盛んで、学部生を募集している教授がたくさんいます。

学部生みんなが当たり前のように研究するからこそ、卒論というシステムが存在せず、案内してくれた四年生は、毎日

「アメリカ国籍の許可された人のみ。
外国人立ち入り禁止」と書かれた部屋

12時間ほど研究していて、論文もすでに8本発表していると教えてくれました（これは、ジョージア工科大の中でも特に研究に取り組んでいる例ですが）。

ほどよいオタクっぽさ

ややオタクっぽい雰囲気と共に、とても協力的な雰囲気が漂っていることも魅力。

後で紹介するMITでは、学生が自分の興味を強く持ちすぎて他の学生にはあまり興味を持っていない印象を受けたのですが、ここは学生のオタクっぽさがほどよい感じ。

授業にはグループ課題がたくさんあり、優しく助け合う文化が存在します。

なぜか図書館が出会いの場になっていて、勉強しているとふいに隣の人が話しかけてきたり、チョコを分けてくれたり。夜遅くまで図書館に残って勉強していると謎の一体感が生まれ、なんとなく顔見知りになるそうです。

図書館の最上階にある勉強スペースからはアトランタの街並みを展望できるので、そこで勉強するのが人気のデートコースとなっています。

南部の大学としての側面も

ここまでオタクっぽい側面しか紹介してきませんでしたが、ジョージア州アトランタというアメリカ南部にある州立大学で、州内出身者が6割を占めることから、南部の明るく陽気な側面を持ち合わせた大学でもあります。

ソーシャル面での特徴は、キャンパスの西と東で全く違う大学なんじゃないかと思うくらい生活が違うこと。

西は緑が多く静かな寮が集まり、真面目に勉強やものづくりに取り組む学生が多い一方、東には社交クラブの家が集まり、休日は真っ昼間から飲みまくって、良くも悪くも激アツなパーティーが行われます。

学生数2万人の大きな大学だからこそ人の振れ幅も大きくなりますが、自分の所属したいコミュニティーをきちんと選べるのは非常に魅力的です。

中にはパーティーに行って帰ってきてからコードを書くような学生もいて、先ほど紹介した毎日12時間研究している学生も、社交クラブに所属して思いっきりパーティーを楽しみながら、研究にも全力投球していました。

学費はＭＩＴやカルテックといった有名私立大学より年間で3万ドル（約450万円）以上安いのも魅力。合格率もこれら2校が5％を切っているのに対し、ジョージア工科大は12％（州外の学生の場合）なので、工科大学を目指す人にとっては非常にありがたいオプションとなっています。

なお、大学があるアトランタはずっと天気が良く、さらに外食がとてもおいしいことも魅力。日本食も充実しているそう。

ただ一方で、ジョージア州は政治的に不安定なスイング・ステートで、2021年には大学からたった10㎞弱ほどの場所で、白人男性が4人のアジア系女性を銃で殺害した事件がありました。北米のリベラルな州と比べるとアジア人も少ないので、日本人留学生にとってあまり居心地のいい街ではないと感じている学生もいるようでした。

もちろん大学内の治安は問題ありませんし、大学内での差別活動も一切認められていません。アジア人としての街での居心地も学生によって感じ方に差があるようでしたが、居心地の悪さを感じている人もいるということは補足しておきます。

Georgia Institute of Technology

基本 DATA

学生数：20000人

種類：州立工科大学

留学生：8.8%

学期：２学期制

合格率：12%（州外）、36%（州内）

奨学金：柳井

アメリカ大学ランキング：33位

世界大学ランキング：36位

日本からの留学生

20人弱。インター出身者に比べて一条校出身者の方がやや多いそうです。

交通アクセス

アトランタ空港から車で20分。

治安

キャンパス内は安全ですが、周辺地域は治安が悪い場所もあるので、夜の一人での外出は控えましょう。最近は落ち着いていますが、ひどい時には数カ月に１回は周辺地域で銃撃事件があったそうです。

市内を走る電車もあまり乗らないようにしましょう（特に夜は）。

キャンパス外に住んでいる人や夜に外出したい人向けに、寮や家までの送迎バスが運行していて、リクエストすればどこへでも迎えにきてくれます。

大学内は安全なので、日常生活を送る分には治安は問題ないそうです。

天井のない大学

ハーバード大学

Harvard University

筆者の母校・ハーバード。
世界中の誰もが知る有名大学ですが、
大きすぎるネームバリューの裏にその特徴が隠れがち。
世界一の天才というよりは、世界一の頑張り屋さんが集まるところで、
そんな頑張り屋さんが集まってもやり尽くせない、
天井のない大学です。

一年生用の食堂 Annenberg Hall

天才と見せかけて秀才の集まり

「ザ・エリート」や「世界トップクラスの天才」が集まる大学だと思われがちなハーバード。

しかし実際は、みんな天才というよりは秀才という印象（もちろん天才も中にはいますが）。がむしゃらに頑張れる人、中には心配になるくらい頑張ってしまう人がたくさんいます。

例えば、私の可愛い日本人の後輩ちゃん。

ハーバードでは、普通は1学期につき4個の授業を受けるのですが、彼女は6個も受けており、加えて近くのバークリー音楽大学との提携プログラム（後述）に参加しているので、そこでも授業を4個受けて、バークリーのオーケストラではコンサートミストレスを務め、さらに起業もして……。

彼女いわく、「取りたい授業、やりたいことが尽きないんです」。

あまりにも頑張り屋さんなので、体調を崩さないか心配になって、たまに大学近くの焼肉屋に連れていったのが良い思い出です。

世界一の頑張り屋さん集団ですら、やり尽くせない大学

そんな頑張り屋さんがたくさん集まってもやり尽くせないのがハーバード。

世界中どこに行っても誰もが知っている大学はハーバードくらいであり、そのブランドネームは唯一無二。その名のもとに世界中から人・モノ・金が集まってくるので、何かをやりたいと思った時の天井がありません。

しかし、優秀な努力家たちが集まれば大学内での競争も当然激しくなり、部活のように定員が決まっている課外活動は厳しいオーディション制。「やりたい部活に入れなかった」と嘆いていた友人も複数知っています。

参加自由の部活ももちろんあるものの、人気の部活、レベルの高い部活は基本的にオーディション制で、加えて世界中から様々な才能を持った学生たちが集まっているので、オーディションに素人の学生が入り込む余地はほとんどありません。

4年間ハーバードで過ごしてこれといった不満はほとんどありませんでしたが、ハイレベルな経験者だけで人気の課外活動の枠が埋まってしまうことに関しては、唯一とても残念に感じたのを覚えています。

逆に、そうした既存の枠組みの中ではなく、自分で新しい活動を立ち上げるとなると可能性は大きく広がります。

例えば、私が取材した日本人学生は当時部活を2つ立ち上げていて、活動を開始してすぐにハーバードの名前をめがけて様々なプロジェクトの依頼が飛んできたそうです。

私が自身の留学系YouTubeチャンネルを始めたのも、ハーバードが超高性能なレコーディングルームを無料で貸し出していたことがきっかけでした。

ハーバードの持つ圧倒的なリソース量とブランド力を考えると、既存の枠組みの中で他の学生と競争するよりも、新しい団体や活動を始めたいという人の方がやりやすい環境なのかもしれません。

助け合いの精神が根付いた学業生活

課外活動においては競争が激しいと言ったものの、勉強においては話は別。

宿題をする際には学生同士で助け合って一緒に取り組むことが当たり前で、教授やチューターからもらったアドバイスを仲間にも共有する人もいれば、自分の宿題が終わった後も勉強スペースに残って他の学生の宿題を手伝ってあげる人もいました。

勉強面において友人とギスギスすることは一切なく、むしろ非常に協力的な雰囲気。私も何度となく友人たちに助けられました。

成績の付け方も激しい競争を生み出さないように配慮されており、教授たちも、学生がみんな優秀で真面目に勉強していることはわかっているので、クラスの一部にしか良い成績を付けないなんてことはなく、基本的に絶対評価になっています。

テストだけでなく宿題や授業態度なども大いに評価され、努力した分だけ成績もついてくる印象。

他の大学と比べても、成績の付け方は比較的甘めだと言われています。

ハーバード生に求められる資質

何よりも大事なのが周りに流されないこと。

才能溢れる友人たちや大学の持つ圧倒的リソースに流されず、自分が何をしたいかをよく考えて行動できる芯の強さが求められますし、それをちゃんと持っている学生が受かっている印象。

キャンパスの中心 Harvard Yard

以前、ハーバードのアドミッションズ・オフィサーに、「願書を読んでいてどんな受験生が目立ちますか?」と聞いたところ、「Heart（心）とSincerity（誠実さ）がある人」と返ってきたのをよく覚えています。

出願者の多くは、ハーバードという大きなブランドネームを前にして、「もっと目立たなきゃ」「もっとハーバードにふさわしい自分にならなきゃ」と考え、自分が本当はどういう人間で何をしたいのかそっちのけで、目立つ自分を演出しがち。

アドミッションズ・オフィサーは、「本当は、私たちはもっと受験生のことを知りたいと思っているのに、彼らがどうして願書に書かれているような活動に取り組んだのか、その時何を感じて何を考えたのか、その人の価値観やパーソナリティーがわからない願書が多すぎる」と嘆いていました。

だからこそ、自分を偽らずに、自分の心（Heart）に誠実に（Sincerity）願書に向き合った芯の強い人が、他の数多の自分を偽ってしまった受験生たちの中で目立つのだと思います。

ハーバードに限らず、各大学のアドミッションズ・オフィスは受験生の皆さんのことをもっと知りたがっています。臆せず、ありのままの自分をぜひさらけ出してみてください。

そして、そんなありのままの自分でいる力は大学入学後も強く求められます。

すぐ隣には輝かしい活動をしている友人たちがたくさんいて、個人のメールアドレスには毎日様々な活動の案内が大量に送られてきます。研究、留学、部活、インターン、ボランティア、起業、何でもあります。流されるのは簡単です。

そんな中で、自分は本当に何をやりたいのか。周りの環境も自分自身の価値観も変わっていく中で、常に自分の心と向き合う必要があります。

ハーバードの環境に揉《も》まれて4年間を過ごすと、どんな場所でも自分の道を歩く強さが身に付きます。

“Privileged”

4年間の大学生活の中で最もよく聞いた言葉が“Privileged”（私たちは恵まれている）。どんな背景を持った人でも、ハーバードで教育を受けハーバードの学位を手にしたら、それだけで私たちは特権階級になる。だからこそ、自分たちが恵まれていることを自覚して、この特権の使い方を考えていかなくてはならない。

これは、入学式においても卒業式においても、私たちハーバード生に向けて贈られた言葉です。

およそ400年にもわたってアメリカ、そして世界のリーダーを輩出してきたハーバードは、コミュニティー意識が非常に高く、ただ自分たちが力を高めるだけでなく、その先で、高めた力をどのように使っていくのかを常に考えさせられました。

受験においても、大小問わず自分が所属するコミュニティーへの貢献が重要視されている印象で、

雪が積もるとキャンパスも一層美しさを増します

学生たちも仲間を大事にする人が多く、人として、友として、リーダーとして尊敬できる友人にたくさん出会いました。

そんな学生たちが残念なこととして挙げていたのが、友達がみんな活動的すぎて忙しいこと。

とある日本人学生は友達をお茶に誘ったら、スケジュール調整のリンクが送られてきて、2週間後に30分だけ会うことになったそう。

みんな頑張り屋さんで予定を詰め込みがちなので、落ち着いた環境の中でのんびりと密な友人関係を楽しみたい人にはおすすめできません。

ただ、そうは言っても98%もの学生が大学の寮に住んでおり、食事の時間帯に寮の食堂に行けば必ず友人を見つけることができます。大学側も、希望する全ての学生に寮の部屋を用意することを約束しており、忙しい学生生活の中でも友人と憩う場が保証されているのは非常にありがたいことです。

ボストンという大学都市にあるということ

ボストンは周辺地域も合わせると100以上の大学がある大学都市で、25万人以上の学生が暮らしていると言われています。そんなボストンエリアに大学があるということが意味するのは3つ。

①周辺大学との提携プログラムが多い
②治安が良い
③食事がおいしい

まずは、①周辺大学との提携プログラムに関して。

ハーバードは、電車で20分ほどの距離にあるマサチューセッツ工科大学（MIT。280ページ）と提携しており、お互いの授業を無料で受けられるようになっています。理系、特に技術系の分野に興味がある学生はMITで授業を受けることも多く、両校で授業を受けるために、ハーバードとMITの両方の学生証を持っている友人がたくさんいました。

ちなみに。ハーバードとMITはチャールズ川で結ばれており、この2つの大学を擁するチャールズ川は、世界で一番賢い川だと言われています。

さらに、バスで20分ほどの距離にあるバークリー音楽大学とも提携プログラム（Harvard-Berklee Joint Studies Program）を持っており、これに参加している学生は、なかなかのハードスケジュールにはなりますが、4年目でハーバードの学士を、5年目でバークリーの修士を取得することができます。

ハーバードには音楽の才能に秀でた人も多く、バークリーとの提携プログラムに参加している人もたくさんいました。

勉強面だけでなく、近隣大学との合同の部活があったり、大学を超えた日本人の交流会があったりと、分野を問わず様々な提携プログラムを通してハーバードは周辺大学と繋がっています。

②治安に関して。

大学都市なので治安は非常に良く、大学周辺は夜中でも一人で歩けます。

大学訪問を通してアメリカの様々な都市を巡りましたが、人口の多い都市部に治安の悪さは付きものので、大都会の利便性と治安の良さを兼ね備えていたのはボストンくらいでした。

③食事に関して。

これは大学都市というよりも大都市としての特徴ですが、住む人が多ければ食事のオプションも増えるので、自分好みの食事が必ず見つかります。

ハーバードがあるケンブリッジという街にはおいしい日本食のお店がいっぱいあって、日本のラーメン店は4軒ほど。海鮮丼のお店や、なんと「牛角」もあります。

私は在学中、このおいしい日本食に幾度となく助けられました。

外食に限らず娯楽は何でもあるので、大都会ボストンにおいて何かに困ることはありません。

何でもあって何でもできる大学

ここまでハーバードの特徴を紹介してきましたが、結局のところ、何でもあって何でもできる大学なので、どんな人でも必ず自分に合った居場所を見つけられます。

私が取材したアドミッションズ・オフィサーは、「全ての人に受験をおすすめしたい。ここは、自分の探し求めるものを誰もが見つけられる場所だ」と言っていました。

なかなかハードルが高く思われがちな大学ですが、ダメ元で記念受験してみたらなんと合格し、最高に幸せな大学生活を送れた人間もここにいるので、皆さんもどうか、だまされたと思って私の母校をぜひ検討してみてください。

ちなみに。ハーバードには、自由の女神、リンカーン像に次いで、アメリカで3番目に写真を撮られていると言われる像John Harvard Statueがあります（ハーバード創設にあたって多額の寄付をした

John Harvard の座像）。

像のつま先に触るとハーバードに受かるという伝説があるので、毎日数多くの観光客がつま先を触った結果、つま先だけがピカピカになっています。

ハーバードを訪れることがあったら、ぜひ触ってみてください。

John Harvard Statue

Harvard University

基本DATA

学生数：7200人
種類：私立総合大学（アイビーリーグ）
留学生：15.4％
学期：２学期制
合格率：3.5％
奨学金：柳井・笹川
アメリカ大学ランキング：３位
世界大学ランキング：４位

日本からの留学生

毎年３、４人ほど。インターと一条校出身者が半々か、インターがやや少なめといった印象です。

交通アクセス

ボストンの空港から車で30分。
地下鉄の駅が大学のすぐそばにあり、交通の便は非常に良いです。

治安

大学都市ボストンにあるので治安は非常に良好で、大学周辺は夜中でも一人で歩けます。

加えてほぼ全寮制の大学なので、深夜まで図書館で勉強したり友人の部屋で遊んだりしても、数分歩けば自分の部屋に帰ることができるので安心です。

世界の科学の中心

マサチューセッツ工科大学

Massachusetts Institute of Technology

マサチューセッツ州にある私立工科大学・MIT は、
アメリカの科学、ひいては世界の科学の中心地。
新時代の科学が生まれ、発展していく様子を
リアルタイムで体感したい人におすすめの大学です。

科学の歴史を体現する大学

ＭＩＴをＭＩＴたらしめるもの、それは歴史です。

第二次世界大戦末期の１９４５年。当時のＭＩＴの副学長Vannevar Bushが大統領に宛てたレポート（"Science — The Endless Frontier"）において、国として科学に力を入れる重要性を訴えたことをきっかけに、アメリカは科学立国としての道を歩み始め、世界中の科学者がＭＩＴに集まるようになりました。

それ以降、ＭＩＴはアメリカの科学、ひいては世界の科学の中心になり、２０２３年現在のバイデン政権の科学技術系のアドバイザーにも、ＭＩＴの副学長が就任しています。

大学周辺にあるモデルナ（上）とファイザー（下）のオフィス

大学のすぐ近くにはモデルナ、ファイザー、武田薬品などのオフィスが立ち並び、キャンパスの枠を超えて、辺り一帯が21世紀の科学の拠点となっています。

「科学に興味がある人は全員MITを目指した方がいいか？」

と案内してくれた学生に聞いてみたところ、

「本当に自分の興味のある学問をやりたいだけなら、MITに限らずその分野で一番強い大学に行けばいい。でも、今の時代の科学がどういう環境で作られてこれからどう進んでいくのかをリアルタイムで体感したい人には、MITは特におすすめ」

時代の科学を作る大学だからこそ、人気の学問分野も時代の流れに大きく左右されます。

今はCS（コンピューターサイエンス）が人気で、一番受講者の多い授業は機械学習（Machine Learning）。300人ほどの学生が受講しています。私がハーバード大学で機械学習の授業を受けた時は、あまりの難しさに毎週本当に泣いていて、二度とこんな授業を受けるものかと心に誓ったのですが、それが一番人気の授業だなんて、正直信じられません。

逆に、かつては船舶工学が専攻にありましたが、時代と共になくなったそうです。

ちなみに。電車で20分ほどの距離にあるハーバード大学と提携を結んでおり（275ページ）、お互いの授業を無料で受けることができますが、MITの授業カタログからハーバードの授業を検索するのが非常にやりづらいそうで、ハーバードで授業を受ける人はあまりいないようです。

私もハーバードの授業でMITの学生に出会ったことがないわけではありませんが、かなり珍しい印象でした。

各々が我が道を行く学生たち

学問に限らずサブカルや芸術など、入学前から自分のコアとなる興味が確立している学生が多く、良くも悪くも「我が道を行く」感じ。在学中に自分の興味が大きく変わる学生はあまりいません。

案内してくれた学生がMITに来てがっかりしたこととして挙げたのが、自分の興味を友人に話した時に、あまり会話が盛り上がらないこと。みんな自分の興味分野以外は関心がないようです。世界中から優秀な学生が集まっているものの、多様な興味を持つ学生同士で刺激し合うというよりは、それぞれが個々に研究室に入って黙々と学問に貢献するという雰囲気。「本当はもっと友人たちと色々な分野の議論をして盛り上がりたいのに」と案内してくれた学生が残念そうに話していたのが印象的です。

海外の大学に留学して様々な刺激を受けて、自分の興味を開拓したい、といったようなモチベーションの学生には向かない大学のようで、むしろ、自分の興味がふらふらしていると、周りの学生たちの興味が固く決まっているからこそ、不安になって流されてしまいがちとのこと。

合格率4.8%という最難関校において、「どんな人が合っているか?」よりは「どんな人が受かるのか?」という方が適切な考え方で、学生いわく、

図書館の様子

・科学オリンピックで優秀な成績を残した人
・高校時代にすごい研究をして論文を書いたり賞を取ったりした人
・芸術分野ですごい人※

がほとんどだそう。

たしかに、私の知り合いの日本人学生でＭＩＴに受かった人も、みんな科学オリンピックの世界大会メダリストか、高校時代に研究や学問分野でとんでもない成果をあげた人たちなので、かなり実績重視の大学という印象。特に私たちのような留学生に関しては、実績重視の傾向が顕著になります。

ここで少し受験の話をすると、早期出願と通常出願で合格率がそれほど変わらないのがＭＩＴの特徴で（早期が5.7％、通常が3.8％〈２０２３年入学の合格者データ〉）、実績主義だからこそ、早期で出そうが通常で出そうが結果は大して変わらないので、よっぽどＭＩＴに受かる自信がある（つまり、よっぽど実績がある）場合以外は、早期は他の大学に出願するのが戦略的です。

※芸術分野で優れた人が合格者に多いのは、MITはデジタルアートやメディアアート、デザイン系の分野も優れているから。たしかに私のハーバードの音楽が得意な友人たちも、よくMITでテクノ系の音楽の授業を受けていました。

脈々と受け継がれる〝ハックカルチャー〟

そんな実績に溢れたMIT生たちの間で長年受け継がれてきたのが、「ハック（Hack）」と呼ばれるいたずら文化。

過去には大学図書館の建物のてっぺんにパトカーを載せたり、家具を建物の天井から逆さまにぶら下げたり（気になる人は〝MIT hack〟で検索してみてください）。以前、いたずらを仕掛けているところを大学に見つかってしまい、その撤去費用に約70万円を請求された学生がいたそうですが、その支払いを教授が丸ごと肩代わりしたという逸話が残っているくらい、ハックは大学の文化として守られ、受け継がれています。

大学構内に飾られている、中でも有名なハックが、下の写真

構内に飾られているハック。消火栓に繋がった冷水器

の冷水器。
かつてのＭＩＴの学長Jerome WiesnerがＭＩＴでの学生生活について、
"Getting an education at MIT is like taking a drink from a fire hose."
（ＭＩＴで教育を受けることは、ホースから直接水を飲むようなものだ）
と語った言葉を受け、１９９１年に学生たちが、大学で一番大きなレクチャーホールの目の前にある冷水器に消火栓からホースを引っ張ってくっつけたものです。

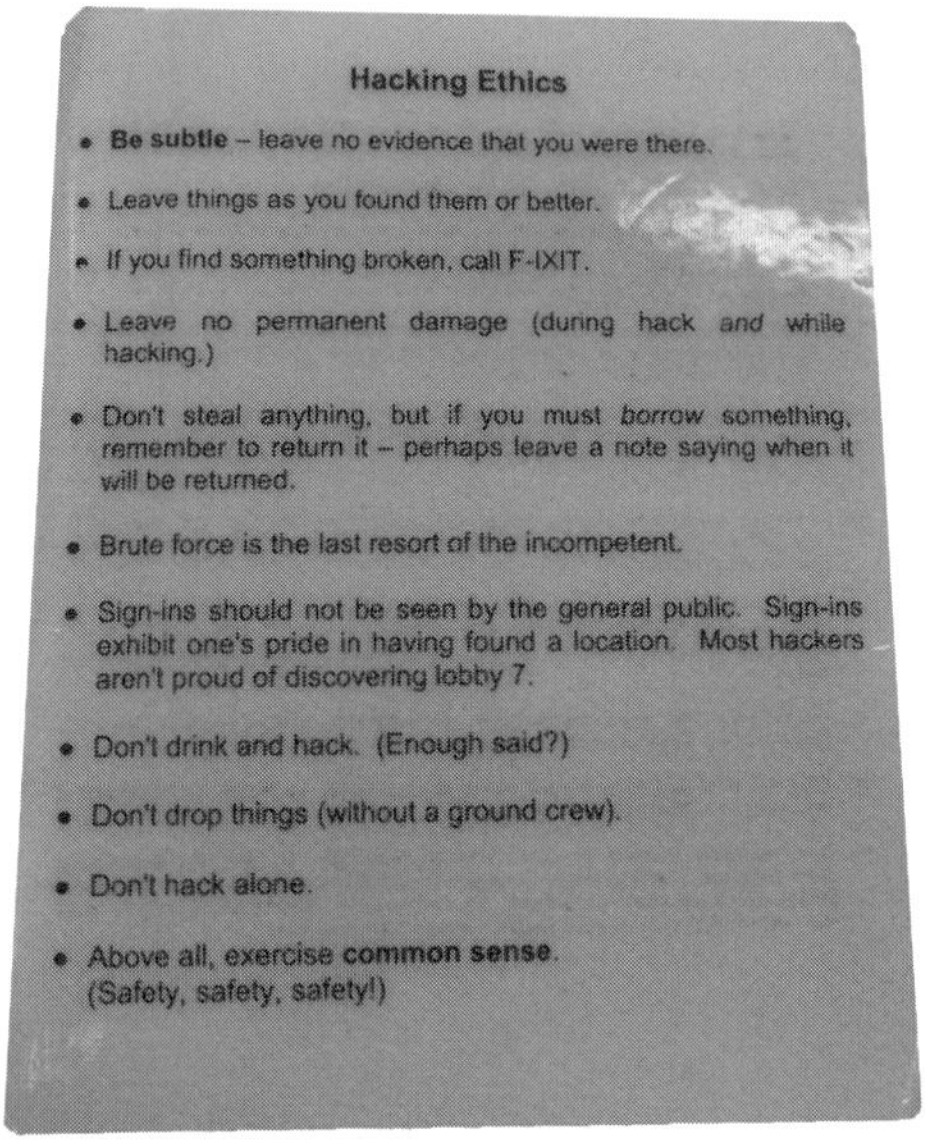

Hacking Ethics

- **Be subtle** – leave no evidence that you were there.
- Leave things as you found them or better.
- If you find something broken, call F-IXIT.
- Leave no permanent damage (during hack *and* while hacking.)
- Don't steal anything, but if you must *borrow* something, remember to return it – perhaps leave a note saying when it will be returned.
- Brute force is the last resort of the incompetent.
- Sign-ins should not be seen by the general public. Sign-ins exhibit one's pride in having found a location. Most hackers aren't proud of discovering lobby 7.
- Don't drink and hack. (Enough said?)
- Don't drop things (without a ground crew).
- Don't hack alone.
- Above all, exercise **common sense**. (Safety, safety, safety!)

新入生に配られるハックの掟

ただ、２０１７年にハック中に死者が出たことから、今では以前ほど大規模でクレイジーないたずらは行われていません。それでもなお、新入生に先輩学生からハックの掟《おきて》が配られるほど、今でもハックはＭＩＴ生の文化として深く根付いています。

ハック以外のソーシャルライフはそれほど盛んではなく、課外活動もあまり盛り上がっていません。

社交クラブも他の大学と比べてだいぶ落ち着いていて、私はパーティーもお酒も苦手なので社交クラブは苦手意識が強いのですが、ＭＩＴの社交クラブなら入れる気がしました。
一方で、前項で紹介したハーバードと同様、ボストン地域にある大学なので、大学の外での娯楽や食事に困ることはありません。

ちなみに。卒業のためには１００ヤード（約90ｍ）の水泳テストをクリアすることが必須。「１００ヤード」の理由は、これがＭＩＴの隣を流れるチャールズ川の川幅のおよそ半分だから。チャールズ川のど真ん中で川に突き落とされても岸にたどり着けるだけの泳力が、ＭＩＴ生には求められます。

Massachusetts Institute of Technology

基本 DATA

学生数：4700人
種類：私立工科大学
留学生：11.0%
学期：２学期制
合格率：4.8%
奨学金：柳井・笹川
アメリカ大学ランキング：２位
世界大学ランキング：３位

日本からの留学生

5、６人ほど。インターと一条校出身者が半々だそうです。

交通アクセス

ボストンの空港から車で30分。
地下鉄の駅が大学のすぐそばにあり、交通の便は非常に良いです。

治安

大学都市ボストンにあるので治安は非常に良好で、大学周辺は夜中でも一人で歩けます。

森の中の温かい女子大

ウェルズリー・カレッジ

Wellesley College

マサチューセッツ州にあるリベカレ・ウェルズリーは、
森の中にある温かい女子大。
思いやりに溢れる学生たちと、
ぬくもりを感じる美しいキャンパスが特徴です。
学部教育に非常に力を入れていて、MITと提携しているのも魅力です。

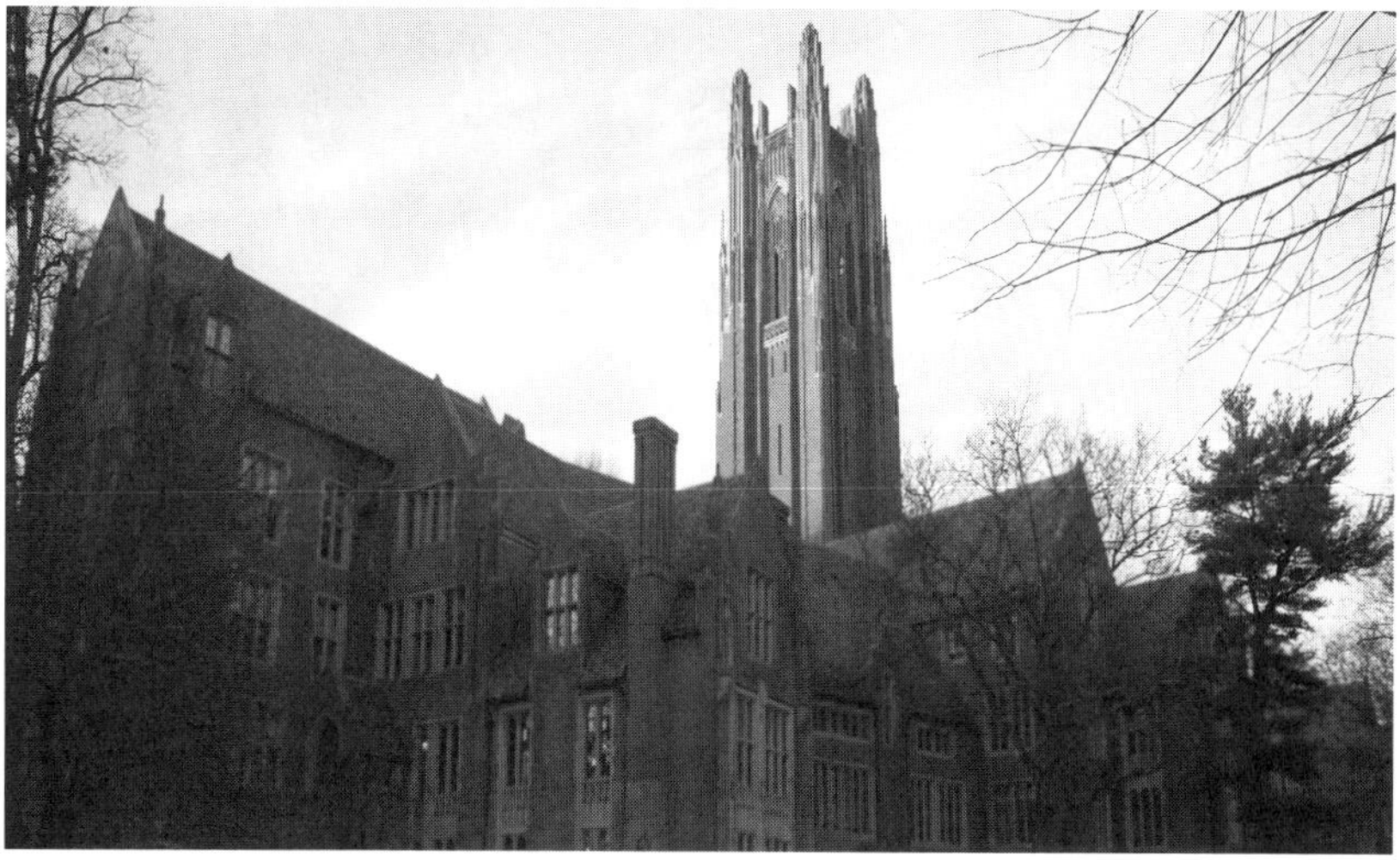

Slater International Centerの様子

人のぬくもりを感じる大学

マサチューセッツ州の森の中にある、小さな女子大ウェルズリー（女子の定義は「生物学的に男かつ性自認が男」以外の全ての人）。

案内してくれた日本人留学生が一番強調していたのが「人の温かさ」で、大学に来てすぐ、「自分の肌に居心地の良さを感じた」そうです。

授業においては助け合いが基本で、宿題はパートナー制で取り組むものが多く、オフィスアワーでもパートナーとちゃんと意思疎通ができているかを教授に確認されます。

生活面でも助け合いの精神は強く、学生いわく「周りの友達に助けられた経験が数回とかじゃなくて、学生生活ずっとそう」。びっくりするくらい絆が強い大学です。

留学生に対してもとても優しい大学で、Slater International Centerと呼ばれる、留学生のコミュニティーに所属する学生のみ24時間アクセス可能な家がキャンパス内に用意されています。

勉強したり、料理をしたり、留学生だけでのんびりできる、まさにSafe Space。前述の学生の誕生日パーティーもここのキッチンでやる予定だそうです。

そして気遣いを感じるのは人だけでなく建物も。

色んなところにこぢんまりした勉強スペースがあったり、全体的に建物の色合いに温かみがあったり。2022年に新しくできた理系の建物（Science Complex）も心落ち着く木を基調としていました。もしウェルズリーの建物が人格を持っていたら、きっとすごく優しいんだろうな、と思いました。

心地よい勉強スペース

新しくオープンしたScience Complex

森の中にあるのどかなキャンパス

キャンパスと隣接する湖の夕焼け

森の中にキャンパスがあることが非常に特徴的で、自然に囲まれた大学や、森が隣にある大学は他にもありましたが、森の「中」にある大学は私が訪れた中ではここだけ。寮や授業の行き来も木々に囲まれた道を歩いて、建物の窓からも森が見えて。森を魅せるようにデザインされたキャンパスは本当に素敵でした。

さらにキャンパスと隣接するように湖があり、それのまた美しいこと。

カヤックをしたり、ピクニックをしたり。学生たちの癒やしの場となっています。

学生いわく、ハードな学生生活において、「キャンパスの美しさで自分のメンタルヘルスが保たれていると感じるほどにキャンパスが綺麗」だそうです。

学生の声を積極的に取り入れる学部教育

大学側も学部教育にすごく力を入れていて、２００人が受けるような大きな授業は必ず30人ほどに分けてレクチャーを行うなど、20人前後の少人数授業が基本になっています。

大学が新しい教授を採用する際に行われる、候補者の先生方のプレゼン審査には、なんと学生も参加し感想を提出します。

「新しい教授の審査をするから来てね」というメールが学生たちに何度も送られたり、審査に来てくれた学生のために食事が用意されたりと、大学側も教授の審査に学生たちの声を積極的に取り入れようとしています。

ＭＩＴと提携

根が真面目な学生が多く、平日は基本的にずっと勉強か研究をしています。

あまり知られていませんが、無料のシャトルバスで40分ほどの距離にあるマサチューセッツ工科大学（ＭＩＴ）と提携を結んでおり、ウェルズリー生でもＭＩＴで授業を受けることができます。

実際、ほとんどの学生が卒業までに1回はＭＩＴで授業を受けるそうです。

ＭＩＴで研究助手をしている人もかなり多く、真面目な学生たちが勉強にも研究にも全力で取り組んだ結果、女子学生の卒業後のPh.D取得率は全米の大学でもトップクラスになっています。

ただ、真面目な学生が多いとは言っても、勉強で手一杯になって仲間との関係を切り捨てたりはしない、コミュニティーもきちんと大事にできる人がウェルズリーには合っています。

なお、ＭＩＴとの提携は別として、ウェルズリーそのものの得意分野としては国際関係論が非常に強く、ワシントンD.C.にはウェルズリーの巨大なネットワークがあるそうです。

大学周辺にカフェやレストランはありますが、基本的に勉強が忙しいので周辺の町で長く時間を過ごすことはあまりないとのこと。

ただ、大都市ボストンが週末にちょっと出かけられる距離感なので、学生たちはかなり頻繁にボストンに遊びに行くようです。平日に大学周辺でできることは限られますが、ボストンのおかげで週末の娯楽に困ることはありません。

ちなみに。ヒラリー・クリントンが卒業した大学として有名です。

すでに紹介したヴァッサー・カレッジ（１１１ページ）、スミス・カレッジ（１３９ページ）、マウントホリヨーク・カレッジ（１４５ページ）、バーナード・カレッジ（１７８ページ）と並んで、アメリカ東部の名門私立女子大群、セブン・シスターズ（Seven Sisters。１１４ページ）に名を連ねています。

Wellesley College

基本DATA

学生数：2300人
合格率：13%
種類：リベラルアーツ・カレッジ（女子大）
奨学金：柳井・笹川（・グルー）
留学生：14.1%
リベカレランキング：4位
学期：2学期制

日本からの留学生

毎年2、3人ほど。4分の1ほどが一条校出身だそうです。

交通アクセス

ボストンのSouth StationからMBTAという電車で40分ほど。

治安

森の中にあるので夜は暗くて心理的に怖いということはありますが、治安は非常に良好です。

Column 5

アメリカ各地の気候

ここまではアメリカの中西部・東海岸にある大学を紹介してきましたが、ここからは西海岸・カリフォルニア州にある大学を紹介していきます。

アメリカは国土が広いため、大学の場所が違えば気候も大きく異なり、気候が違えば学生生活も全くの別物になります。

ここまで紹介してきた中西部・東海岸の大学は、南部にあるジョージア工科大学を除き、全て東京よりも緯度が北に位置しています。つまり、ざっくり言うと、東京よりも寒いということ。

ハーバード大学やマサチューセッツ工科大学があるボストンは、札幌とだいたい同じ緯度にあたり、大雪が降ってキャンパス中が雪に覆われることは毎年何度もありましたし、前が見えなくなるような吹雪《ふぶき》で警報が出されたこともありました。

そしてさらに北へ、内陸へ行けば冬の寒さはもっと厳しくなり、非常にどんよりとした、重たい空模様が続くことになります。

そんな天候に引っ張られて、こうした地域の冬のキャンパスは陰鬱な雰囲気になりがちで、気持ちが天候に左右されやすい人にとってはあまり居心地のいい場所ではありません。

逆に、冬が好きな人、特にウィンタースポーツが好きな人にとっては、雪がドカドカ降るこの環境は非常に魅力的。かく言う私も冬が好きでスキーが大好きなので、「雪が降らないと嫌だ」という理由で北東部の大学にしか出願しませんでした。

そして何より、寒い冬の前にやってくるのは美しい紅葉の季節。四季の変化が少ないカリフォルニアとは違って、比較的季節がはっきりしているからこそ、その時期にしか見られない、息を呑むほど美しい景色を楽しめるのも魅力の1つです。

雪が積もったハーバードのキャンパスで
スノーエンジェルを作りました

秋の紅葉が美しいミドルベリー・カレッジのキャンパス

一方、これから紹介するカリフォルニア地域はその多くが地中海性気候に含まれ、一年を通して天気が良く、比較的温暖で過ごしやすい天気が続きます。

冬は寒くどんよりとする北東部の大学に通った人間として、晴れの日が続くカリフォルニアの気候には楽園のようなイメージを抱いていたのですが、いざ訪れてみたら、楽園というよりは「砂漠」という印象。

サボテンが育つ Pitzer College のキャンパス

一日の気温差が激しく、日中は暑く夜は寒くなるので、みんな半袖シャツの上にジャケットというちぐはぐな格好で歩いていますし、非常に乾燥しているので肌がカピカピになってしまい、個人的にはそれほど居心地が良くなかったのが意外でした。

少し内陸に行ったところにあるクレアモント地域にはサボテンが元気に育っていて、「あ、ここはやっぱり砂漠なんだ」と思ったのをよく覚えています。

ただ、砂漠のようだとは言っても、やはりずっと晴れているのは非常に過ごしやすいようで、カリフォルニアの学生たちに「大学のどんなところが好き?」と聞くと、必ずと言っていいほど「天気が良いこと」と返ってきました。

晴れ間が続くおかげで大学には陽気でのんびりとした雰囲気が漂うので、ハードな大学生活も多少はこれで穏やかな気持ちで過ごせます。

少し時間があれば大学近くのビーチでのんびりもできるので、海が好きな人にはおすすめです。

とまあ、ここまでアメリカ各地の気候の様子を紹介してきましたが、結局のところ、どの地域にある大学でも、そこで数多の学生たちが楽しく暮らしていることには違いなく、ほとんどの人は、気候を問わず、どこに行っても問題なく過ごせるはずです。

ただ、受験期の私のように、「雪がないと嫌だ」という人もいれば、「寒いのは絶対に無理」という人もいると思うので、気候に強い好き嫌いがある人は、そこも含めてしっかりと検討するようにしましょう。

大学を選ぶことは同時に、自分がこれから4年間暮らす住所を選ぶことでもあります。

そこでいかに学ぶかだけでなく、いかに暮らすかも考えた上で大学を選ぶことをおすすめします。

ロサンゼルスの観光地 Venice Beach

超少数精鋭

カリフォルニア工科大学

California Institute of Technology

記念すべき西海岸1校目を飾るのは、
カリフォルニア工科大学・通称カルテックです。
知る人ぞ知る、ウルトラ少数精鋭の名門私立工科大学。
勉強・生活・受験の全てにおいて他のアメリカの大学と一線を画す、
非常にユニークな大学です。

少数精鋭の学生たちに注ぎ込まれる世界屈指のリソース

カルテックの一番の特徴は超少数精鋭であること。

なんと学生数はたったの１０００人。院生を合わせても２５００人。これは米英の他の大学と比べても圧倒的な少なさで、この本で紹介する大学の中では３番目に小さな大学です。

そんな少数の学生に世界屈指のリソースが注がれるのがカルテックの魅力。

教授１人あたりの学生数（およそ３人）は全米でも最少クラスで、ほとんどの授業が20人ほどの小規模編成。

さらに大学関係者（教授、卒業生など）あたりのノーベル賞受賞者数は全米1位で（諸説あり）、見学中にもノーベル賞受賞者の教授と当たり前のようにすれ違いました。

小規模な大学だからこそ、必然的に教授との距離は近くなり、案内してくれた学生に大学の好きなところを聞くと、「すごく有名な教授に簡単に会えて、すごく初歩的な質問にも付き合ってもらえること」と返ってきました。

ＳＴＥＭを志す学生にとって、ノーベル賞受賞者が周りにゴロゴロいる環境は本当に刺激的だそうです。

勉強のしんどさは全米1位

さらに特徴的なのが、勉強がとにかくしんどいこと。

一年生は数学・物理学・化学・生物学が必修で、得意・不得意にかかわらず、全員がこの4分野を信じられないスピードで勉強していきます。

例えば物理の授業は速度の求め方（距離÷時間）から始まり、半年後には相対性理論に到達。案内してくれた日本人学生いわく、「自分が知っている物理がたった3カ月で終わってしまった」。

学生はある程度専門性を持って入学する人が多いので、苦手分野・知らない分野の必修授業ではみんなかなり苦労しているようです。

ちなみに。この一年生の物理の必修授業をかつて教えていたのが、かの有名なノーベル物理学賞受賞者、リチャード・ファインマン教授。

彼が教えたカルテックでのこの授業をベースに、『ファインマン物理学』という学部生向け物理学のロングセラー教科書が生まれました。今でも同じ授業が行われている教室は、彼の名前を取ってFeynman Lecture Hallと名付けられています。

ファインマンの授業が必修なんて、ご冗談でしょう、カルテックさん。

さらにちなみに。化学の必修授業には名物教授がいて、教授がLattice（格子）という単語を発す

Feynman Lecture Hall

るたびにお酒を飲む伝統があります。授業を受けていない先輩たちがわざわざその伝統のためだけに授業に来て、Latticeと聞くたびに飲んでいるそう。

学年全員が受ける必修授業だからこそ、学生の一体感も高まり、このような楽しい伝統が生まれます。

勉強がしんどいのは授業の進みが速いだけでなく、難易度が高く量が多いことも理由。

一般的なアメリカの大学のテストは1・5~3時間ほどですが、ここでは4~6時間が基本。中には時間無制限のものもあり、文字通り本当に無限に時間がかかるそうです。

そして、特別に期間を設けてテストが行われるのではなく、日常的な授業や課題に加えて当たり前のように「これ自分で解いてきてね」と長時間のテストが課されるので、案内してくれた学生は毎日深夜2時まで勉強していると教えてくれました。

高校時代は独自に数学の研究を行い、それがカルテックの教授の目に留まって合格した彼。数学が得意でカルテックに来たはずなのに、6時間の数学のテストが解き終わらなかった時は本当にショックだったと言っていました。それほどまでに難しいテストなのに、クラスの中にはちゃんと時間内に解き終わって満点を取る人もいるそう。

周りのレベルも教授の期待値も非常に高いため、勉強のストレスは計り知れません。

とある寮の勉強部屋には、ストレス発散のためにサンドバッグがぶら下がっていました。

米英の大学を60校近く巡りましたが、ジム以外でサンドバッグを見かけたのはここだけです。

どれほど勉強がしんどい大学であっても、中には楽な専攻があったり、楽な授業があったりと、楽をしようと思えばある程度は楽できる大学がほとんどなのですが、カルテックに関しては、なにせ全員必修の理系の授業が非常に難しいので、しんどさのベースラインがとても高い印象。

自信を持って、私が訪れたアメリカの大学の中で一番勉強がしんどい大学であると断言します。

ただ、勉強がしんどいからと言って友人関係がギスギスすることはなく、小さな大学だからこそ非常に協力的な文化が

寮の勉強部屋にぶら下がるサンドバッグ

あり、授業においてもクラスメイトと協力することが強く推奨されています。

そこは、同じ私立工科大学でも5倍ほどの規模があり、やや個人主義的な空気が漂うマサチューセッツ工科大学（ＭＩＴ。２８０ページ）との違いを感じました。

教授が関わる特殊な受験審査制度

そんなハードな環境でも輝ける学生を選ぶため、受験の審査制度もかなり特殊。

最初にアドミッションズ・オフィスが願書に目を通して受験生を絞り込んだ後、大学の教授陣がそこからさらにカルテックに合った学生を見極めるのが特徴で、アドミッションズ・オフィスと教授陣がそれぞれ異なる視点で学生を審査します。


どんな学生を求めているのか、まずはアドミッションズ・オフィスに聞いたところ、「ＳＴＥＭ系の活動に積極的に関わってきて、これからもＳＴＥＭを追究したいということが明確に伝わってくる学生」。高校レベルを飛び出して主体的に勉強・研究していることが重要だそう。

ハードな授業を乗り越えるだけの頭脳が必要なのはもちろんのこと、それと同じくらい、もしくはそれ以上にＳＴＥＭへの情熱がないと、ただただしんどいだけになってしまいます。

アドミッションズ・オフィスが受験生の能力と情熱を評価した後、カルテックの教授たちが評価するのは学生とカルテックの相性です。

例えば、カルテックはCS（コンピューターサイエンス）に非常に秀でた大学ですが、理論的なCSに特化しており、ゲームデザインやプログラミングに興味がある学生にとっては、やりたいことを存分に追究できる環境ではありません。

非常に小さな工科大学だからこそ、理系分野の中にも得意・不得意があるので、学生の興味がちゃんとカルテックにマッチするのか、各分野の教授たちが丁寧に評価します。

アメリカの学部において、アドミッションズ・オフィスと教授の両方が受験生を審査しているのは非常に珍しく、私が訪れた中ではカルテックだけ。

受験制度からもカルテックの特殊性をうかがうことができます。

勉強最優先の学生生活

勉強に集中するために部活はあまり盛んではなく、研究以外の課外活動に一生懸命取り組んでいる人はほとんどいません。一応、大学のスポーツチームに所属する学生アスリートも在籍してはいますが、スポーツは非常に弱く、二十数年間ずっと連敗中の競技もあるそう。

課外活動を頑張りたい人におすすめできる大学ではありません。というか、課外活動のためにカルテックに来るような学生はそもそもいません。

逆に、研究を頑張りたいという人には天国のような環境で、気になった教授に声をかければすぐに研究室に入れてもらえるほど。研究しようと思えばいくらでもできるそうで、実際、9割ほどの学生が卒業までに何かしらの研究に関わります。

学生の心の拠り所となる寮生活

そんな学生の憩いの場となるのが寮。アメリカの大学では珍しく、平日のディナーは寮の食堂で全員で一緒に食べることになっていて、寮ごとに伝統と文化があるのが特徴です。

寮の学生たちによって建設中のダンスホール

制作中のオブジェ

毎年1回、各寮がパーティーを主催するのが決まりで、私が見学した寮の中庭ではダンスホールが建設中でした。設計から建設まで全部学生がやっているそうで、さすがカルテックだと思いました。立て看板や騎士のようなオブジェも制作されていて、なんだか文化祭みたいで楽しそう。

わちゃわちゃとした中庭を見て、ここがハードな学生生活における学生の心の拠り所なんだなと実感しました。

寮内には学生たちが描いた壁絵がたくさんあって、とても明るい雰囲気。

階段にある宇宙飛行士の大きな絵は、ある学生の父親が宇宙飛行士として宇宙へ旅立つ際に、その学生のためにルームメイトがサプライズで描いたそうです。

宇宙飛行士の父を持つ学生のために描かれた壁絵

キャンパス内にある砲台

このように寮の団結が強く寮ごとに文化があるカルテックでは、寮選びが非常に重要。入学したての一年生は、1週間かけて8つの寮を見学して、入りたい寮の希望を提出します。

アメリカの大学において、寮選びのために見学プロセスが設けられているのは私が知る限りではここだけ。

そんな寮の所属先が決まる特別な日には、それを祝ってキャンパス内にある砲台（写真参照）が文字通り火を噴きます。

ＭＩＴとのライバル関係

学生にどんな人が受かっているのか聞いてみたところ、「留学生はみんな化け物」。研究成果がすごかったり、高校生のうちに得意分野の教科書を書いていたり、とにかくそれぞれの分野のプロフェッショナルが集まっています。

一方、アメリカ人の学生は、難しい授業を高校でいっぱい受けたとか、大学の授業を受けていたとか、どちらかといえば優等生的なすごさを持った人も多いようです。

同じ私立工科大学であるＭＩＴと違って、科学オリンピックのメダリストは少なく、おそらくそういったメダリストたちはＭＩＴに流れているとのこと。

合格率はそれほど変わらない2校ですが（カルテックが3.9％、ＭＩＴが4.8％）、出願者数はＭＩＴが倍以上で（MITが2万7000人、カルテックが1万3000人）、知名度としてはMITの方が圧倒的に上。そのため両方受かったらMITに行く人が多いようです。

カルテックの大学グッズストアにMITのTシャツが売っていて、「そこまで負けを認めなくてもいいのに」と思って裏を見たら、書かれていたのは、

"...because not everyone can go to Caltech"（だって誰もがカルテックに来られるわけじゃないから）

負けるつもりはないようです。

大学のグッズストアで売られているＴシャツ

Prankと呼ばれるいたずら文化が盛んなカルテックですが、同様にいたずら好きのMITとはライバル関係にあり、MITの学生がカルテックの大事な砲台をアメリカの反対側にあるMITまで持っていったこともあったそうです。

いったいどうやって実行したのか、興味のある方はぜひ調べてみてください。

美しく落ち着いたキャンパス

さて、カルテックの紹介において忘れてはいけないのがキャンパスの美しさ。

西海岸らしいアーチ状の建物と自然が美しく溶け合った落ち着きのあるキャンパスと、一年中晴れているカリフォルニアの陽気な気候のおかげで、学生たちは快適に勉強に集中できるようです。


ちなみに。食堂はほぼ全てオーダー制で、ランチタイムにはピザや焼きそばに学生たちが長い列を作っていました。

学部の飲食店を入れずに、これほどしっかり個別オーダー制になっている食堂は、私が見てきた中ではカルテックと、後で紹介するハービー・マッド・カレッジ（388ページ）だけ。これは学生数が少ないからこそできることです。

美しいキャンパス

アメリカの大学は大抵どこもバイキング形式で味が落ちがちですが、その場でオーダーを受けて一人ひとりに調理してくれるカルテックの食事は全米でもトップクラスのおいしさでした。

ただし、小さな大学ゆえに料理のオプションは少なく、だんだん食堂の料理に飽きてくるそう。そんな時は、大学周辺で外食。カリフォルニア州は移民が多いので色んな種類の料理があり、外食先には困りません。

なお、外食以外の娯楽はキャンパス周辺にはあまりありませんが、そもそも勉強が忙しすぎて娯楽を楽しむ時間はほぼありません。それでもどうしても遊びたい時は、車で1時間の距離にあるロサンゼルスまで行って遊ぶそうです。

さらにちなみに。食事に飽きる以外の、少人数だからこそのデメリットを案内してくれた学生に聞いたところ、「噂がすぐ広がること」。特に恋愛がらみ。

本人も嫌な思い出がありそうだったので、詳細はあえて聞きませんでした（笑）。

California Institute of Technology

基本DATA

学生数：1000人

種類：私立工科大学

留学生：12%

学期：３学期制

合格率：3.9%

奨学金：柳井・笹川

アメリカ大学ランキング：７位

世界大学ランキング：７位

日本からの留学生

超少数精鋭の大学なので、ここしばらく日本からの学部生の合格者は出ていなかったのですが、2022年に一年生が２人入学したことで留学界隈《かいわい》がざわつきました。

学生数1000人中、留学生はたった120人。そこに日本から２人も入るというのはとんでもないことです。

交通アクセス

ロサンゼルスから車で１時間。

治安

郊外にあるので治安は非常に良好で、深夜でも大学の周りは一人で歩けるそうです。

起業文化が根付いた自由な大学

スタンフォード大学

Stanford University

シリコンバレーに位置する名門私立大学・スタンフォードは、
起業文化が根付いた自由な大学。
学生全員がエンジニアと言っても過言でないほどTech に強く、
起業に興味がある人にぜひおすすめです。

とにかく自由な校風

スタンフォードのモットーは、
“the wind of freedom blows”（自由な風が吹く）

とにかく自由な校風が特徴です。

インターンのためにしばらく休学したり、起業が成功して中退したりが当たり前。学生いわく、「みんな自由にやりたいことをやって生きている感じ」。

スタートアップと呼ばれる起業文化が非常に盛んで、友達グループで集まるたびに、「開発中のアプリはどう?」なんて話になったり、案内してくれた学生の友人も、起業にあたって3000万円もの投資を集めていたりと、起業に興味がある人にとっては夢のような環境です。

また、起業への興味は別としても、多くの学生が社会を見る上で「この問題はどう解決すればいいのだろう」とか「これはビジネスアイデアになりそう」といった視点を持っていて、そんな社会に対してアクティブな視点を持った仲間に囲まれるだけでも、毎日がとても刺激的になるそうです。

学生のほぼ全員がエンジニア

学生の起業を後押しするようにCS（コンピューターサイエンス）が充実しており、専攻としては一番人気。

CS専攻でなくてもCSの授業を受ける学生は多く、案内してくれた学生の友達グループ10人中、なんと全員がCSの授業を受けていて、うち7人はCS専攻だというのでビックリ。

CSは授業の質も非常に高く、評判がいいから試しにCSの授業を受けてみたら、それがとても面白くて、みんな気づけばCS専攻になっているそうです。

CSに限らずTech系の学問が人気で、キャンパス内でもメインキャンパス（Tech系以外の学問）と工学キャンパス（Tech系の学問）で分かれているほどTechを中心に大学がまわっています。

Lean Launchpadという工学部の大人気授業では、投資家や起業家を講師に招き、大学院生と学部生が一緒になって新規プロジェクトの開発を行います。

工学キャンパス

授業への応募の時点でアイデアが審査されるほど真剣にスタートアップに取り組むので、この授業をきっかけに起業した例も過去に数多くあります。

自分のやっていることに情熱的な人が多く、学生のほぼ全員がエンジニアだからこそ、「新しいものを作ってやろう」という熱が大学全体に溢れています。

大学の位置するシリコンバレーにはTech系のグローバル企業やスタートアップ企業が密集しており、こうした企業が大学で採用活動をしたり、学生がそこでインターン・就職をしたりと、Tech系企業と大学の結びつきが非常に強いのも特徴です。

立場はなくとも充実の文系分野

しかしそんな「Tech至上主義」の弊害として、文系をバカにする文化があり、理系が多すぎて文系の立場があまりないとのこと。

文系を勉強していると伝えると、「卒業した後、何するの?」と返されてしまうような雰囲気なので、文系の学生も「何か役に立つ技術を身に付けなきゃ」というプレッシャーを感じてしまうようです。

大学受験時代、スタンフォードとイェールの両方に受かった私の友人も、「文系の学びがちゃんと大事にされている。文系志望として居心地が良い」と言って、イェールに進学したのを思い出しました。

ただ、実はスタンフォードは文系分野も非常に強く、教育学と心理学は世界1位を誇ります（2024年）。理系分野に比べて授業を受講する学生数も少ないので、非常に丁寧かつ質の高い教育を受けることができます。

純粋に文系だけを学びたい人にとっては居心地の悪い環境かもしれませんが、実学的なスキルも身に付けつつ文系もしっかりと学びたい人には非常におすすめの大学です。

勉強だけでなく部活もかなり実学的。

コンサルや金融など履歴書でアピールできそうな部活が盛んな一方で、ごく限られた人しか入れない一部のトップチームを除き、運動や芸術系の部活はあまり盛んではありません。

そのため、学生の課外活動といえば、部活というよりはやはり起業や就職活動になるようです。

なお、誰でも参加できるレベルの運動部はあまり盛んではありませんが、大学のスポーツチームは超強豪。学生アスリート専用の食堂があり、タンパク質が日夜たくさん供給されています（笑）。

野球や水泳が有名で、女子バスケは2021年に全米1位に。ただ、アメフトが弱いのが玉に瑕《きず》です。

自由な校風の弊害

学生に大学の嫌なところを聞いてみると、「みんな約束を破りがちなところ」。学生たちはネットワーキングが大好きなのでたくさんの予定を入れますが、他に大事な予定が入ると先約を簡単に破ってしまうそう。約束していても来ないのが当たり前になりすぎて、この現象に"Flake Culture"という名前までつく始末です。

学生数は7800人と、それほど大規模ではないのですが、大学からのサポートはあまり手厚くありません。

自ら求めれば無限のリソースがある一方、大学の方から手を差し伸べてくれるわけではないので、例えば案内してくれた学生にはメンターがいるものの、一度も会ったことがないと話していました。

何でも手取り足取り教えてくれる大学というよりは、「自分で好きにやってね」という大学なので、大学から深く干渉されたくない人、自ら動ける人に向いています。

自由な校風の裏側には、こうしたFlake Cultureや大学側の受動的なサポート体制が存在します。

楽園のようなキャンパスライフ

そして、自由な校風はキャンパスの見た目にも反映されています。

カリフォルニアにある大学はどこも綺麗で楽園のような見た目をしているのですが、ここは特にそうで、大学全体に「ザ・カリフォルニア」の雰囲気が漂います。

カリフォルニアっぽいキャンパス

暖かくなるとキャンパスのそこかしこにある噴水で泳いだり、ビーチバレー用の砂のフィールドの上に水着で寝転がったりしてみんなで遊ぶそう。

「ハーバードには水着で寝っ転がる場所なんてなかったぞ」と思いながら、私はスタンフォードにあるたくさんの砂場を見学しました。

キャンパスは端から端まで徒歩で30分かかるほど大きく、学生数の割には大規模な州立大学のような広さがあります。

そのため移動には自転車やスクーターが欠かせず、自転車置き場は常満杯。キャンパス内の自転車屋さんでは価格が高騰し、安くても1台650ドル（約9万7000円）はするそうです。

大学のそばに娯楽がないのが学生たちの悩みで、車がないと大学の外の世界はなかなか楽しみづらい場所にあります。

ジムに行ったり、（選択肢は限られるものの）近所で外食をしたり、大学のゴルフコースでゴルフを楽しんだり、近くの池でボートを漕いだりして過ごすのが、スタンフォード生の娯楽のオプションとなっています。

娯楽の少ない学生を想ってか、大学の食堂はそこそこ充実。食堂ごとに異なるメニューを提供しており、メキシカンスタイルの食堂もあれば、アジアンスタイルの食堂も。味もオプション数も全米上位に食い込みます。

寮も広くて非常に住みやすく、案内してくれた学生は、部屋が快適なので図書館ではあまり勉強しないと言っていました。

名門大学なだけあって勉強は非常に大変ですが、メンタルを壊すほどではないそうで、QOLはかなり高めな印象です。

ちなみに。電車でおよそ1時間の距離、同じサンフランシスコ周辺にあるカリフォルニア大学バークレー校（336ページ）とはライバル関係にあり、2校の間で毎年行われるアメフトの試合はBig Gameと呼ばれる伝統の一戦となっていて、両校の学生が総出で応援します。

そんな大事な試合の日には、バークレーのマスコットであるクマのぬいぐるみを、スタンフォードにある噴水のオブジェに突き刺して、わざわざ絵の具で水を赤く染めるそう。なんだかとても暴力的です。

満杯の自転車置き場

Stanford University

基本 DATA

学生数：7800人
種類：私立総合大学
留学生：14%
学期：３学期制
合格率：3.68%
奨学金：柳井・笹川
アメリカ大学ランキング：３位
世界大学ランキング：２位

日本からの留学生

15人ほど。一条校とインター出身者はほぼ同じか、インター出身者の方が気持ち多いくらいだそうです。

交通アクセス

サンフランシスコ空港から車で30分ほど。
サンフランシスコの中心部までも電車で１時間ほどです。

治安

白人の富裕層が住んでいる地域なので治安は非常に良好で、事件と言ったらせいぜい自転車が盗まれるくらいだそうです。

Column 6

カリフォルニア大学の受験制度

UCの9つのキャンパス

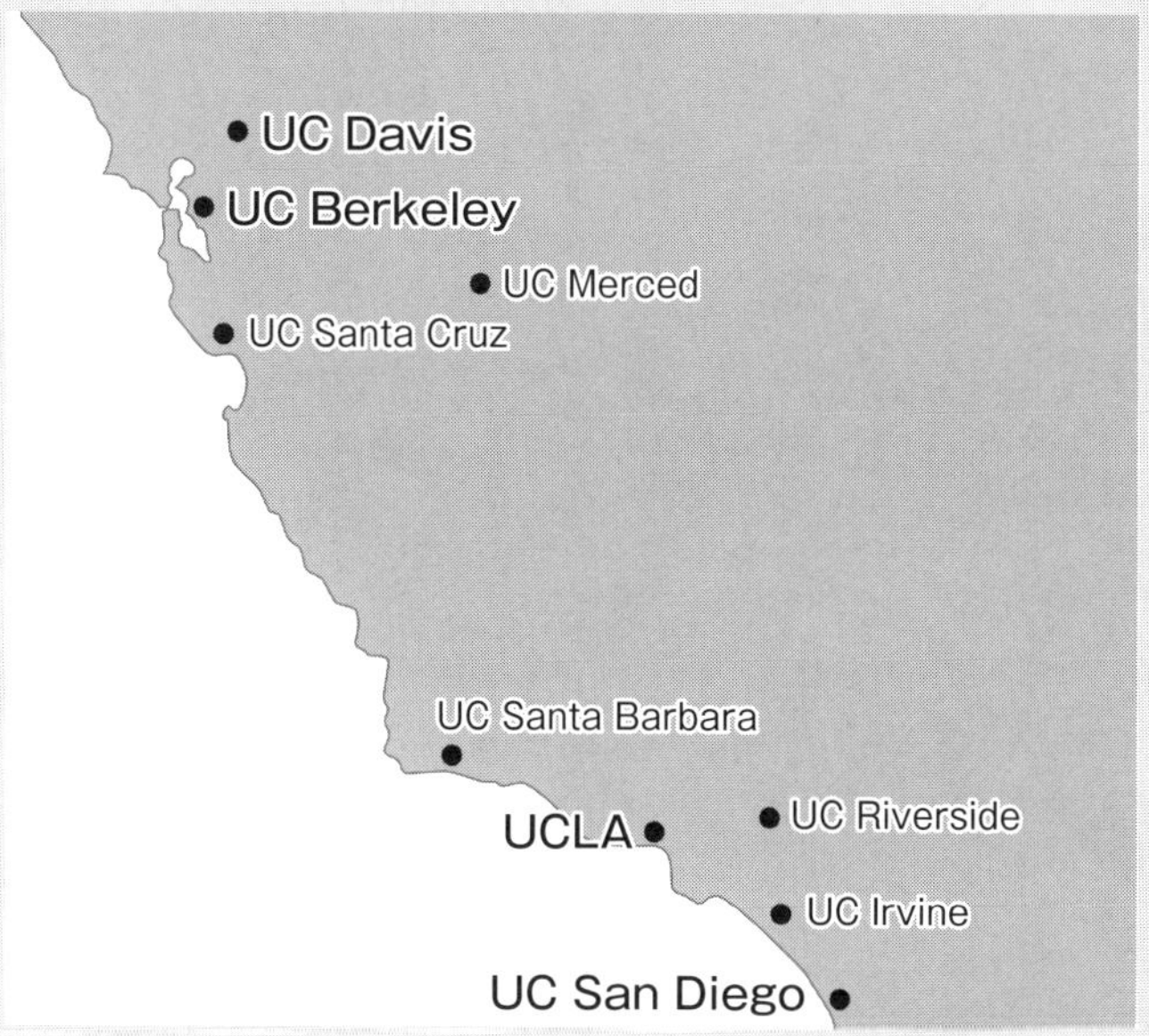

カリフォルニア州の州立大学であるカリフォルニア大学(University of California、通称UC)には、州全体に散らばるように9つの校舎があり、本書ではそのうちの4つを紹介します(Los Angeles、Berkeley、Davis、San Diego)。

UCはアメリカの他の大学とは異なる受験制度を導入しており、各校舎のアドミッションズ・オフィサーや学生たちと話している中で耳寄りな受験情報をゲットしたので、このコラムでまとめて紹介します。

なお、この本は基本的に大学紹介にフォーカスしており、大学受験全般に関することは、『米国トップ大学受験バイブル』(PHP研究所)をご一読ください。

1つの願書で9つの校舎に出願可能

アメリカの大学受験で最もお世話になるのが、Common Application と呼ばれる受験ポータル。ほとんどの大学がこのポータルを利用することによって、そこに登録するだけで全米のほぼ全ての大学に出願できるようになっています。

一方、UCは UC Application と呼ばれる独自の受験ポータルを用いており、UCのいずれかの校舎に出願する人は、Common Application とは別に、UC Application にアカウントを作成し、そこから願書を提出する必要があります。

UC Application の一番の特徴。それは、9つの校舎全てに同じ願書をまとめて送れること。

一般的に、大学はそれぞれ独自のエッセイ課題や質問事項を設けているため、Common Application では大学ごとに一つひとつ願書を作成し提出することになります。

一方、UCは全ての校舎を通じて受験の必要事項が統一されているので、いずれかの校舎用の願書を作ってしまえば、それを他の全ての校舎に送ることができます。

複数の校舎に応募する際、必要なのは、それぞれの校舎のチェックボックスにチェックを入れるだけ。簡単です。

そこで気になるのは、「UCのいずれかの校舎に出願するんだったら、いっそのこと全部受けてしまえばいいのか？」ということ。

328ページ以降で紹介している4つのUCの校舎の説明を読んでいただければわかりますが、各校舎が全く異なる強みを持っており、スポーツに強い校舎があれば（Los Angeles）、勉強に全般的に強い校舎もあり（Berkeley）、農学や獣医学に優れた校舎があれば（Davis）、理系に特化した校舎もあります（San Diego）。

さらに、同じカリフォルニアと言えど、非常に広範囲にわたって校舎が散らばっているので、大学の立地条件や雰囲気も大きく異なります。

そのため、「全部に出願してしまえばいい」というのはかなり暴論なのですが、それでもチェックボックスにチェックを入れるだけで9つもの校舎に簡単に出願できてしまいますし、近年合格率も低下傾向にあるので、たいていの受験生は9つとは言わずとも、5、6校の校舎には応募するようです。

出願料が1校舎あたり80ドル（約1万2000円）かかってしまうので、出願校数を増やせば当然負担も大きくなりますが、もしそれが懸念事項にならないのであれば、UCのいずれかのキャンパスに出願する人は、この本で紹介している4校舎だけでも一緒に出願しておいて損はないと思います。

UC Application と Common Application のエッセイの違い

UC Application には Common Application と同様にエッセイ課題があるのですが、UC Berkeley のアドミッションズ・オフィサーから、この2つの受験ポータルのエッセイの書き方の違いとコツを教わったので、紹介します。

Common Application のエッセイは、受験生の自己表現だけでなく英語のライティング力を評価する側面も持っているので、シンプルに淡々と文書を書くというよりは、小説を書くように、自分のライティング力を示すように書くのが主流。

一方、UC Application のエッセイでは、受験生の純粋な自己紹介が求められているので、課題文もよりストレートで、アドミッションズ・オフィサーいわく、「Common Application のエッセイで使ったような文学的な言い回しや気の利いた言葉遣いは一切いらない。むしろ、そんな文字数の余裕があるのなら、もっと自分のことについて書くように」とのことでした。

とにかく、

“Don't copy and paste the Common Application essays.”
(Common Application のエッセイのコピペはするな)

と言われたので、皆さんにも共有しておきます。

ＵＣに編入したい人は、まずカリフォルニア州のコミカレに行け

この本を読んでいる人の中には4年間の正規留学ではなく3年目からの編入（Transfer）での留学を考えている人もいるかと思います。そしてもし、編入先としてＵＣのいずれかの校舎を志望しているのなら、編入までの大学2年間を過ごす上で一番おすすめなのが、カリフォルニア州のコミュニティー・カレッジだそうです。

コミュニティー・カレッジ、通称コミカレとは、公立の二年制大学のことで、もともとは地域住民（コミュニティー）の誰もが学べる大学（カレッジ）として作られたものなので、四年制の大学と比べて合格率は高く学費はずっと安いのが特徴です。

そして、ＵＣの編入制度はカリフォルニア州のルールによって、州内のコミカレ出身の編入希望者を優先的に合格させることが義務付けられており、実際、ＵＣの編入生のほとんどが州内のコミカレ出身になっています。

さらに、編入のためには細かい必修事項が設けられており、州内のコミカレならばＵＣの編入制度に沿った形で授業も進んでいくので、編入のための必修事項も簡単にクリアすることができます。

そのため、合格率の観点からも、受験のしやすさという観点からも、ＵＣへの編入を目指す人は、まずは州内のコミカレに進学することがおすすめだそうです。

太陽と学生が明るい大学

カリフォルニア大学
ロサンゼルス校

University of California, Los Angeles

ロサンゼルスのど真ん中にある州立大学、
カリフォルニア大学ロサンゼルス校、通称 UCLA。
スポーツが全米トップレベルで、
課外活動を頑張りたい人におすすめ。
陽気な雰囲気が漂う、太陽と学生が明るい大学です。

世界レベルのスポーツチーム

私が訪れた大学の中でも唯一無二の特徴は、スポーツがウルトラ強いこと。

バーシティーと呼ばれる大学のスポーツチームの功績を飾るためだけの建物（J. D. Morgan Center）があり、中には優勝トロフィーがずらり。２０２１年の東京オリンピックでは43人の学生アスリートがＵＣＬＡから出場し、16個ものメダルを獲得しました。

J. D. Morgan Center に飾られているたくさんのトロフィー

UCLA の学生、コーチによるオリンピックでの功績の展示

スポーツ施設も充実しており、一般学生向けのジムとは別に、サッカーやバスケなどメジャーな競技ごとに大学チーム専用のジムが用意されています。

施設の質が高すぎて、プロの有名選手もしょっちゅうトレーニングに来るほど。テニスの大坂なおみ選手もたまにUCLAのテニスコートに練習に来ていたそうです。

2028年のロサンゼルスオリンピックではUCLAの競技場も使われる予定で、そんなプロレベルの施設を学生アスリートが日常的に使える、非常に贅沢な大学です。

学術面でも知名度の高いUCLAですが、これほど高いレベルで文武両道を極めているのは、私が知る限りここだけ。大学チームが強いこともあり、スポーツ観戦が文化として大学に定着しており、やるのも見るのもスポーツ好きにはたまらない大学です。

スポーツに限らず課外活動が盛んで、学生数3万2000人の大きな大学なのでやりたいことは何でも見つけられますし、新しいサークルを始めるのも簡単。

課外活動を頑張りたい人には最高の環境が整っています。

ちなみに。2028年のロサンゼルスオリンピックで使われるのは競技場だけではなく、UCLAのキャンパスそのものが選手村として利用される予定。選手たちは、新しく建設されたばかりのリゾートのような学生寮に宿泊することになっており、オリンピックが始まる前の現在は、学生たちがそこで優雅な暮らしを送っています。

オリンピックとこれほど間近に接する機会なんて普通はないので、2028年にUCLAに在籍する学生は、きっと特別な経験ができることでしょう。

多く聞かれた勉強面での不満

スポーツが盛んな一方、勉強面での不満が聞かれたのも印象的。

なにせ学生数3万人超なので、授業は300人規模が当たり前。上級生向けの難しい授業ですら100人規模で、数十人の小さな授業に巡り合えるのは、年にたったの1回くらいとのこと。これほど学生数が多いとなると、教授と仲良くなるなんてことはレア中のレア。著名な教授も多く在籍しますが、教育というよりは自身の研究のためにUCLAに来ている人がほとんどなので、教授からの丁寧な指導はあまり期待できないようです。

そして、カリフォルニア大学のほとんどの校舎に共通する課題が、履修登録の難しさ。学生数3万人超ともなると授業が大きくなりすぎるので、多くの授業に人数制限が設けられています。履修登録の優先順位は学年順なので、四年生から順に希望の授業に登録していくと、一、二年生に順番が回ってくる頃には、取りたい授業はほぼ全て埋まっているそう。

さらに、希望の授業を取れないだけならまだしも、各分野で必修となるような大事な授業ですら取りづらいのが難点。

専攻の入門として多くの学生が受けることになる基礎レベルの授業は、履修希望者も多くなかなか思うように受けられないので、案内してくれた学生は、2、3年ほどかけてやっと基礎レベルの授業を取り終わり、三年生になって初めて専門レベルの授業を受けられるようになったそうです。

教授からの指導を期待できないこと、そして希望通りの授業を受けづらいことから、勉強が大学生活における優先事項である人にはあまりおすすめできる大学ではありません。

むしろ、課外活動が盛んで、学業以外のリソースが豊富に用意されている大学なので、「勉強プラスα」を頑張りたい人、様々な活動に積極的に関わっていける人におすすめです。

ハッピーな学生生活

課外活動の他にもう1つ充実しているのが食事。

Bruin Plate、略してB Plateと呼ばれるヘルシーなメニューの食堂があることが特徴的で、ポケボールと呼ばれる海鮮

B Plateのヘルシーな食事

キャンパス内の芝生でのんびりする学生たち

丼や、マグロのカルパッチョなども提供されています。

ＵＣＬＡのような大規模な大学の食堂は取り放題のバイキング形式が一般的ですが、ここではスタッフの方が少量ずつ気の利いた料理をよそってくれます。

大都会ロサンゼルスにあるので大学周辺の外食も充実しており、食事に飽きることはありません。


年間を通して天気が良く、学生たちは休日になると大学近くのビーチに出かけていきます。ロサンゼルスは音楽も盛んなので、ジャズバーやクラブを回る人もいれば、おいしいレストランを求めてちょっと遠出してみたり、映画を観に行ったりと、様々な娯楽が充実しています。


課外活動が盛んで、食事がおいしく、天気も良く、ロサンゼルスのど真ん中で娯楽も充実しているので、大学全体になんだかとても陽気な雰囲気が漂います。

学生いわく、「どんなに勉強が大変でも、こんなに全部揃っていると、いつだってハッピーでいられる」。

ハードな学業を支える快適な暮らしがＵＣＬＡの魅力です。

ちなみに。ハリウッドにほど近いUCLAは、映画の撮影でよく使われます。授業に遅れそうで急いでいる時も、撮影で道が塞がれていて通れない、なんてことがよくあるそう。

何かと映画の舞台になることの多い我が母校ハーバード大学（267ページ）ですが、ハリウッドの撮影チームがわざわざ東海岸のキャンパスまで行かずに済むよう、なんとUCLAにはハーバードを模倣した建物が建設されており、よく見るとハーバードの古い校章まで刻まれています。

案内してくれた学生に、「ハーバード卒業生として、ハーバードに似ていると思いますか？」と聞かれましたが、本物のハーバードの建物はもっと歴史を感じる赤レンガなので、あまり似ているとは思いませんでした。

卒業生の目はごまかせません！

この建物は、普段は大学の実務に使われているようですが、撮影のために他校の校章を刻んでしまうなんて、UCLAもやることが大胆だなと思いました。

ハーバードを模倣して造られたKerckhoff Hall（上）と、
そこに刻まれるハーバードの古い校章（下）

University of California, Los Angeles

基本DATA

学生数：32000人
種類：州立総合大学
留学生：8.7%
学期：３学期制

合格率：8.8%
奨学金：柳井・笹川
アメリカ大学ランキング：15位
世界大学ランキング：18位

日本からの留学生

短期の交換留学生は毎年100人以上いるそうですが、４年間の正規留学生はたった数人。なにせ大きな大学なので、詳細な人数は不明です。

なお、日本人留学生は少数派ですが、ロサンゼルスには日系人が多いので、日本語は話せなくても、日系の学生や教授は数多く在籍しています。

交通アクセス

ロサンゼルス空港から車で30分ほど。
ロサンゼルスの中心地までも車で30分ほどです。

治安

ビバリーヒルズやハリウッドが近い高級住宅街にあるので、治安は非常に良好です。

パワフルなエネルギーに満ち溢れた州立大学

カリフォルニア大学バークレー校

University of California, Berkeley

カリフォルニア大学バークレー校、
通称 UC バークレーは、
パワフルなエネルギーに満ち溢れた州立大学。
大都会サンフランシスコに
頑張り屋さんの学生たちが暮らしています。

とにかく学問が強い州立大学

カリフォルニア大学群の中では、前項で紹介したロサンゼルス校（328ページ）がおそらく日本で一番有名ですが、実はカリフォルニア大学で最初にできたキャンパスはバークレーで、2024年の世界大学ランキングでは9位に食い込むほどの超名門大学。

CS（コンピューターサイエンス）、工学、心理学、経済学、教育学など、文理問わず数多くの分野で世界ランキング10位以内に食い込み、とにかく学問が強いのが特徴です。

バークリウムがデザインされたパーカー

中でもSTEMにおけるバークレーの功績は大きく、118番まで知られている元素のうち、16個がここバークレーで発見されました。

97番と98番の元素は、大学の名前を取ってそれぞれバークリウム（Bk）とカリホルニウム（Cf）と名付けられ、大学のグッズストアではこれらの元素記号をデザインしたパーカーも売られていました。

研究が非常に盛んで、案内してくれた学生も、一年生ながら2つの研究室に所属していました。

ノーベル賞受賞者専用の駐車スペースとその看板

大学関係者（卒業生、教授など）のノーベル賞受賞者総数は、ハーバード大学（267ページ）に次いでなんと全米2位（諸説あり）。

キャンパス内にはノーベル賞受賞者専用の駐車スペースがあり、見学時にも車が1台停められていました。

とにかくみっちり勉強するのがバークレー流で、こまめな小テストや宿題でしっかり学べるようカリキュラムが設計されています。

そのため、ここに来る学生たちも、真面目な頑張り屋さんで上昇志向の強い人が多い印象。何にでも100%全力で取り組む、パワフルなエネルギーに満ち溢れた大学です。

真面目すぎて必要以上に自分を追い込んでしまう学生たち

そんなハードなカリキュラムと頑張り屋さんの学生が組み合わさった結果、勉強のストレスが異常なまでに高くなり、「アメリカの大学でdepressing（憂鬱）、competitive（競争的）と言えばバークレー」なんてイメージすら付いています。

特に理系は中間テストの回数が多いので、理系の授業ばかり受けている学生は、ほぼ毎週のようにいずれかの授業の中間テストに追われている、なんてことがよくあり、テストに加えて宿題もしっかり出されるので、全ての授業を真面目に受けるとストレスがとんでもないことに。

加えて学生数3万3000人となると、研究室や奨学金などの学内プログラムの応募者数も多くなるので、募集にはほぼ必ずGPAの合格点が高く設定されており、成績を気にして勉強のストレスはさらに大きくなります。

その結果、精神的に追い詰められてしまう学生も多く、中には学期中にみるみる顔色が悪くなっていく人も。例えば案内してくれた一年生の学生は、同級生と食堂で食事をしている時、相手が一言もしゃべらないと思ったら、突然、ストレス性の過呼吸を起こして倒れてしまったそうです。

ただ、いくら何でも心身を壊すほど勉強しないといけない、なんてことがあるはずはなく、バークレーにおける勉強のストレスは、勉強そのものから来ているというよりは、むしろ、真面目で頑張り屋さんのバークレー生たちが、まだ入学したてで加減の仕方を覚えていない状態で、必要以上に自分を追い込んでしまっているところから来ている印象。

実際、ピリピリとした空気感は一年生特有のもののようで、最初は自分を追い詰めがちだった学生たちも、次第に楽することを覚えていき、四年生になる頃にはみんな落ち着きを取り戻します。

バークレーの私の友人も、一年生の頃はかなりしんどそうでしたが、四年生の頃にはのんびりと部活やヨーロッパ留学を楽しんでいました。

以前目撃された、
図書館に張られたテント

図書館の様子

バークレーというのは世界トップクラスの学問実績を誇り、大規模な大学だからこその豊富なリソースを持つ可能性に満ち溢れた大学なので、自分を追い詰めすぎず、心身を労《いたわ》りながら頑張れる人にとっては最高の環境です。

ちなみに。バークレーには分野ごとに合計20以上の図書館があり、中でも24時間開いている図書館ではテスト前になると寝泊まりをする学生も現れます。過去にはなんとテントを張った学生も目撃されており、異常なまでに勉強に取り組むバークレーの学生たちの一面がうかがえます。

理系も文系も。勉強も部活も

学生数が多いので人気分野（ＳＴＥＭやビジネス）は授業サイズも大きく、ＣＳの入門授業はなんと１５００人。化学の入門にいたっては、７００人が受講するにもかかわらず、教室のキャパシティーは３００人なので、毎回座席は予約制。残りの学生はZoomで参加します。

一方、バークレーの文系分野は理系に負けず劣らず強いにもかかわらず理系分野ほどの人気はないので、受講人数は多くても100人ほどで、ディスカッションは20～30人に分かれて行われます。

そのため、文系志望にとってはかなりお得で学びやすい環境と言えます。

なお、勉強以外も頑張るのがバークレーの学生で、部活やインターンなどの課外活動も超盛ん。学生数が多いのでオーディション争いも激しく、やりたい活動に必ずしも参加できるわけではないという難点もありますが、活気に満ち溢れたキャンパスで、勉強だけでなく課外活動にも全力で取り組みたいという人におすすめです。

カリフォルニア大学ではお馴染みの、勉強面での不満

学生たちから不満として挙げられたのは、大規模な大学ではありがちな「サポートの少なさ」。

例えば、小さな大学であれば学生は自身のアドバイザーと定期的にミーティングができるのですが、学生数の多いバークレーではアドバイザーとの面談は予約制。履修登録の時期など、アドバイスが欲しい時ほど予約も埋まり、話すことすら難しくなります。

また、学生一人ひとりにアドバイザーが付いているわけではないので、毎回予約をするたびに異なるアドバイザーとの面談となり、あまり継続的な相談はできません。

加えて履修登録も大変で、四年生から学年順に登録していくのですが、同じ学年内の登録順は純粋

な運で決まります。そのため、低学年で運悪く遅い登録順になってしまうと、人数制限によって専攻の必修授業すら取れないこともよくあるそう。

その場合は夏休みに受講するしかなくなるので、思うようにいかない履修登録に学生の不満も大きいようでした。特に夏休みは留学やサマープログラム、インターンなど、様々なことに腰を据えて取り組める絶好の機会なのに、どこにも行かずにキャンパスに残って授業を受けざるを得なくなる可能性があり、それがただの運で決まってしまうというのはかなりの懸案事項です。

特筆するほど悪い治安事情

治安が非常に悪いのも不安なところ。

2022年10月には大学近くで拳銃殺人が起きており、案内してくれた学生はなんと事件現場のすぐそばに住んでいて、犯人が車で逃走するのを部屋の窓から目撃したそう。

大学にこれほど近い場所で殺人事件が起きるというのは、私が訪れた中でもワーストの治安の悪さです。

さらに、一年生寮のすぐ近くにあるPeople's Parkという空き地には薬物依存症のホームレスが多く住んでいて、周辺では学生が銃で脅されてパソコンなどを奪われる事件が多発しています。

他にも、学生寮に不審者が侵入して物を盗んだとか、教室の窓ガラスを割って不審者が入ったとか、そうした事件が時々あるそう。

ただ、忘れてほしくないのは、そうした中でも3万3000人の学生が今も普通に暮らしており、ちゃんと場所と時間を考えて行動すれば、基本的には安全です。

大学側も安全対策を講じていて、午後6時から深夜2時の時間帯は、キャンパスから1マイル（約1・6㎞）圏内で無料の送迎サービスを用意しています。

People's Park と大学の位置関係

People's Park の様子

場所と時間さえ注意すれば、いつも陽気で居心地のいい天気のもと、大都会サンフランシスコの豊富なリソースを享受できるので、娯楽、特に外食に困ることはありません。

バークレーは残念ながら食堂があまりおいしくないので（私が訪れた中では「下の中」）、フラッと行ける場所においしい外食が溢れているのはとてもありがたいそうです。

ちなみに。先に紹介したスタンフォード大学（314ページ）とはライバル関係にあり、Big Gameと呼ばれる2校のアメフトの伝統の一戦の前には、バークレーの学生たちがスタンフォードのマスコットである「木」を燃やして勝利を祈ります。

そしてこのライバル関係において重要なのが、バークレーにある時計台Sather Tower（94m）は、スタンフォードにある時計台Hoover Tower（87m）よりも高いということ。

昔スタンフォードがHoover Towerを建設するにあたって、バークレーに「おたくの時計台は何m？」と聞いた際、バークレーがわざと実際よりも低い高さを伝えたため、（スタンフォードがそれよりも高い時計台を建てたにもかかわらず）依然としてバークレーの方が高くなっています。

バークレーのキャンパスとSather Tower（上）
スタンフォードにあるHoover Tower（右）

University of California, Berkeley

基本DATA

学生数：33000人

種類：州立総合大学

留学生：12.8%

学期：２学期制

合格率：11.6%

奨学金：柳井・笹川

アメリカ大学ランキング：15位

世界大学ランキング：９位

日本からの留学生

30人ほど。一条校よりはインター出身者の方が多め（全体の６～７割）だそうです。

交通アクセス

サンフランシスコの中心部から電車で45分ほど。治安が悪いのであまり遅い時間に電車に乗るのは避けましょう。

治安

非常に悪いです。詳細は本文をご参照ください。

のどかな州立大学

カリフォルニア大学デイビス校

University of California, Davis

カリフォルニア大学デイビス校、通称UCデイビスは、
農学部と獣医学部が強い州立大学。
のどかな田舎町に学生たちがのんびりと暮らしていて、
非常に居心地のいい大学です。

のんびりとしていて優しい大学

デイビスの一番の特徴はとにかく広いこと。その広さ、なんと東京ドーム460個分！

そこら中にだだっ広い芝生があるので、疲れたらいつでも寝転がれるのが魅力です。学生いわく、どんなに勉強が大変でも、「芝生の上にハンモックを吊り下げて少し昼寝をするだけで、だいぶストレスが和らぐ」。

カリフォルニアの心地よい天気のもと、芝生という、何も考えずにいつでものんびりできる場所の存在は、学生たちの心の拠り所となっています。

あまりにもキャンパスが広すぎて、移動は自転車が主流。いたるところに大量の自転車が停められていました。

キャンパス内には無料の自転車修理のお店があったり、自転車用の空気入れが道端に設置されていたり。実はアメリカで最初の自転車専用道路が作られたのも、ここデイビスです。

広い芝生でくつろぐ学生たち

のんびりとした田舎にある大学なので、人が優しいのも特徴。

大学見学時に案内してくれる学生から「うちの学生はみんな優しいんです！」と言われても、実感する場面がほとんどなかったのですが、デイビスではそれが何度もありました。

例えば、自転車に乗った男子学生のリュックが開いていたところ、近くにいた3人の学生が同時に"Your bag is open!"（リュックが開いているよ！）と教えてあげており、うち1人はなんと、わざわざ駆け寄ってまでリュックを閉めるのを手伝ってあげていました。


他にも、食堂やカフェ、自転車の修理屋さんなど、大学内の様々な施設が学生運営で、学生たちがお互いを思いやりながら生活が営まれているのが印象的でした。


案内してくれた学生も、この「人のぬくもり」が進学の決め手となったとのこと。

大学に合格した際にもらった温かいウェルカム動画、そして、入学するまでに150通以上も届いたという大学からの進学のお誘いメール。それらの全てから、「デイビスは自分たち留学生のこともちゃんと大事にしてくれている」と感じたそうです。


ちなみに。キャンパスの所々にEgg Headと呼ばれる、つるっぱげの頭の像が置いてあります。

全部で5つあり、うつ伏せだったり、地面に逆さに突き刺さっていたり、向かい合っていたり。こんな変な像を許してくれるのも田舎の大地ならでは。

テストの際は、Egg Headをナデナデしてから向かうのがデイビスのちょっとした伝統です。

様々な表情の Egg Head たち

州立大学の中では かなり学びやすい環境

カリフォルニア大学のような大規模な大学に共通する問題が、「履修登録の難しさ」。

しかしそれをちゃんとクリアしているのがデイビスで、工学やコンピューターサイエンスのような人気の学部を除いて、取りたい授業が人数制限で受けられない、なんてことは学年問わず基本的にないそうです。

加えて、万が一希望が通らなくても、どうしても必修で受けないといけない、といった事情がある場合は、個別に教授にお願いすれば融通を利かせてくれるとのこと。

低学年のうちは取りたい授業はおろか必修授業すら受けられないこともある他の州立大学と比べると、デイビスはかなり学びやすい環境であると言えます。

ユニークで楽しい授業が売りの農学部と獣医学部

もともとバークレー校（336ページ）の農学部として発足したデイビス。

そんな背景もあって農学と獣医学が強いのが特徴で、Agriculture（農業）をもじってデイビス生は"Ags"と呼ばれています。

とにかく何でも作るのがデイビス流で、食堂で使う野菜は学生運営の農場で生産されています。コーヒー、ワイン、ビール醸造の授業もあり、大学ストアでは学生たちが作ったオリーブオイルやお酢、ハチミツやハンドクリームが売られていました。

キャンパス内ではなんと牛が飼われていて、オープンキャンパスでは乳しぼり体験をやっています。牛舎に比較的近い寮では窓を開けると牛の匂いがするとかしないとか（笑）。

構内をトラクターが当たり前のように走っていて、トラクターを運転する大人気授業があり、また獣医学の必修授業では大学で飼っている羊の毛刈りも行います。

農学・獣医学の分野で楽しい授業がたくさん提供されているのもデイビスの魅力です。

農業が強いだけあって食堂はかなりおいしい印象。

ただ、食堂は基本的に一年生しか使えないので、上級生は、キャンパスのいたるところにある軽食屋やカフェ、自前の弁当で食事を済ませるそうです。

キャンパス内に限らず、デイビスの町そのものが農業の町なので、中華や韓国料理、メキシカンなど、おいしい外食先もいっぱいあります。

大学中心の学生生活

外食以外に周辺でできることは少なく、良くも悪くも大学が中心の田舎町なので、大学に溶け込まずして学生生活を楽しむのには限界があります。

大学ストアで販売される
学生お手製のオリーブオイルやお酢

キャンパス内で飼われている牛

構内を走るトラクター

案内してくれた学生も、部活に入ったり友達と遊んだり、今はとても楽しく過ごしていますが、大学に馴染むまでは他にやることがなくてつらかったそう。一方、いざ馴染んでしまえば大きな大学なのでリソースは多く、いくらでも大学生活を楽しむことができます。

そのため、自分から積極的に大学コミュニティーに関わっていける人、大学の外ではなく学生生活そのものを楽しみたい人におすすめの大学です。

都会のようなエンターテインメントはなくとも、キャンパス内の広々とした芝生と大学周辺の豊かな自然が学生たちの心を支えており、のんびりと寝転がったりサイクリングをしたりといくらでも息抜きはできるので、案内してくれた学生いわく、「ここでは都会の娯楽は必要ない」。

一方で、無料のシャトルバスで20分ほどの場所にサクラメントという大きな街があり、また、電車で2時間ほど行けば大都会サンフランシスコもあります。

娯楽がないのはあくまで大学周辺だけで、のどかな田舎で暮らしつつ、少し移動すればいくらでも都会のリソースを享受できるのもデイビスの魅力です。

学生が不満として挙げていたのが、大学までの通学が大変なこと。

キャンパス内の寮に住めるのは基本的に一年生だけで、ほとんどの上級生はキャンパス外のアパートに住むことになるのですが、なんと大学までは自転車で15分、歩いたら1時間近くかかります。

大学の無料バスが周辺をたくさん走っているので、それを利用すれば生活に支障はありませんが、移動が多いのはやはり大変だそうです。

ちなみに。あまり知られていませんが、KDVSという、大学のラジオ局としてはかなりハイレベルなラジオスタジオがあります。24時間ラジオが生放送で発信されていて、研修を積めば誰でもラジオパーソナリティーになることができます。

さらに、アメリカ西部では最大級の物理的なメディアコレクションを持ち、ロックやジャズなど多岐にわたるレコードやCDが大量に保管されていました。

案内してくれたラジオ好きの学生は、このラジオスタジオが一番の理由でデイビスに来たそう。

ラジオが好きな人、メディアが好きな人、音楽が好きな人は要チェックです。

なお、この本では基本的に柳井・笹川・グルーのいずれかの指定校・提携校の大学しか紹介していないのですが、デイビスはそれには含まれていません。ただ、非常に特徴的かつ魅力的な大学にもかかわらず日本ではあまり知られていないので、特別に紹介しました。

KDVSのメディアコレクション

KDVSの様子

University of California, Davis

基本 DATA

学生数：32000人
種類：州立総合大学
留学生：13.4%
学期：３学期制

合格率：41.8%
奨学金：なし
アメリカ大学ランキング：28位
世界大学ランキング：59位

日本からの留学生

20人ほどの学生が日本から留学していると思われますが、なにせ学生数３万2000人なので正確な数は不明です。

一方で、日本からの「交換留学生」は非常に多く、短期も含めると毎学期およそ100人もの大学生が日本からやってきます。交換留学生用の教室がある留学生センターに行ったら、「あれ？　ここ日本の大学かな？」と思うくらい、そこら中で日本語を耳にしました。

交通アクセス

サンフランシスコの中心部からAmtrakという特急電車で２時間ほど。

治安

カリフォルニア州の田舎町にあるので、治安は非常に良好。
周辺で起きる一番重大な犯罪が「自転車泥棒」というくらい平和な町です。

理系の州立大学

カリフォルニア大学サンディエゴ校

University of California, San Diego

カリフォルニア大学サンディエゴ校、通称 UCSD は、理系の州立大学。

1960年創立の非常に新しい大学で、CS やバイオテクノロジーといった新興分野において特に力を発揮しています。

娯楽も食事も充実しており、さらに西海岸の穏やかな気候も相まって、非常に暮らしやすい大学です。

Franklin Antonio Hall。2022年に完成した工学部の建物

理系の州立大学

ＵＣＳＤの一番の特徴は、〝UC Science Department（カリフォルニア大学サイエンス学部）〟、略してＵＣＳＤと呼ばれるほどＳＴＥＭが強いこと。

ＳＴＥＭの中でも医学・生物学と工学を組み合わせたような分野が特に強く、バイオテクノロジー（biotech）、メディカルテクノロジー（med-tech）関連の企業や研究機関が大学周辺にも数多くあります。

大学の研究室での研究機会に加えて、こうした企業や研究機関でのインターンも豊富なので、biotechやmed-techの分野においては特に、やりたいことがちゃんとできる非常に恵まれた環境です。

さらに、州立大学の中ではかなり医学部が強い方で、ラボでも臨床でも研究機会が豊富にあります。近隣の研究機関との結びつきも強く、学部生でも関われるプロジェクトが多いので、医学に興味がある人には非常におすすめです。

加えてOceanography（海洋学）も強く、メインキャンパスからバスで10分ほどのところにScripps Institution of Oceanographyと呼ばれる海に面した海洋学専門のキャンパスがあり、この学部を目指してＵＣＳＤに進学してくる人も多いそうです。

１９６０年に設立された非常に新しい大学なのでまだまだ発展途上であり、新しい建物が今でも次々に建てられています。

歴史が浅いことから、哲学や法学、純粋数学のような伝統的な学問が苦手な一方で、前述のようにbiotechやmed-techのような複合分野や、ＣＳ（コンピューターサイエンス）のような新しい分野が得意な傾向があります。

入学時点で絞り込まれる人気分野の専攻希望者

ＳＴＥＭ分野が人気だからこそ、多くのＳＴＥＭ系の専攻には人数制限が設けられており、Selective Majorsと呼ばれるこれらの専攻では、大学を受験する段階で希望者が絞り込まれます。

志望専攻を「未定（Undeclared）」で受験して、二年生の半ばに専攻を決める、もしくはそのタイミングで入学時に決めた専攻から移動することも可能ですが、基本的に人数制限のある学部はどこも、別の専攻に学生が移動するなどして枠が空いた分しか新しい学生を受け入れないため、自分の志望する専攻で人の移動がなかった／少なかった場合、専攻を移動できない可能性も十分あります。

私が話を聞いたアドミッションズ・オフィサーも、「例えばあなたがCSを学びたくてここを受験して、大学には受かったもののCS専攻には選ばれなかった場合、途中で希望通りの専攻に移れるとは思わない方がいい。特にCSのような人気分野ならなおさら。もしもあなたがCSを学べる別の大学に受かっているのなら、私たちはそちらへの進学を迷うことなくすすめます」と言っていました。

もちろん専攻の移動が不可能ということはなく、私を案内してくれた学生も、二年生の半ばで専攻を変えていましたが、やはり変えられないリスクは大いに存在します。

そのため、人数制限に囚われず、自由に様々なオプションを試してみたいという人にはあまりおすすめできる大学ではありません。

注意が必要なのは工学部で、授業がハードすぎて留年する学生が一定数存在します。学生の肌感覚だと、工学部生の2割ほどが五年生（つまり1年間の留年）だそう。

工学部専攻は卒業のための必修授業が多いことが原因で、授業スケジュールがキツキツなので、どこかで単位を取り損ねると、それだけで卒業がまる1年遅れかねません。さらに、多くの必修授業が前段階の別の授業を受けないと受講できないようになっており、授業を一気に片づけるのではなく順番に片づけていくしかないため、四年生の終わりまでほとんど気が抜けないのが難点。

卒業に5年かかってもいいや、という人ならば問題ないのですが、国内の財団から奨学金をもらって留学している人は大抵、4年間で卒業しなければならないという奨学金プログラム内でのルールがあるので、UCSDで工学部を専攻する人は注意が必要です。

案内してくれた日本人学生は工学部専攻で日本国内の財団から奨学金をもらっており、確実に4年間で卒業するために、万全を期して課外活動を全てやめたと話していました。

特徴的なデザインの図書館

なお、4年間で卒業できない人が一定数いる、というのは工学部限定のようで、他の学部を希望する人はあまり気にする必要はありません。

工学部に限らず勉強は比較的大変そうですが、むやみやたらに大変というよりは、授業の質がちゃんと高い印象。

大きい授業になると他の大学では出席を取らなくなりがちですが、ここでは数百人規模の授業でもきっちり出席を取りますし、授業を録画しない主義の教授も多いので、学生たちはしっかりと授業に出席する必要があります。テストの際にはカンニングを防ぐために前後左右で異なる問題が配られるようになっていて、授業システムはかなり真面目な印象です。

留学生がどうしても不利になる履修登録

勉強面の不満として多く聞かれたのが履修登録。

カリフォルニア大学のような大きな大学では多くの授業に人数制限があり、履修登録が難しいということはすでに紹介済みの大学でも述べましたが、ＵＣＳＤはそれが特に顕著。

履修登録は四年生が優先な点は他の州立大学と一緒ですが、同じ学年内では運で登録順が決まるのではなく、より多くの単位を持っている人が優先的に登録できるようになっています。

ここで留学生にとって特にやっかいなのが、ＵＣＳＤはＡＰカリキュラムからの単位の持ち込みを認めているということ。

ＡＰとは、Advanced Placement® の略称で、アメリカの高校などで提供される、大学の基礎レベルを含むハイレベルな授業カリキュラムのこと。日本でも一部の高校やインターナショナルスクールで授業が用意されているものの、ほとんどの一般高校ではＡＰを履修することはできません。

一方で、アメリカ人の学生にはＡＰを履修している人も多く、ＵＣＳＤではこうした学生たちのＡＰの単位をそのまま大学の単位として認めているので、ＡＰを履修した学生としていない学生で、入学時点で持っている単位数に大きな差が生まれることになります。

そのため、学年内での履修登録の順番が取得単位数で決まるとなると、ＡＰカリキュラムを受けていない留学生は、APを受けた現地の学生たちよりもかなり遅い登録順となるので、理想通りに授業が取れないことが当たり前。希望の教授を選べなかったり、希望の時間を選べなかったりと、低学年のうちはなかなか思うようにはいきません。

ただ、CSのような人気分野を除いて授業そのものを受けられないということは滅多にないそうなので、その点は安心です。


なにせ学生数3万3000人の大学なので、入門レベルの授業は全て数百人規模で、よほど専門的にならない限り、400人程度の授業は当たり前。

そんな中で教授と距離を縮めるのは相当難しいようで、教授にメールを送っても大学院生優先で、「せめて私が教える授業を受けてからまたやりとりしようね」といった返事が返ってくることもあるそうです。


大きいだけあってリソースもオポチュニティーも豊富な大学ですが、他の大規模な大学と同様、手取り足取りのサポートは望めません。

UCSDのリソースを十分に活用するためには、自ら行動することが重要です。

数百人規模のレクチャーホール

特徴的な寮制度

これまた大規模な大学あるあるですが、最初の2年間しかキャンパス内の寮に住める保証はなく、三年生からは基本的に、バスで10〜15分ほど離れたキャンパス外でアパートを探すことになります。

ただ、最初の2年間の寮制度が非常にユニークで、キャンパス中に散らばる学生寮が、エリアごとにカレッジと呼ばれる8つのコミュニティーに分けられているのが特徴です。

カレッジごとに大事にしている価値観があり、例えば最近新しくできたカレッジは、テクノロジーを社会にどう活かすかをテーマにしていたり、聖書を読むような宗教的なカレッジがあったり。それに合わせてGeneral Educationと呼ばれる教養教育の必修カリキュラムも異なり（例えば理系のカレッジでは理系の必修授業が多く、文系のカレッジでは文系の必修授業が多くなる）、それぞれのカレッジが独自の文化とカリキュラムを持っています。

カレッジは受験の際に希望を出すことができるのですが、必ずしも希望が通るとは限りませんし、何より大学受験時は寮の心配をしている暇はないので、学生たちも大して考えずに応募するそう。ただ、なにせカリキュラムも文化も異なるので、「入ってみたら意外とカレッジ選びは大事だった」というのが学生たちの教訓です。

そこで、日本人の先輩留学生たちにカレッジ選びのざっくりとしたアドバイスを聞いておきました。

★UCSD　カレッジ選びのアドバイス★
①工学部に興味がある人はWarrenがおすすめ
②リーディングが苦手な人はEleanor Roosevelt College（ERC）はやめておけ（必修カリキュラムのリーディング課題が多くて大変）
③Revelleに入ると聖書を読むことになるので注意
④無難なのはSixthなので、とりあえずSixthも希望に入れておけ

充実のソーシャルライフ

課外活動は非常に盛んで、人数が多い分、部活もサークルもたくさんあります。ただ、スポーツは弱く、アメリカの大学では珍しくフットボールチームがありません。

勉強がそこそこ大変ということもあってかパーティースクールでは全くなく、普通の大学では社交クラブが自分たちの住む家を持っていて、そこで毎週末パーティーが開催されるのですが、ここでは社交クラブが家を持っておらず、団体として存在するだけ。パーティーは主に社交クラブの一部の学生がまとまって住んでいるアパートの部屋で行われるので、キャンパス内での大規模なパーティーは基本的にありません。

そのため、パーティーで思いっきりはじけたい人には向いていません。

逆に、案内してくれた日本人学生は、バカ騒ぎしている人が少なくて、学生たちのはじけ具合がちょうどいいところが好きだと言っていました。

アザラシが見られることで有名なラホヤのビーチ

大学周辺にはおいしい外食先がたくさんあって、ビーチにも行きやすいので、パーティーがなくても楽しいことはいっぱいあります。

また、学生が無料で使えるモノレールが街中を走っており、それに乗ればどこにでも行けるので、娯楽には困らないそうです。

忘れてはいけないのが、食堂がとってもおいしいこと！食堂には外部の飲食店が入っていて、大規模な大学としては非常にめずらしく全てオーダー制なので（つまりバイキング制ではない）、アメリカでもトップクラスのクオリティー。

私がビジットした時は、私が大好きなポケボールという海鮮丼を食べられたので大変満足でした。

さらに、キャンパス内には「ターゲット（Target）」と呼ばれる大きなディスカウントストアがあり、基本的にいつでも何でも揃うのが魅力。学年が変わって新しい部屋に引っ越す時にも大抵のものがここで調達できるので、日本から色々持っていく必要も大学の外で大量に買い込む必要もありません。これは画期的です！

気候は非常に穏やかで、基本的にいつも晴れています。

食堂しかり、ターゲットしかり、気候しかり、かなり暮らしやすい大学です。

専攻の人数制限や履修登録の難しさなど、多少の問題点はあるものの、この暮らしやすさがあるおかげで、学生たちはとても幸せそうに過ごしていました。

外部の飲食店が並ぶ食堂

キャンパス内にあるターゲット

University of California, San Diego

基本 DATA

学生数：33000人

種類：州立総合大学

留学生：13.9%

学期：３学期制

合格率：24.7%

奨学金：柳井

アメリカ大学ランキング：28位

世界大学ランキング：34位

日本からの留学生

学年で１、２人ほど。一条校出身者の方が多めとのことです。

交通アクセス

ロサンゼルスのUnion StationからAmtrakと呼ばれる特急電車でサンディエゴのOld Town Transportation Centerまで３時間弱。そこから車で15分ほど。

治安

サンディエゴは地域全体で治安が良く、特に大学が位置するラホヤの街は高級住宅街なので、治安は非常に良好です。

Column 7

クレアモント・コンソーシアム Claremont Colleges

アメリカの大学紹介を締めくくるのは、クレアモント・コンソーシアム（Claremont Colleges）と呼ばれる、カリフォルニア州にあるコンソーシアムに所属する3つのリベカレです。

この本でもすでに2つのコンソーシアムを紹介していますが（ファイブ・カレッジ・コンソーシアム、クエーカー・コンソーシアム）、中でもクレアモント・コンソーシアムにあるリベカレ5校、通称5C（ファイブ・シー）は、全く異なる5大学が徒歩圏内にまとまって位置することで、非常にユニークなダイナミクスを形成しています。

【5Cの大学たち】

- クレアモント・マッケナ・カレッジ（Claremont McKenna College。372ページ）
- ポモナ・カレッジ（Pomona College。381ページ）
- ハービー・マッド・カレッジ（Harvey Mudd College。388ページ）
- スクリップス・カレッジ（Scripps College）
- ピッツァー・カレッジ（Pitzer College）

まず特徴的なのは、歩いていても大学同士の境が目に見えてわかるほど、それぞれの大学の見た目が異なっていること。

ピッツァーにはそこかしこに様々な種類のサボテンが育てられていて、まるで植物園を歩いているかのよう。かたやスクリップスは女子大というだけあって、なんだかこぢんまりしていて可愛い感じ。クレアモント・マッケナは非常に近代的な建物が特徴です。

サボテンの植物園のようなピッツァーのキャンパス

おしゃれで可愛いスクリップスのキャンパス

モダンなクレアモント・マッケナのキャンパス

５Ｃの学生たちでにぎわうポモナの食堂

そして異なるのは見た目だけではなく、各校が学問分野において独自の強みを持っています。

クレアモント・マッケナは政治・経済、ハービー・マッドはＳＴＥＭ、ピッツァーはメディア論、スクリップスはフェミニズム、そしてリベカレランキング４位（２０２４年）に食い込むポモナは分野を問わず優れた教育が特徴です。

そんなユニークな５大学がお互いの授業を受けられるようにすることで、各校が１０００～２０００人程度の規模感にもかかわらず、そこに所属する学生たちには、合計で２７００以上もの授業が提供されています。

授業だけでなく大学施設も共有で、所属を問わずどの大学の食堂でも食べることができますし、ジムや図書館も５Ｃの学生なら誰でも利用できるようになっています。

特に、毎日そこで暮らしている学生たちにとっては、その日によって食堂を変えられるのは気分転換になるようで、毎日メニューを確認して、「今日はどの食堂に行こうかな」と楽しそうに話している姿が印象的でした。

部活も5Cで共有で、授業だけでなく部活を通しても新しい出会いがたくさんあります。

それぞれは小さなリベカレですが、それが5校集まると、学生数は全体で6000人、総合大学に匹敵する規模感となります。授業に加え、教授やスタッフといった人も、モノも、施設も、5校を合わせれば非常に大きなリソースに。

そんな大きな大学としてのメリットを持ちながらも、丁寧な教育や教授との親密な関係性といった、小さなリベカレならではのメリットも享受できること、そして、全く異なる大学に通う多様な学生たちとの交流を通して日々刺激的な毎日を送ることができることが、このコンソーシアムの何よりの強みです。

大学があるクレアモントの街は、田舎すぎず都会すぎず、外食やカフェもちゃんとある、郊外の落ち着いた街といった印象。

休日は少し遠出して、サーフィンをしたりスキーをしたりするのが学生たちの日常です。

さらに電車で1時間ほど行けばロサンゼルスにもたどり着くので、大学生活に疲れた時には簡単に大都会で遊べるのも魅力です。

ポモナを案内してくれた日本人学生に、5Cと他のリベカレの違いを聞いてみると、「閉塞感がないこと」と返ってきました。

一般的なリベカレはたしかに、都市から離れた田舎町にたった2000人ほどの学生が暮らしていて、地理的にも人数的にもなんだか閉塞的な感じ。

一方、5Cなら1時間でロサンゼルスに行けますし、何より徒歩圏内にある他の大学に行けば新しい友達や新しい授業と出会うこともできます。

小さなリベカレはどうしても閉塞的になりがちな中で、そして、コンソーシアムを組んだとしても、電車やバス移動によって学生の移動がどうしても制限されてしまいがちな中で、ここクレアモントでは、徒歩圏内にある5つの全く異なるリベカレが様々な形で混ざり合うことで、非常に生き生きとしたキャンパスを形成していました。

リーダーを育てるエネルギッシュなリベカレ

クレアモント・マッケナ・カレッジ

Claremont McKenna College

クレアモント・コンソーシアムに所属する
クレアモント・マッケナ・カレッジ、通称CMCは、
各分野におけるリーダーを育てるエネルギッシュなリベカレ。
コミュニティー意識に溢れるパワフルな学生たちと、
リベカレの中では珍しく、政治・経済分野における
専門的なプログラムが数多く用意されていることが特徴です。

数々の専門的なプログラム

ＣＭＣの一番の特徴は、リベカレとしては珍しく専門的なプログラムが数多く用意されていること。人文系、特に政治・経済の分野が非常に強く、中でも人気なのがＰＰＥ（Philosophy, Politics and Economics）と呼ばれる哲学・政治・経済を横断的に学ぶ専攻。この専攻を目当てにＣＭＣにやってくる学生も多いそうです。

ＣＭＣでは基本的に専攻は自由に選ぶことができるのですが、ＰＰＥのみ応募制で、少人数でひたすらディスカッションをする、なかなかハードなプログラムです。

政治の分野においてはWashington Programと呼ばれるプログラムがあり、1学期間ワシントンD.C.でインターンをしながら授業単位を取得することができます。インターン先にはホワイトハウスや議会、省庁など、政治に興味がある学生にとっては最高のオプションが並んでおり、普通は学外でインターンをするとその間は休学をすることになるのですが、このプログラムでは休学をせずにインターンができるので、卒業を遅らせる必要がないのも魅力です。

Marian Miner Cook Athenaeum、通称"Ath"と呼ばれるプログラムでは、毎週月～木曜日にゲストスピーカーによる講演が行われます。会場はキャンパス内にある広いレストランで、フォーマルデ

Marian Miner Cook Athenaeum

ィナーを食べながら講演を聴くことができる、なんとも贅沢なイベントです。

ゲストスピーカーの肩書きは多岐にわたり、クレアモント・コンソーシアム外の教授や卒業生、政府関係者や芸術家など、様々な業界の人が訪れます。


ゲストスピーカーによる講演会はどの大学にもあることですが、それが週に4回も行われているのは非常に珍しく、いかにCMCがこのプログラムに力を入れているのかがよくわかります。

さらに、それが学生によって運営されているのも特徴的で、ゲストスピーカーを選ぶのは学生の仕事。毎年3人の学生が選ばれて、他の学生たちからの推薦もふまえながらゲストスピーカーを決めていくそう。さらに講演会場のレストランのウェイターも学生で、私を案内してくれた日本人学生もウェイターのバイトをしていました。

このように、授業の内外にわたって専門的なプログラムを用意しているCMCでは、専攻が定まっていない、自分が将来どうしたいかわからないような学生は比較的少数派で、むしろ、「CMCでこういうプログラムに参加して、社会にこうやって貢献したい」といったような明確なビジョンを持って入学する学生が多いようです。

パワフルな学生たち

アドミッションズ・オフィスにどんな学生を求めているか聞いたところ、その返答は「Leaders」。自身のコミュニティーにおいて課題を解決し、変化を生み出していける学生が求められており、学生の言葉を借りるなら、「各分野の将来のリーダーをゴリゴリに育てていくぜって感じの大学」です。

それぞれの母校でリーダーシップを発揮していたような学生たちが集まっているので、何かを決める時はみんなが意見を言い合ってかなりバチバチするそう。

小さなリベカレでは温かいコミュニティーの中でお互いを認め合い支え合う文化のところが多いのですが、CMCではむしろ、お互いへのリスペクトは持ちつつも、激しく意見をぶつけ合い、切磋琢磨《せっさたく》しながら成長していく感じ。

案内してくれた日本人学生は、そんなリーダーシップ溢れるパワフルな友人たちと一緒に学び暮らす毎日が非常に刺激的で楽しいと話していました。

徹底した少人数教育

一学年350人ほどの小さなリベカレなので、授業サイズは15人が普通。30人でも多い方。どの授業にもたいてい人数制限があり、少人数教育が徹底されています。

それぞれの授業サイズが小さいからこそ、オフィスアワーに行けばほとんど教授と一対一。教授は学生の解答の癖まで覚えており、学生一人ひとりにフォーカスした指導を受けることができます。教授とも必然的に仲良くなるので、案内してくれた学生は教授に頼まれて、よくペットの面倒を見ているそうです（笑）。

どの授業も少人数でゴリゴリにディスカッションするスタイルで、議論がしやすいように、教室の椅子や机は円形に配置されています。学生たちもみんなディスカッション好きで、模擬国連や模擬裁判のチームは常に全米上位。優勝経験もあるそうです。

学生いわく、「喋るのが苦手でも喋りたいという気持ちさえあればなんとかなる」とのことですが、少なくとも、授業をただ聞いていたいだけの人にはあまりおすすめできません。

ソーシャルライフを大事にする大学

クレアモント・コンソーシアムでは一番のパーティースクールと言われており、ソーシャルライフが非常に大事にされています。

金曜日に授業がない人が多いので、木曜の夜からパーティーが開かれるほどパーティー文化は盛んですが、パーティーで激しく遊んだ学生たちも、「また明日の朝ね」と言って解散し、翌朝勉強のために集まると、みんなばっちりリーディングとディスカッションの用意が終わっている、なんてことがよくあるそう。

パーティーで思いっきり遊ぶ一面がある一方で、みんな真面目に勉強に取り組んでおり、そのエネルギー量はリベカレ随一。まさにWork Hard, Play Hardです。

ちなみに。「お酒は飲まないしパーティーにも興味はないけど、それでもソーシャルライフを楽しみたい！」という学生たちのために、ソフトドリンクを飲みながらボードゲームなどをして遊ぶイベントが毎週土曜日の夜に開催されています。開催場所は、Club Sodaと呼ばれるキャンパス内のソーシャルスペースで、数年前に学生の発案で作られたそう。

どんな人でも楽しめるオプションが用意されているところ、そしてそれが学生によって作られているところにＣＭＣの魅力を感じました。

大学の嫌なところとして挙げられたのが、「学生にそれほど多様性がないこと」。

全体の３分の１が白人で、特に白人の学生アスリートたちが大きな割合を占めているので、案内してくれた学生は、最初は友達作りに苦労したそう。

ＣＭＣのアドミッションズ・オフィサーと話した限りでは、大学側はもっと多様性を求めている印象だったので、決して大学が白人以外の学生を拒否しているわけではなく、単純に、受験者が白人に偏っていることが原因なのだと思います。

ただ、いずれにせよ、日本人のコミュニティーを大学内で大事にしたい人、アジア人が多い大学の方がいいという人には、あまり向かない環境かもしれません。

キャンパスの見た目は非常にモダンでおしゃれな雰囲気。

Cubeと呼ばれる全面ガラス張りで水に浮いているように見える勉強スペースがあり、私が訪れた大学の中ではトップクラスでおしゃれな大学でした。

Cubeの外側（上）と内側（下）

なお、おしゃれかどうかはわかりませんが、謎のモダンアートもキャンパス内に配置されています。とある日本人学生は、"Enigma of Pleasure"という左ページの作品を初めて見た時、「工事現場のゴミをくっつけたと思った」そうです。

食堂はあまりおいしくなく、コンソーシアムの他の大学の食堂で食事を済ませる学生がほとんどです。

コロナ禍において、感染拡大防止のために自分の所属大学の食堂でしか食事ができなくなった時には、C

ＭＣの学生がそれに猛抗議をして、その結果、大学側がフードトラックを毎日呼ぶようになりました。それが今でも続いています。

　自分の大学で食べることの少ないＣＭＣ生の間では、コンソーシアム内のどこの大学の食堂がその日一番おいしいのかが、すぐに噂で広まります。キャンパスを歩きながら、「今日はここがおいしいわよ」という会話を何度も聞いたのが面白かったです。

モダンアート　“Enigma of Pleasure”

Pondingが行われる噴水

ちなみに。キャンパス内にある噴水に誕生日の人を投げ込む、“Ponding”という伝統があります。案内してくれた学生もやったそうですが、冬が誕生日の人は寒くて大変だなと思いました。もちろん、忘れられない素敵な思い出になることは間違いありませんが。

※クレアモント・コンソーシアム全体で共通する情報は３６７ページにまとめてあるので、そちらもぜひご一読ください。

Claremont McKenna College

基本 DATA

学生数：1400人
種類：リベラルアーツ・カレッジ
留学生：16%
学期：２学期制
合格率：11.1%
奨学金：柳井・笹川
リベカレランキング：11位

日本からの留学生

４人ほどで、全員がインター出身とのこと。一条校出身者が受からない、というよりは、日本国内での知名度が低く、一条校からの出願者がまだまだ少ないようです。

交通アクセス

ロサンゼルスの Union Station から電車で１時間。

治安

カリフォルニア州の郊外にある非常に治安の良い街で、夜でも一人で歩けます。

心穏やかに勉強を楽しむリベカレ

ポモナ・カレッジ

Pomona College

クレアモント・コンソーシアムに所属するリベカレ・ポモナは、
心穏やかに勉強を楽しむ大学。
大学全体にのどかな雰囲気が漂い、親切で温かい教授たちと、
人との繋がりを大切にする学生たちが作り出す、
安心感のあるコミュニティーが魅力です。

教授も学生も一緒になって、みんなで楽しく勉強

ポモナの一番の特徴は、質の高い授業。

学生いわく、「常に頭を回転させて、常に自分が学んでいるって思える授業」、そして、「学ぶことが楽しいって本気で思える授業」。

理論重視の教育が行われており、学びそのものを楽しみたい人、大学院に進学して研究を続けたい人におすすめ。Ph.D取得率も、全米11位とかなり上位に食い込んでいます。

一方で、実学的なことはあまり教えないので、実学的な学びを求める人にはおすすめできません。ただ、同じコンソーシアム内のクレアモント・マッケナ・カレッジ（372ページ）には、実学的な授業もプログラムも数多く用意されており、ハービー・マッド・カレッジ（388ページ）でも専門的なSTEM系の授業を受けることができるので、ポモナに通いながらも実学的な学びを得ることは十分可能。

そういったところもクレアモント・コンソーシアムの魅力です。

親切で温かい教授陣も非常に特徴的で、建物の中を歩いていると、教授たちが自分のオフィスドアを開けっぱなしにして、いつでも学生たちが入って来られるようにしているのをよく見かけました。

全開になっている教授のオフィスドアをこれほど多く見かけたのは、60校近く大学を巡った中でも

ポモナとアーラム・カレッジ（57ページ）くらい。

ポモナの教授たちが学生のことを大事に思っているのがよく伝わってきました。


学生たちのことをしっかり見ているからこそ、教授から直接「僕のクラスのアシスタントをやってくれないか？」「私の研究室に入ってみない？」などと声がかかることも多いそう。

また、コンピューターサイエンスのオフィスアワーでは、教授たちが集まってロシアンルーレットをやりながら学生の質問に答える会が、たまに開催されます。

教授たちに用意された食事の中に1つだけとっても辛いものが混ざっており、外れを引いた教授は辛いのを隠しながら必死に質問に回答。学生たちはそれを眺めて誰が外れを引いたのか予想しながら、楽しく勉強会が進みます。

開けっぱなしの教授のオフィスドアとそこに入っていく学生

ポモナの学生たちは勉強好きではあるものの、ガリ勉という雰囲気ではなく、教授も学生も一緒になって、みんなで楽しく勉強している姿がとても印象的でした。

学生生活を豊かにする温かい人間関係

教授に限らず大学コミュニティー全体が温かく、日本人学生にポモナに来て良かったことを聞くと、「寂しさを感じないこと」と返ってきました。

例えば自分の部屋で一人で勉強している時に、ちょっと誰かと話したいと思ってテキトーに外を歩けば友達と出会えて、どこかの建物の部屋にふらっと入れば自分と同じように勉強中の仲間を見つけられる。

一学年400人強の小規模な大学だからこその、とっても温かいコミュニティーが存在します。

そして、そんなコミュニティーがあるからこそ、学生たちは何事にも安心してチャレンジできるそうで、全然知らない分野の授業を受ける時も、やったことのない部活・サークルに入る時も、「絶対に教授が助けてくれる」「絶対に仲間が支えてくれる」と思えば、躊躇なく飛び込んでいけるそうです。

ポモナの人の温かさ、人と人との繋がりが、学生生活をより豊かなものにしているのを強く感じました。

心穏やかに大学生活を送りたい人へ

キャンパスを歩いていて目に見えてわかったのが、大学全体に漂う心の余裕。

例えばハーバード大学（267ページ）にある掲示板は、数多のポスターが無造作に貼られ、過去のポスターとそれを留めていたホッチキスの針が汚く残っていましたが、ポモナの掲示板はそれはそれは綺麗にポスターが貼られていて、美しく整頓された掲示板は、私にとってはもはやカルチャーショックのレベルで衝撃でした。

他にも、建物のそこかしこが季節に合わせてデコレーションされていたり、Hiveと呼ばれるちょっとおしゃれでこぢんまりとした勉強&工作スペースがあったり。

そういった小さな空間にもこだわる心の余裕がポモナにはありました。

ポモナの温かいコミュニティーに加えて、のどかな郊外の街にあるということ、外で勉強したくなるようなカリフォルニアの穏やかな気候であること、そして低い建物で統一され

ハーバードの写真が見つからないので
UCサンディエゴの掲示板を代わりに

綺麗に整頓されたポモナの掲示板

キャンパスのそこかしこにあるおしゃれ空間

Hiveの様子

た開放感のあるキャンパスであるということが、大学全体に心のゆとりをもたらしています。

案内してくれた日本人学生いわく、

「とても穏やかに日々が過ぎていく。生活面では自分がマイノリティーであると感じることもなく、ストレスもあまりなく、授業面でも先生が絶対に助けてくれるから精神的に追い詰められることもなく。想像していたアメリカの大学生活よりもずっとチルい」

大変な思いをしながらもガツガツと成長していきたい人、仲間と支え合うよりはバチバチと競争しながら切磋琢磨していきたい人には、少し穏やかすぎる環境かもしれませんが、勉強を頑張りながらも心穏やかに過ごしたい人、ハードな留学生活に不安がある人にとっては最高の環境だと思います。

※クレアモント・コンソーシアム全体で共通する情報は367ページにまとめてあるので、そちらもぜひご一読ください。

Pomona College

基本DATA

学生数：1700人
種類：リベラルアーツ・カレッジ
留学生：12%
学期：２学期制
合格率：７%
奨学金：柳井・笹川
リベカレランキング：４位

日本からの留学生

８人ほど。インター出身者の方が気持ち多いくらいだそうです。

交通アクセス

ロサンゼルスのUnion Stationから電車で１時間。

治安

カリフォルニア州の郊外にある非常に治安の良い街で、夜でも一人で歩けます。

超少数精鋭の理系のリベカレ

ハービー・マッド・カレッジ

Harvey Mudd College

ハービー・マッド・カレッジ、通称マッドは、唯一無二の理系のリベカレ。
学生数たった900人の超少数精鋭に
非常に丁寧な教育が行われた結果、
卒業生の Ph.D 取得率は全米２位、平均収入は全米１位という
圧倒的な実績を誇ります。
アメリカの大学紹介を締めくくるのにふさわしい、
非常に癖の強いユニークな大学です。

唯一無二の理系のリベカレ

さっそくですが、クイズです。

以下にマッドで用意されている専攻を全て挙げましたが、何か気づくことはありませんか？

専攻 Majors

- 生物学 Biology
- 化学 Chemistry
- コンピューターサイエンス Computer Science
- 工学 Engineering
- 数学 Mathematics
- 物理学 Physics

ダブル専攻 Joint Majors

- 化学&生物学 Chemistry and Biology
- コンピューターサイエンス&数学 Computer Science and Mathematics
- コンピューターサイエンス&物理学 Computer Science and Physics
- 数理&計算生物学 Mathematical and Computational Biology
- 数学&物理学 Mathematics and Physics

そうです。理系の専攻しかないんです。

私が訪れた60校近くの大学の中でも唯一無二の理系のリベカレが、ここ、マッドです。

とにかくSTEMに興味のある学生が集まる大学で、キャンパスを歩いていても、学生たちがパソコン上で数理モデルを眺めながら盛り上がっているのを見かけました。

学生の言葉を借りるならば、「ゴリゴリの理系オタクが落ち着ける場所」。

友達同士の会話も理系の授業の話で持ち切りで、案内してくれた学生は、自分と同じような理系オタクと出会えたことが、この大学に来て一番良かったことだと話してくれました。

そんなマッドを象徴するのがアドミッションズ・オフィスにある下の時計。

もしもこの時計を見て、「何これ！　サイコー！」と思った方は、ぜひ、マッドを受験してみてください。案内してくれた学生も、この時計を見てマッドへの進学を決意したそうです。

逆に、この時計を見てドン引きした人は、マッドの受験はやめておきましょう。

アドミッションズ・オフィスにある時計

理系分野を叩き込むハードな必修カリキュラム

コア（Common Core Curriculum）と呼ばれる必修カリキュラムが特徴で、

- 数学　2授業
- 物理学＋実験　1・5授業
- 化学＋実験　1授業
- 生物学＋実験　1授業
- CS（コンピューターサイエンス）　1授業
- 工学　1授業

を含む、理系の幅広い分野にわたる授業を、二年生の終わりまでに履修する必要があります。

これがなかなかハードで、クレアモント・コンソーシアムの他の大学では1学期に4個の授業を受けるのが一般的なのですが、マッドでは必修授業が多すぎて、6～7個受けるのが当たり前。案内してくれた日本人学生は、一年生の前期に一般的な授業6個に加えて実験、体育、フランス語の授業を受けていて、他の大学の友人にそれを話すとかなり驚かれたそうです。

このコアに追加で、5分野に跨がる10個の文系の授業を受ける必要があり、「必修」というベースラインがすでにウルトラハードモード。

そのため学生たちにマッドの嫌なところを聞くと、
「勉強がとにかく大変」
「コアにすごい時間を取られた」
と口を揃えて返ってきて、マッドの勉強のハードさがうかがえました。

せっかくコンソーシアムに所属しているのに、勉強する時間が惜しいので、徒歩圏内にある他の大学のキャンパスに行くことはほとんどありません。

クレアモントの他の大学の学生たちは、コンソーシアム内にある複数の食堂での食事を楽しんでいましたが、マッドの学生は「他の大学の食堂に行ったことがない」という人がほとんど（マッドの食堂がめちゃめちゃおいしいということもありますが。後述）。クレアモントの街にすら、1学期に1回行くか行かないかだそうです。

勉強で忙しいので部活動はあまり盛んではないのですが、忙しいから部活をやらないというよりは、そもそも部活に興味がなさそうな印象。

一方で、授業アシスタントやチューターなどの大学内でのアルバイトや、インターン、研究に取り組んでいる学生は数多くいます。

そんなマッド生に唯一、人気なのがワインクラブ。ワインを飲んでチーズを食べてリラックスするだけの部活です。

勉強のストレスを忘れてほっと一息つく時間が、マッド生には必要なようです。

丁寧な教育と圧倒的な進路実績

かなりハードな勉強生活ですが、授業の質は一級品。

学生数900人、一学年が200人ちょっとという、私が訪れた60校近くの大学の中でもアーラム・カレッジ（57ページ）に次いで2番目に小さな大学で、非常に丁寧な教育が行われています。

学年全員が受けるコアの必修科目を除けば授業は基本的に10人ほどで、大学院がないので当然、レクチャーもセクションも全て教授が教えます。

人数が少ないので教授と親密な関係も築きやすく、仲良くなった教授が家に招いてくれることが当たり前のようにあるそう。


教育の質の高さは卒業生の進路によく表れていて、Ph.Dの取得率はカリフォルニア工科大学（カルテック。300ページ）に次いで全米2位。さらに、卒業生の平均収入はなんと全米1位。

おそらく日本ではほとんど誰も聞いたことのない学生数たった900人のこの小さな大学が、学術面においても就職面においても、他の数多の有名大を押さえて全米トップクラスに君臨しています。

これも全て、少人数制で丁寧な教育が行われているからこそ。進路を問わず高い実績を誇っているのが、まさに質の高い教育の証拠です。

そもそもマッドが位置するクレアモントの街そのものがCity of trees and Ph.Ds（木々とPh.Dの街）と呼ばれるくらい、Ph.Dを目指す学生がコンソーシアム全体で多く（クレアモントは木々が美しいことでも有名です）、中でもマッドはＳＴＥＭ分野が大好きな学生たちが集まってくるので、そんな学生たちが、丁寧な教育のもと自分の好きを思う存分追究していった結果、Ph.D取得率が非常に高くなったのだそう。

勉強はハードではあるものの、それでも学ぶことが楽しいと思える授業ばかりで、学生いわく「この分野でPh.Dに進んでもいいかも」と思わせてくれる教授がたくさんいるそうです。

では、大学院に進学しない学生はというと、そのほとんどがＧＡＦＡ（Google, Apple, Facebook〈現Meta〉, Amazon）をはじめとする大企業にソフトウェアエンジニアとして就職。

ＣＳと工学が特に強い大学なので、学生の半分がそれらを学んでおり、そんな学生たちが高給取りである大企業のエンジニアとして働くことで、必然的に卒業生の平均年収も上がっています。

大学側も、エンジニアのためのキャリアフェアを積極的に開催し、さらに、テック系の企業にどのような内容を学生に教えるべきかを相談した上でカリキュラムを組んでいるので、大学としても優秀なエンジニアを育てることに非常に関心があるようです。

実社会の現場に根差した実践的な教育

学生に、どうして高い大学院進学実績と就職実績を両立できるのか聞いてみたところ、返ってきた答えは、「大学が非常に実践的な教育を大切にしているから」。

大学の授業のレベルにとどまらず、研究や企業の現場で実際に使われている内容を少人数に対して丁寧に教えるからこそ、学生たちは当たり前のように研究やインターンを重ね、優秀な科学者／エンジニアとして育っていくのだそう。

例えば、Clinic と呼ばれる卒業プロジェクトでは、CSや工学、数学、物理の分野において4、5人のグループで協力しながら、実際の企業や団体の技術的な課題解決を行います。

各プロジェクトには企業・団体のスポンサーがおり、Amazon や Microsoft、トヨタやNASAなど一流の企業・団体が名を連ねます。

実際にこのプロジェクトをきっかけにして、スポンサーを務めてくれた企業にそのまま就職する学生がいるほど、実社会の現場にダイレクトに結びついた学びが行われています。

日本人学生にこの大学の好きなところを聞くと、「学生が本当に優秀であること。みんなの将来が本当に楽しみだし、きっとみんな世界を変えるんだと思う」と答えてくれました。

これほどまでにはっきりと周りの学生への信頼と期待を感じたのは初めてで、マッドで行われている教育の質の高さを実感しました。

ただ、大げさに言うと、学生の半分が Ph.D に進んで残りの半分がソフトウェアエンジニアになる大学なので（もちろんそれ以外の進路も存在しますが）、逆に言えば、それ以外の進路に進みたい人にとってはあまり居心地のいい環境ではありません。

特に、NPO、NGOのような進路に進む学生はほとんどいないので、「social justice（社会正義）とかに関わりたければ、マッドには絶対に来ない方がいい」とのことです。

また、多くの学生が一流企業に就職していく裏には、当然、就活にあたって非常にピリピリとした空気が存在します。

特にソフトウェアエンジニアを目指す学生たちは、夏のインターンを摑み取るために互いに競争し合うことになりますし、互いの就活の進捗状況（誰がどこの会社の何次面接に進んでいるか、など）をなんとなく把握し合っているそうです。

授業が行われるメインの建物

学生たちの卒業後の進路が輝かしければ輝かしいほど、そこにたどり着くまでの道のりはストレスが多くなるので、そこはある程度覚悟が必要です。

実績が問われない受験制度

ＳＴＥＭが強い大学と聞くと、マサチューセッツ工科大学（２８０ページ）やカルテックのような私立工科大学を思い浮かべがちですが、これらの大学は受験にあたって、科学オリンピックや研究における実績が強く問われる傾向にあります。

しかしここマッドでは、ＳＴＥＭへの興味さえあれば、実績や経験がなくても丁寧に教え育ててもらうことができるので、受験の際にはそうした実績は一切問われません。

例えば研究室に入る時にも、研究スキルや経験がなくても「研究をしたい」という思いさえあれば、教授に一対一で手取り足取り教えてもらえます。

とある日本人学生は、進学先選びの際、いくつか受かった大学に対して「大学でこんなことを学びたい、研究したい」という内容のメールを送ったところ、マッドから爆速で返信が返ってきて、すぐに教授に繋いでもらったそう。

それほどまでにマッドでは、学生一人ひとりの「学びたい」という意思を大切に、丁寧な指導が行われています。

逆に、すでにスキルと経験があって、丁寧な指導など受けずにひたすら研鑽を積みたい人は、マッドの教育を活かせないので、設備や資金も豊富な私立工科大学に進学した方がいいとのことでした。

有名私立工科大学との違いとしてもう1つ大きいのは、やはりコンソーシアムの存在。

徒歩圏内にあるクレアモント・コンソーシアムの各大学には独特の強みがあり（369ページ）、マッドとは異なる強みを持った大学において、それぞれの得意分野の授業を受けることができるのはこのコンソーシアムならでは。

授業だけでなく課外活動においても、異なる強みを持った他の大学の学生たちと一緒に過ごすことで、STEM一辺倒にならずに幅広い視点を持つことができます。

マッド生の中には他の大学での授業も課外活動も一切興味のない人は数多くいますが、コンソーシアムという多様で魅力的なリソースがあるのはマッドの大きな強みなので、STEMをじっくり学びつつ、他の視点も大事にしたい人にぜひおすすめしたい大学です。

マッド生のソーシャルライフ

マッドをマッドたらしめる、学生数900人という超少数体制ですが、これにはデメリットも存在し、とある日本人学生が何より嫌なこととして挙げていたのが、「噂がすぐに広がること」。

特に恋愛関連（笑）。

「笑い話に聞こえるかもしれないけど、本当に時としてストレスになる」と強調していました。

特に低学年のうちはコアの必修科目を受けるために学年全員がほぼ同じ授業を受けるので、より一層噂が広がりやすいそう。

噂を防ぐためのコツは、コンソーシアム内の他の大学の学生と付き合うことだというアドバイスをいただいたので、一応皆さんに共有しておきます。

ただ、噂がすぐ広がるというデメリットはあるものの、学生数が少なくみんなで同じ授業を受けることから、友達は自然とたくさん作れます。

学生いわく、「ここは理系オタクがわちゃわちゃする大学」なので、一人で黙々と勉強や研究に取り組みたい人はあまり合わない、というか、もったいない環境なのかもしれません。

そして、ただのオタッキーな大学かと思いきや、実はそこそこのパーティースクールなのがまた面白いところ。

勉強が大変すぎて、そのストレスから解放されるためにたくさん遊んでたくさん飲む文化があり、「コンソーシアム内で一番良いパーティーをしているのはマッドだよね」と言われるくらい、みんなが行きたがるような楽しいパーティーがたくさん開催されているそうです。

ただ、パーティーに行かなくても、お酒が飲めなくても、全く問題なく学生生活は送れるのでご安心ください。

理系のリベカレ、コア・カリキュラム（Core Curriculum）、少人数制、Ph.D 取得率、就職先など様々な特徴を紹介しましたが、忘れてはいけないのが、食堂がとってもおいしいこと。

小さな大学なので、学生一人ひとりに目の前で作ってくれて、個人的には60校近くの大学を巡った中で一番おいしかったです。

朝ごはんにはスムージーが出され、自分の好きな具材を選んで作ってもらうことができます。クレアモント・マッケナ・カレッジ（372ページ）の日本人学生は、このスムージーを飲むために、マッドの朝ごはんに週3で来ているそう（笑）。

マッドの食堂は本当においしいので、いつも他の大学の学生たちでにぎわっていました。

学生の目の前で一人ひとりに作られる料理

そんな癖の強い大学・マッドにおいて何が一番衝撃かというと、これほど実績のあるユニークな大学なのに、日本の奨学金財団の指定校になっていないこと（2023年現在）。

絶対に指定校になるべき大学だと思うのですが、おそらく日本での知名度が低いことが原因でしょう。

指定校でなくとも奨学金をもらえる財団もあるので、理系に興味のある人はぜひ検討してみてください。

中でも特に殺伐としていた寮

私がビジットした中でも屈指のおすすめ大学です！

ちなみに。キャンパスの見た目が非常に悪い大学としても有名で、訪れてみたらたしかに納得。

私はピッツァー・カレッジ（Pitzer College）のサボテンだらけの楽しげなキャンパス（２９８ページの写真）から歩いてマッドに入ったのですが、サボテンだらけの風景から一転、マッドに入った途端、吹きすさぶ風を感じました。

講堂などメインの建物は普通なのですが、寮の見た目がなんだか殺伐としていたのが印象的です。

※クレアモント・コンソーシアム全体で共通する情報は３６７ページにまとめてあるので、そちらもぜひご一読ください。

Harvey Mudd College

基本 DATA

学生数：900人
種類：リベラルアーツ・カレッジ
留学生：10.4%
学期：２学期制
合格率：13.1%
奨学金：なし
リベカレランキング：16位

日本からの留学生

３人ほど。

交通アクセス

ロサンゼルスの Union Station から電車で１時間。

治安

カリフォルニア州の郊外にある非常に治安の良い街で、夜でも一人で歩けます。

Column 8

アメリカの大学の卒業生のPh.D取得率

アメリカの大学全41校の紹介を終え、イギリスの大学紹介に移る前に話しておきたいのが、各大学の卒業生のPh.D（博士号）取得率。

アメリカの大学への進学を目指す受験生の動機は様々ですが、「学部生のうちから研究に関わって大学院に進学したい。そしてゆくゆくはPh.Dを取得したい」といったように、学問の道を究めることを目指す人も数多くいます。

アメリカの大学では学部レベルの研究も非常に盛んで、サポート体制も非常に充実しているということはこれまでの大学紹介でおわかりいただけたと思いますが、ここで受験生によく聞かれるのが、「大学院に行って研究を続ける上で有利なのはどの大学なのか？」という質問。

それにおそらく最も客観的に答えられるのが、その大学の卒業生のうち、どれだけの学生がPh.Dを取得したのかを示した次ページのデータ※。

データの詳細が気になる人は、スワスモア・カレッジのウェブサイトによくまとめられているので、以下のリンクをご参照ください（https://www.swarthmore.edu/institutional-effectiveness-research-assessment/doctorates-awarded）。

全学術分野とSTEM分野における各大学のPh.D取得率の順位

大学	全分野	STEM	紹介ページ
カリフォルニア工科大学	1	1	300
ハービー・マッド・カレッジ	2	2	388
スワスモア・カレッジ	3	5	211
フランクリンW.オーリン・カレッジ・オブ・エンジニアリング	4	3	×
リード・カレッジ	5	6	×
マサチューセッツ工科大学	6	4	280
カールトン・カレッジ	7	7	44
シカゴ大学	8	8	77
ハバフォード・カレッジ	9	10	×
グリネル・カレッジ	10	9	38
ポモナ・カレッジ	11	11	381
ニューカレッジ・オブ・フロリダ	12	13	×
プリンストン大学	13	12	192
ウィリアムズ・カレッジ	14	15	118
ハーバード大学	15	17	267
イェール大学	16	19	163
ブリンマー・カレッジ	17	28	×
ライス大学	18	14	×
アマースト・カレッジ	19	20	133
オーバリン・カレッジ	20	35	×

※ National Science Foundation（NSF：アメリカ国立科学財団）より引用。各大学において、2012～2021年にPh.Dを取得した卒業生の人数を、2003~2012年の卒業生の合計人数で割り、それを大学ごとに比較したデータ。これが、卒業生のPh.D取得率の概算になります。

表の中で総合大学を白、リベカレをグレーで示していますが、Ph.D取得率トップ20を見る限り、ややリベカレに偏ってはいるものの、これといって強い傾向は見られません。
大学院進学のためには総合大学が有利だ、とかリベカレが有利だ、などと様々な意見が聞かれますが、この表が示す通り、大学の種類はあまり関係なく、むしろ、研究の道を志す上で有利かどうかは大学そのものの個性です。

また、Ph.D取得率が高いと一言で言っても、その理由は様々です。
例えば、STEM分野で1位と4位の取得率であるカリフォルニア工科大学とマサチューセッツ工科大学は、高校時点ですでに科学オリンピックや研究において輝かしい実績がある学生たちに、ひたすら研究に打ち込める環境を提供することで、高いPh.D取得率となっています。
一方で、2位のハービー・マッド・カレッジは、実績の有無を問わず、STEMが大好きな学生たちに丁寧で実践的な教育を提供することで、高い取得率を実現しています。

いくら高いPh.D取得率を誇っていたとしても、その大学の教育が自分に合うかどうかは人それぞれです。取得率だけで決めつけることをせず、それぞれの大学の個性ときちんと向き合った上で志望校を選ぶことをおすすめします。

なお、研究や大学院進学が特筆して盛んな大学は、それぞれの大学紹介においてその背景を説明しているので、ぜひ確認してみてください。

イギリスの大学

アメリカとイギリスの大学の違い

なぜアメリカは四年制でイギリスは三年制なのか？

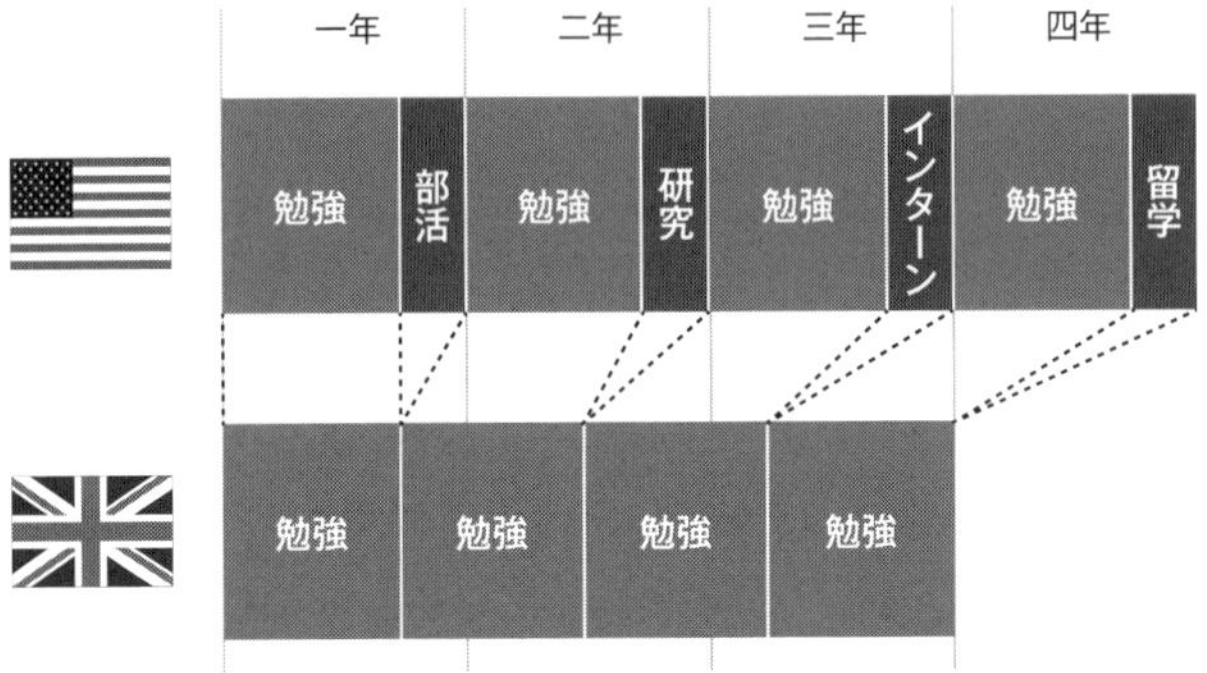

国内の留学奨学金の指定校として同じように並んでいる米英の大学ですが、実は驚くほど様々な点で異なります。イギリスの大学紹介に移る前に、米英の大学をざっくり比較しましたので、ぜひご一読ください。

なお、イギリスの大学も様々なので、あくまで「ざっくり比較」であることを前提に読み進めていただければと思います。

大学の期間の違い

一番の違いは、アメリカは四年制なのに対し、イギリスは主に三年制であること。

私はてっきりイギリスの方が学ぶことが少ないから期間も短いのだと思っていたのですが、それは大間違い。

アメリカでは学期中にも部活や研究、インターン、留学などの課外活動に打ち込むことが前提でカリキュラムが組まれていますが、イギリスではそんな暇がないくらいカリキュラムが詰め詰めで、基本的にずっと勉強（大学による）。

インペリアル・カレッジ・ロンドン（449ページ）の私の友人は、4年間ロンドンに住んでいたにもかかわらず、大英博物館にもバッキンガム宮殿にも行ったことがありませんでした（物理的な時間がなかったというよりは、観光をする精神的な余裕がなかったようです）。

イギリスの地図

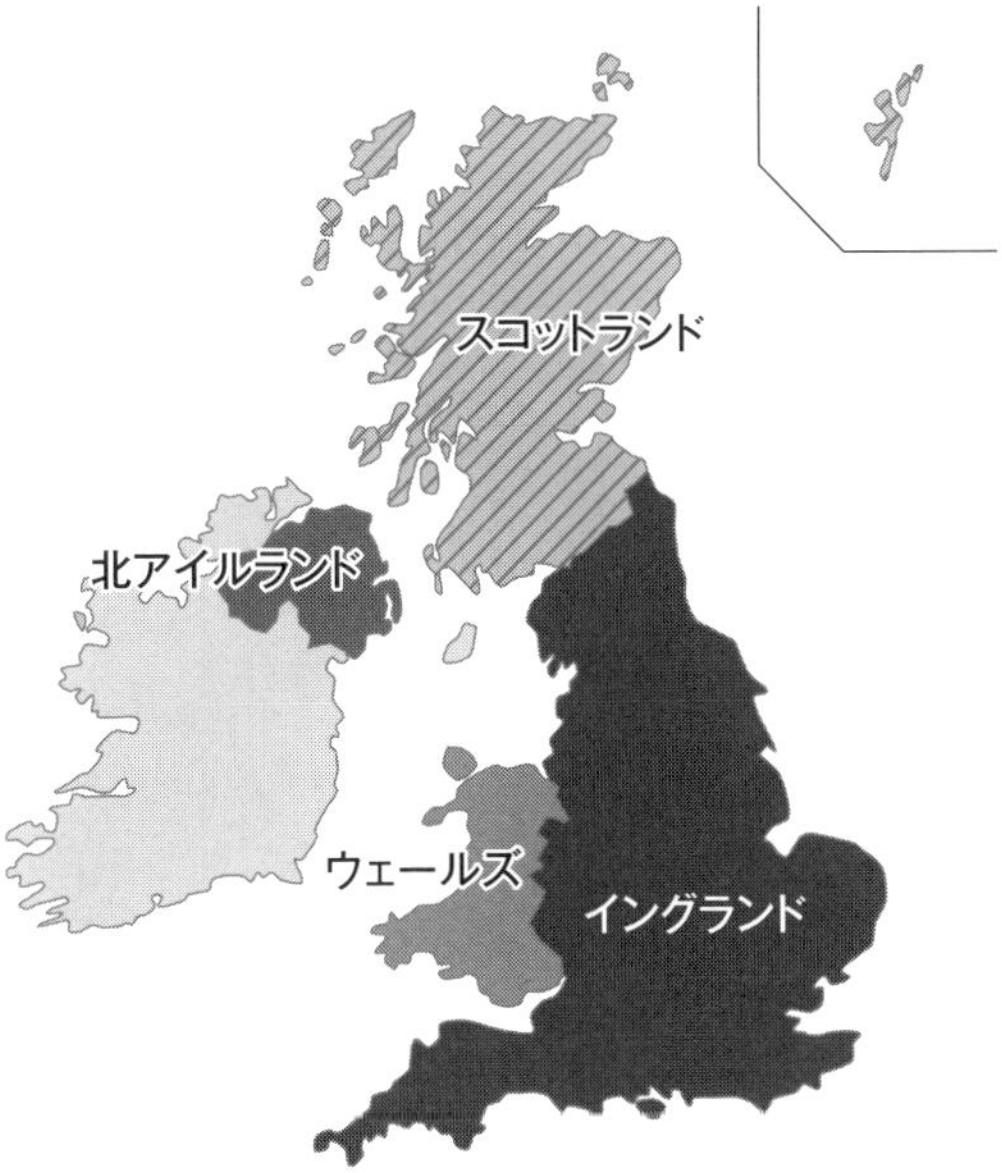

つまり、イギリスの方がアメリカよりも勉強量が少ないから大学の期間が短いのではなく、イギリスの方がカリキュラムが詰まっているから短い、というわけです。

なお、イギリスの中でもスコットランド地域にある大学は基本的に四年制を採っており、エディンバラ大学（452ページ）はその例。

この本で紹介するイギリスの大学は、エディンバラ大学を除いて全てイングランド地域にあるので、ここではイングランドの大学を念頭に話を進めていきますが、スコットランドの大学は、大学の期間以外にも様々な要素がイングランドと異なっているので、詳細はぜひエディンバラ大学の紹介をご確認ください。

専攻の拘束力の違い

期間とは別に、カリキュラムのもう1つの大きな違いは、専攻の拘束力。

アメリカでは自分の専攻分野だけでなく他の分野も幅広く学ぶ、リベラルアーツ教育が行われていて、受ける授業にもかなりの自由度がありますが、イギリスでは基本的に自分の専攻の決められた授業のみを受けるので、同じ専攻の学生とはほぼ全ての授業を一緒に受けることになります。

そもそもアメリカでは受験の際には専攻を決めず、在学中に自由に専攻を選び、場合によっては何度も専攻を変えられる大学が一般的ですが、イギリスでは専攻ごとの出願になるので、入学時点からずっと、その専攻分野だけを集中して学びます。

イギリスの大学の期間が短いのは、課外活動に取り組む時間がほとんどないからだけでなく、専攻以外の勉強が含まれていないことも理由の一つです。

そのため、「課外活動や専攻以外の学びにかける時間がもったいない。そんな暇があるなら専攻分野をみっちり勉強したい」という人はイギリス。逆に、「勉強以外も充実させたい。専攻以外も幅広く学びたい」という人は、アメリカの大学がおすすめです。

そしてイギリスでは、受験時に決めた専攻は基本的には変えられません。変えられるとしても非常に近い分野間のみで、アメリカの大学のように、自由にどんな分野にでも変えられる、なんてことはありません。

実際、オックスフォード大学（419ページ）に進学した私の友人は、途中で専攻を変えようと試みたものの大学に認めてもらえず、最終的に、専攻を変えるためにエディンバラに転校していました。

案内してくれた学生の言葉で印象的だったのが、「『興味があると思ってやってみたけど、やっぱ違った』が通用しないのがイギリス」。

一度これを学ぶと決めたものに対してコミットする力が必要ですし、そこの気が変わりやすい人はやめておいた方がいいでしょう。

ソーシャルライフの違い

前述の通り、イギリスではアメリカのように授業外での課外活動が推奨されているわけではないので、基本的に、授業と自分の部屋を往復する日々。部活やイベント、パーティーのような、「ザ・キャンパスライフ」を感じられるものはあまりありません。

また、課外活動への本気度も当然異なり、例えば、アメリカの大学のスポーツチームには専任の監督やコーチ、トレーナーがいて、プロレベルのトレーニングが日夜行われていますが、イギリスの大学のスポーツチームは日本の部活のようなものなので、アマチュアレベルの活動にとどまります。そのため、スポーツに限らずハイレベルな課外活動に打ち込みたい人にはイギリスは向きません。

志望校の選び方の違い

大学生活の大部分が専攻分野の勉強となるイギリスでは、専攻の強さで大学を選ぶのが一般的。大学そのものを比べるというよりは、大学ごとの専攻プログラムを比べて志望校を選んでいきます。

一方アメリカでは、大学生活において専攻分野の勉強以外も占める割合が大きいので、専攻の強さだけでなく、大学の雰囲気や立地、教授の指導の様子など、様々な視点から大学全体を比較して選ぶのが一般的です。むしろ、専攻分野の強さだけで選ぶと、それ以外が一切合わずに非常に居心地の悪い大学生活になる可能性も否めないので、専攻だけで大学を選ぶのは全くおすすめできません。

出願校数の違い

アメリカでは、早期出願で第一志望校への合格が決まれば出願校は1校で済みますが、そうでなければ最低でも10校程度は受けるのが一般的で、人によっては滑り止めを含め30校以上受ける場合もあります。

一方、イギリスの受験制度は5つの「専攻プログラム」にしか出願できないのが決まり。つまり、1つの大学で5つの異なる専攻に出願したらそれで終わりですし、同じ専攻で5つの大学を受けても終わりです。

戦略的には、同じ大学の異なる専攻に出願しまくると「学びたいことが定まっていないな」と思われて不利になるので、同じ大学への出願はせいぜい2つ程度の専攻に絞るのが一般的。

なお、オックスフォードとケンブリッジ大学（428ページ）はどちらか一方にしか出願できないという決まりもあります。

受験資格の違い

日本の高校から直接入学可能なアメリカに対し、イギリスではAレベルやIB（国際バカロレア）と呼ばれる特別なカリキュラムを修了した人しか受験資格がありません（後述：大学による）。

そのため、こうしたカリキュラムを提供していない日本の一般高校からの直接入学は非常に厳しく（後述：例外あり）、こうした高校からの留学生は、受験の前に1年間ファウンデーションコース（以下、ファンデ）と呼ばれる予備校に入学し、現地のカリキュラムを修了してからやっと、イギリスの大学の受験資格を得ることになります。

ファンデは、日本の高校で良い成績を取れる程度の学力があれば比較的入学も簡単なようで、ファンデで良い成績を取れれば、イギリス国内の名門大学への合格もかなり現実味を帯びてきます。

そのため、「アメリカの中堅どころの大学に進学するくらいなら、イギリスのファンデに行って、イギリスの上位校を目指す！」という受験生も多いようです。

ただ、ファンデにも様々あるので、自分の志望大学がどのファンデのカリキュラムを受け入れているのかを事前にきちんと調べてから受験するようにしましょう。

なお、ユニバーシティ・カレッジ・ロンドン（ＵＣＬ。４４１ページ）が提供するファンデが有名だそうです。

日本からイギリスの大学に直接進学するには

日本国内の高校でも、インターやＩＢ校のように、ＡレベルやＩＢを提供している高校であれば、イギリスの大学の受験資格は容易に取得することができます。

また、最近では一部の大学（オックスフォードやＵＣＬなど）でアメリカのカリキュラムであるＡＰ（３６０ページ）も認められており、少しずつ門戸は開き始めています。

しかし、日本の一般的な高校カリキュラムからの直接入学は依然として難しいのが現状です。

そんな中、自力でＡレベルのテストを受けてＡレベルの履修資格を獲得し、日本の一般高校から直接オックスフォードに進学した後輩もいるので、気になる人は、その学生の受験対策の記事をぜひ読んでみてください（https://discoverersbase.com/uk/1852/）。

出願エッセイの違い

米英の受験制度の違いについて話してきましたが、両者に共通しているのは、高校の成績と出願エッセイが非常に重要だということ。ただ、このエッセイの内容が、両者で大きく異なります。

アメリカでは大学ごとに数本のエッセイが必要で、受験全体を通して最低でも10～15本ほどのエッセイを書き上げることになります。

内容はかなり自由度が高く設問がふんわりとしていて、受験者はいかに自分の内面（性格、価値観、人生経験など）を描き出すかが問われます。

一方イギリスでは、全ての大学にPersonal Statementと呼ばれる同じ1本のエッセイを送るので、受験全体で必要なエッセイは1本だけ。

そこで問われるのは、自分が志望校で志望専攻を学ぶことの正当性です。なぜ学びたいのか、特に何を学びたいのか、そのために今までどんな準備をしてきたのか。必然的に、イギリスのエッセイは内面的ではなく論理的かつ学術的なものになります。

そして、各大学、各専攻プログラムに同じ内容のエッセイを送るからこそ、あまりにも様々な分野に出願してしまうとエッセイでも様々な分野について書かなければいけなくなり、自然と内容も薄くなってしまうので、出願するプログラムはある程度分野を絞って狙い打ちするのが一般的です。

このように、専攻の勉強重視のイギリスと、課外活動も頑張るアメリカのカリキュラムの違いが、学生生活や大学選び、そして受験制度の違いに反映されています。

そして、アメリカとイギリスの大学もだいぶ違いますが、イギリス国内でも大学の雰囲気はかなり異なります。419ページからは私が訪れたイギリス7大学の詳細な紹介をしていきますので、そちらも併せてご覧ください。

なお、イギリスの大学紹介を読む際に念頭に置いていただきたいのが、イギリスでは志望する専攻の強さやカリキュラムの内容が出願校選びにおいて非常に重要であるということです。

私が紹介する、大学の全般的な特徴にとどまらず、受験の際には自分の気になる専攻分野もきちんと調べるようにしてください。

イギリスの大学紹介

【基本データの見方】

学生数	学部生の総数（大学院生は含まず）。上から2桁の概数
留学生	全学部生に占める、留学生の割合
学期	1年あたりの学期数
合格率	大学全体の合格率（専攻プログラムごとに異なるので注意）
奨学金	該当する奨学金（柳井・笹川のいずれか）
イギリス大学ランキング	THE（Times Higher Education）World University Rankings（2024）のうち、イギリスの大学のみを並べた順位
世界大学ランキング	THE（Times Higher Education）World University Rankings（2024）の順位

データは2023年12月現在の大学の公式ホームページや各種大学ランキングサイトの情報をもとに、できるだけ最新のものを載せていますが、一部、最新のデータがない場合、未公表の場合などは、他の複数のソースから掲載しています。

基本データは毎年変わるものが多いので、気になる大学の最新情報はその都度自分で調べるようにしてください。

それではここからは、各大学の紹介をお楽しみください。

伝統と勉強と『ハリー・ポッター』

オックスフォード大学

University of Oxford

現存する英語圏最古の大学として
圧倒的な歴史を誇るオックスフォード。
『ハリー・ポッター』のロケ地として使用された美しいキャンパスと、
非常にハードな勉強が特徴です。

勉強中心の大学生活

訪れた際に一番驚いたのは、大学生活の様々な側面が勉強を中心に回っていること。

まず、一年生の終わりに全員がPreliminary Examination、通称Prelimと呼ばれるテストを受けるのですが、もしこれで不可を取ると二年生になる前の夏休みにもう一度受けなければならず、そこでさらに不可を取ると、なんと強制退学。

40%程度の点数で可を取れる甘めの設定なので、退学になる人は基本的にはいないようですが、そうだとしても、アメリカではよほど素行が悪くない限り強制退学にはならないので、テストの点数のみで退学になり得る制度には驚きました。

不可にはならずとも、Prelimでの点数順に寮の部屋が決まるという噂があるので、学生たちはそれに向けて、みんな頑張って勉強します。

そして、寮の部屋はあくまで噂ですが、テストの成績順で明確に決まるものがあります。

それは、オックスフォードの正装であるガウンのデザインです。

テストを受ける際やフォーマルな食事の際はみんなガウンを着用するのですが、なんと、Prelimにおける上位約20%の学生のガウンはデザインが異なり、普通のガウンにはない袖や、ヨークと呼ばれる背中の飾り布が加えられています。

そしてこのデザインは、大学卒業まで変わることはありません。

正直、ガウンのデザインという見た目で、「頭のいい人（点数がいい人）」と「頭の悪い人（点数が悪い人）」を分けるという発想は、アメリカで4年間を過ごした私には非常に衝撃的で、もしアメリカでこんなことをしたら、きっとすぐにボイコットされることでしょう。おそらく今のイギリスでもこの制度を新しく始めたらさすがに問題視されるでしょうが、1000年の歴史を持つオックスフォードだからこそ、現代では問題視されるような制度も伝統として残っているのです。

異常なまでに高い勉強のストレス

これほどまでに勉強中心の文化なわけですから、勉強はかなりしんどい印象。

理系だと基本的にテストは年に1回、文系だと一年生と三年生の終わりだけです。たった1回のテストで直近の1、2年間の全てが決まってしまうので、試験期間中の学生のストレスは計り知れません（アメリカだとテストは学期ごとに2、3回はあります）。

ストレスがかかりすぎて学年末の試験直前に休学してしまう人も多く、学生の自殺防止のために、試験期間中は建物の屋上が閉鎖されます。

そして試験期間外でも授業の予習復習を重ねる必要があるので、学期中は基本的にずっと勉強で忙しくなります。

『ハリー・ポッター』の撮影で使われた建物の数々

勉強以外も充実させたい人、大変すぎる勉強に耐えられない人にはおすすめできない大学です。

ちなみに。テストを受ける際にはガウンに花をつけて臨むという可愛い伝統があります。

オックスフォードには学生１人につき２人の先輩が"College Parents"としてメンターになる制度があり、テストの際にはCollege Parentsが後輩のために花を買ってくれます。

ハードな学生生活を支える美しいキャンパス

そんなハードな学生生活を支えるのが、信じられないくらい美しいキャンパス。

さすが１０００年続く大学なだけあって、私が訪れた大学の中ではぶっちぎり１位の美しさです。

『ハリー・ポッター』の撮影で使われたことでも有名ですが、皆さんは写真を見て、どれがどのシーン

寮にあるチャペルの様子

で使われたかわかりますか？

さらに、寮の各所で綺麗な花が育てられていて、歩いているだけで心がとても穏やかになります。

花があるということはそれを育てる人がいるということで、綺麗に手入れされた花々を見ると、忙しい中でも美しいものを大事にする、大学としての心の余裕を感じました。

また、とても宗教的な大学で、全ての寮に、食堂、図書室に加えて美しいチャペルがあり、聖歌隊も寮ごとに存在します。チャペルでオルガンを弾く、オルガンスカラーと呼ばれる学生もいて、聖歌隊とオルガンスカラーの学生たちもガウンのデザインが異なるそうです。

イギリスならではの独立した寮制度

次に紹介するケンブリッジ大学（428ページ）も同様ですが、学生生活において特徴的なのが、30以上あるCollegeと呼ばれる寮が、それぞれ独立していること。

そもそも受験が独立していて、学生は大学ではなく寮ごとの専攻に出願し、審査は寮に所属する各専攻の教授が行います。

例えば、Queen's College という寮の化学専攻に出願すると、Queen's College の化学教授が審査をし、面接をします。

合格率は寮ごとに異なるので、出願する寮選びも大事な戦略になります。

寮へのアクセスも独立していて、オックスフォード生であっても、その寮の学生もしくは寮の学生が一緒に連れてきた学生しか中には入れません。

私も日本人学生にキャンパスを案内してもらった際、その学生の寮は見学できましたが、他の寮に入ろうとすると、寮の入口にいる管理人のような人に何度も止められてしまいました。

大抵のアメリカの大学では、その大学の学生であればどの寮にも自由に出入りできるので、寮ごとにここまで独立しているのには驚きました。

これほど寮が独立していると、寮ごとの対抗意識もバチバチです。

オックスフォードがロケ地である『ハリー・ポッター』の映画では、4つの寮の激しいライバル関係が描かれていますが、オックスフォードを実際に訪れて、それに納得しました。

ちなみに。All Souls College という大学院生と研究者限定の寮は、入寮するためには厳しい選考があり、数十~100人ほどしか住んでいないにもかかわらず、広い敷地と莫大な資金力を持っています。

オックスフォード生ですらよく知らない、謎に包まれた寮。All Souls という名前からしてただならぬ雰囲気を感じました。

さらにちなみに。私は Queen's College で食事をとったのですが、ここではランチはセルフサービスですが、ディナーはなんと座るだけ。ウェイターが食事を運んできて、済んだお皿は下げてもらえます。

食事の話が出たついでにオックスフォードの食堂について話すと、私が訪れた大学の中では最低レベルで食事がまずかったです。

次に紹介するケンブリッジは私が訪れた60校近くの大学の中でダントツのおいしさでしたし、食事のオプションもずっと豊富だったので、2校の対比がとても印象的でした。

一見おいしそうな赤いスープをランチに食べた

All Souls College

のですが、信じられないくらいまずくて……。でも案内してくれた一年生の日本人の女の子は、そのスープを「おいしい、おいしい」と言いながら食べていたのが忘れられない思い出です。

なお、オックスフォードはイギリスの地方にあるものの、アメリカのど田舎のような何もない町ではなく、しっかりとした大きな街が広がっていました。

1000年続く大学のお膝元だけあって、伝統を感じさせるとても美しい街並みです。

オックスフォードの街並み

University of Oxford

基本DATA

学生数：13000人

留学生：22.9%

学期：３学期制

合格率：15.3%

奨学金：柳井・笹川

イギリス大学ランキング：１位

世界大学ランキング：１位

日本からの留学生

毎年１、２人ほど。

交通アクセス

ロンドンの Paddington Station から電車で１時間ほど。

治安

非常に良好です。

伝統と勉強とうまいメシ

ケンブリッジ大学

University of Cambridge

オックスフォードと併せて
「オックスブリッジ」と呼ばれるケンブリッジ。
勉強のハードさもキャンパスの美しさも
様々な点で似ている２校ですが、
食事のおいしさではケンブリッジが圧勝しています。

寮のいたるところで育てられる綺麗な花々

オックスフォードとの並々ならぬ関係

ケンブリッジの歴史を遡《さかのぼ》ると、町の人々と対立してオックスフォード大学（419ページ）から逃れてきた学者たちが1209年に作ったのがケンブリッジとされており、オックスフォードとケンブリッジ（略してオックスブリッジ）には勉強面・生活面共に様々な共通項があります。

まずは勉強がハードであること。

オックスフォードと同様にテストは年に1回なので、学年末はもう大変。鬱になる学生も少なくないようです。残念ながら毎年自殺者も1人ほど出ており、自殺防止のために試験期間中は建物の屋上が閉鎖されます。

次にキャンパスが美しいこと。

オックスフォードよりは新しいものの、800年の歴史を誇るケンブリッジのキャンパスは荘厳で、寮のいたるところで綺麗な花々が育てられていました。

独立した寮制度

さらにオックスブリッジに共通しているのが、寮ごとに独立していること。

Collegeと呼ばれる寮が30ほどあり、受験の際には大学ではなく希望する寮に出願します。寮ごとに合格率も寮費も雰囲気も異なるので、寮選びも戦略的に行う必要があります。

一応、寮は決めずに大学全体に出願することもできますが、人気の低い寮にしか入れないので、寮を選んで出願するのが一般的です。

数ある寮の中でも人気なのがTrinity College（428ページの写真もTrinityです）。

ケンブリッジには王立の寮が複数あり、ヘンリー8世が創立したTrinity Collegeもその1つ。

卒業生の多額の寄付金によって、30ほどある寮の中でもぶっちぎりで資産を持っていて、なんとその額13億ポンド（約2350億円）。

ケンブリッジ卒業生の総勢121名のノーベル賞受賞者のうち、34名がTrinity College出身で、アイザック・ニュートンを含め、数多くの著名人を輩出しています。

だいたいどの授業にも大人数でのレクチャーと少人数に分かれたSupervision（アメリカにおけるセクション）と呼ばれるセッションがあり、レクチャーはケンブリッジの学生全体で行われますが、

Supervisionは寮ごとに、寮に所属する教授が教えます。

つまり、寮が違えば授業も違うわけです。

オックスフォード同様、寮へのアクセスも寮の学生限定で、他の寮生は、その寮の学生と一緒じゃないと入れません。

学生いわく、「ケンブリッジは1つの大学というよりは、30の個別の大学からなる集合体のようなイメージ」。

それほどまでに、寮ごとに独立しているのが特徴です。

ケンブリッジで最も有名な、
King's Collegeのチャペル外観

なお、これまたオックスフォードと同様にとても宗教的な大学であり、それぞれの寮にとても美しいチャペルがあります。

ちなみに。食堂では教授が食べるテーブルと学生が食べるテーブルが分かれていて、教授のテーブルは学生のテーブルよりも一段上にありました。

また、教授は寮の芝生の上を歩くことが許されていますが、学生は歩いてはいけないそう。

アメリカだと教授と学生は対等な関係ですが、イギ

Trinity Collegeの食堂

リスでは教授の方が明確に上という印象を受けました。

おいしい食堂

オックスブリッジの最大の相違点。

それは、食事のおいしさです。

私がビジットした60校近くの大学のうち、オックスフォードが最下位で、ケンブリッジは最高位。

パンのコーナーには何種類もの焼き立てのおいしそうなパンが並び、クロワッサンはあまりにもおいしかったので少し持ち帰りました（笑）。

そんなオックスブリッジはライバル意識もメラメラ。

"The Boat Race"と呼ばれる手漕ぎボートの競争が、オックスブリッジ間で毎年開催されて盛り上がります。

ちなみに。ハーバード大学とイェール大学の間でも毎年"The Game"と呼ばれるアメフトの試合が行われますが、これがボートであることにイギリスの優雅さを感じました。

キャンパス内を流れるケム川で、punt（パント）と呼ばれる川船下りを楽しむのもケンブリッジの学生の伝統です。

オックスフォードと同様、ケンブリッジもイギリスの地方に大学がありますが、決して小さな町ではなく、かなり便利で大きな街です。

８００年の伝統を感じる、格式の高い美しい街並みが魅力です。

学生寮のすぐ隣を流れるケム川とパントの様子

University of Cambridge

基本 DATA

学生数：13000人

留学生：24.6%

学期： 3 学期制

合格率：18.9%

奨学金：柳井・笹川

イギリス大学ランキング： 2 位

世界大学ランキング： 5 位

日本からの留学生

詳細は不明。日本からの留学生はほぼ全員インター出身のようです。

交通アクセス

ロンドンの King's Cross station から National Rail という電車で 1 時間ほど。

治安

非常に良好です。

ロンドンの大学特集

University College London
King's College London
London School of Economics
Imperial College London

ロンドンにある４校を一挙紹介。
世界的な大都市・ロンドンにあるというだけあって、
シティーライフが充実していることが何よりの魅力。
オックスブリッジとは驚くほど違う大学生活をぜひご覧ください。

私のイチオシ　Victoria and Albert Museum

大都会ロンドンにある大学

University of London（ロンドン大学）の一部として、時期をずらして設立された4校。

インペリアル（Imperial College London）はすでにロンドン大学から独立していますが、根っこが同じなだけあって、この4校の学生生活はよく似ています。

やはり一番の特徴は、大都会ロンドンにあるということ。

UCL（University College London）は大英博物館の目の前にありますし、キングス（King's College London）、LSE（London School of Economics）もすぐそこ。インペリアルはその3校からはやや離れていますが、私のロンドン観光イチオシスポット・ヴィクトリア&アルバート博物館（Victoria and Albert Museum）の真横にあります。

日本に数点来るだけでも展覧会になるレベルの有名作品

が、ふらっと歩いていける距離に大量にある、イギリスの富と英知が詰まった都市で暮らせるわけですから、好奇心が強い人、大学の外の生活を楽しみたい人にとってはまさに最高の環境です。

「イギリスっぽさを楽しみたい人はロンドンの大学はダメ」

かなり新しい大学群であることも特徴。

創立年を比較すると、この本で紹介している他のイギリスの大学は、

・オックスフォード大学：１０９６年以前
・ケンブリッジ大学：１２０９年
・エディンバラ大学：１５８３年

なのに対し、ロンドンの大学はそこから数百年遅れて、

・ＵＣＬ：１８２６年
・キングス：１８２９年
・ＬＳＥ：１８９５年
・インペリアル：１９０７年

ハーバード大学（２６７ページ）の創立年は１６３６年なので、アメリカの大学と比べてもかなり新しい大学群になります。

そのため、大学の見た目はかなり近代的。

イギリスの歴史が詰まったオックスブリッジのキャンパスとは大きく異なり、どちらかと言えば日本の大学のような雰囲気で、あまりイギリスっぽくありません。


見た目だけでなく、英語のイギリス訛《なま》りはロンドンの方が弱かったですし（オックスブリッジのイギリス英語はとてつもなかったです）、国際都市ロンドンでは、道ゆく人ほとんどが外国人。

さらに、ロンドン大学群は留学生、特に中国出身の学生が非常に多く、例えばインペリアルでは学部生の15%、大学院生も合わせると24%が中国人で、キャンパスでも中国語をよく耳にするそうです。

キャンパスのないキャンパスライフ

そのため、学生いわく、「イギリスっぽさを楽しみたい人はロンドンの大学はダメ」とのこと。

インペリアルの近代的なキャンパス

これといったキャンパスがないことも特徴的。

統一感のある建物が並ぶオックスブリッジと異なり、ロンドンの街に溶け込むように大学の建物が点在し、見学の際も大学の建物を求めて街中を歩き回りました。

特にキングスは空いた建物を買い取って徐々に拡大していった大学なので、学生いわく、「寄せ集めのようなキャンパス」になっています。

まとまりがないので長居したくなるようなキャンパスではなく、通勤感覚でただ通うだけの学生がほとんど。ロンドンは大学以外にもやることがいっぱいあるので、アメリカのようなキャンパスライフはあまり存在しません。

オックスブリッジと違って食堂が付いていない寮が多く、ほとんどの学生が自炊生活を送ります（学食でお金を払って食べることも可能）。

また、よほど高い寮費を払わない限り、ロンドンのような人口過密の街では寮の部屋も当然狭くなります。私が見た限りではかなり狭かったので覚悟しておきましょう。

オックスブリッジよりは緩い勉強生活

勉強面ではオックスブリッジと同様にテストが中心で、提出物はほとんどなく、最初にオリエンテーションをやって期末にテストを受けるまで、大学からはほとんど何も強制されないそう。

「可」を取るだけならそこまで勉強しなくても取れてしまうので、ちゃんと勉強したい人には主体性と自制心が求められます。

オックスブリッジのような勉強中心の生活ではなく、ロンドンのリソースを楽しむという前提のもと、勉強はもう少し緩い印象。

ただ、インペリアルに関しては、オックスブリッジに引けを取らないレベルでめちゃめちゃ勉強が大変です。

ロンドンか、ロンドン以外か

このように、ロンドンにおける大学生活はオックスブリッジとは大きく異なっているので、専攻の強さは別として、生活面だけを考えるのなら、ロンドンの大学群の中でどれを選ぶかというよりも、ロンドンにするか否かの方がずっと大きな問題。イギリスの高校で進路指導が行われる際も、まずはロンドンに住みたいかどうかが問われるそうです。

ただ、生活面は非常に似ている4校ですが、学術的な強みは大きく異なっており、4校でなんとなく棲《す》み分けされています。

そのため、ロンドンの大学に出願する際は、学生生活の違いなどはあまり考えず、単純に、自分の興味のある専攻分野が強い大学を選ぶのが一般的です。

ここからは大学別に、強い分野にフォーカスして紹介していきます。

University College London
ユニバーシティ・カレッジ・ロンドン

教育学が圧倒的に強く、QS（Quacquarelli Symonds）による世界大学ランキング（この本で使用しているTHEによる世界大学ランキングとは別物）では10年連続1位。建築学と考古学も非常に強く、この2分野はほとんど毎年世界3位にランクインしています。

もともと各分野の専門学校が集まってできた大学なので、専攻の数が多く、他の大学では専門的に学べないようなニッチな分野が強いのが魅力です。

ただ、専攻同士の連携が非常に弱く、他の専攻の授業を受けるのはめちゃめちゃ面倒。受けられたとしても、大事なテストやフィールドワークが異なる専攻の授業同士でダブルブッキングすることも普通にあるので、むしろ受けない方がマシとのこと。

1つの分野を狭く深く極めたい人に向いています。

伊藤博文らが留学したことを示す記念碑（一八六三年・文久三年の上段右が伊藤博文）

Rolling Admissionsと呼ばれる〆切を設けない受験制度を採っていて、9月頃に募集を開始して順次合格を出していきます。翌年1月頃にはほとんど枠が埋まり、実質募集も終了するそうなので、少しでも早めに出願することをおすすめします。

ちなみに。伊藤博文が留学した大学として有名で、構内には日本語で書かれた記念の石碑がありました。

University College London

基本DATA

学生数：25000人

留学生：47.3％

学期：３学期制

合格率：N /A（不明）

奨学金：柳井・笹川

イギリス大学ランキング：４位

世界大学ランキング：22位

日本からの留学生

数十人ほど在籍しているようですが、なにせ専攻が違うとほとんど接点がないので、大学全体での詳細な日本人の数は不明です。

UWC（United World Colleges。63ページ）の奨学金制度があり、UWC 経由の日本人学生が多いそうです。

交通アクセス

ロンドンのど真ん中にあります。

治安

非常に良好です。

King's College London
キングス・カレッジ・ロンドン

文系分野に強く、法学やビジネスが有名。さらに世界でも数少ない戦争学部（Department of War Studies）があり、国際関係も非常に強いのが特徴です。

一方で、理系分野だと医学部が有名ですが、それ以外はイマイチとのことです。

18歳からお酒が飲めるイギリスでは多くの大学にバーがあり、キングスにも学生運営のバーがありました。

ここがキャンパスで一番盛り上がる場所で、サッカーワールドカップが行われる際には学生たちが集まってバーで試合観戦をします。

ちなみにイングランド戦は人気がありすぎてバーに入りきらないそうです（笑）。

バーの様子

King's College London

基本DATA

学生数：18000人
留学生：36.1%
学期：２学期制
合格率：54.8%
奨学金：柳井
イギリス大学ランキング：６位
世界大学ランキング：38位

日本からの留学生

30人ほど。基本的に全員、IB 校出身かファウンデーションコース（413ページ）からです。

交通アクセス

ロンドンのど真ん中にあります。

治安

非常に良好です。

London School of Economics
ロンドン・スクール・オブ・エコノミクス

ロンドンの大学4校の中で唯一、カルチャーが存在する大学。当たり前のことを疑って、社会問題を主体的に考え議論していこうという校風があり、大学のシンボルは上下逆さまに置かれた地球儀。

その校風を理解し共感した上で学生たちが集まってくるので、授業やオフィスアワーでも自然と、教授や学生同士でディスカッションが始まります。

案内してくれた学生は、「社会問題に関して考えたことを安心して発言できる環境に身を置けるのが、本当に魅力的」だと話していました。

人文社会系に特化した大学で、経済学、政治学、社会学、国際関係論、法学などが有名です。キャンパスが1つにまとまっているのが特徴で、小さな大学ながら、学生が集まるためのバーが3

つもあり、キャンパス全体に一体感をもたらしています。

イギリスの大学としては珍しく、休日の部活も比較的盛んで、サークル系のイベントなどがよく開催されています。

大学院生を含めると学生の約7割が留学生で、ロンドンの他の大学と比べると中国人留学生が少なく、アメリカの大学ほどではありませんが、たくさんの国から学生たちが集まっています。

様々な点でロンドンの他の大学と異なっているため、学生たちは、「LSEは他とは違うぞ」というスクールプライドを持っているようです。

サッカー観戦でにぎわうバーの様子

大学のシンボル、逆さまの地球儀

London School of Economics

基本 DATA

学生数：5700人
留学生：（大学院生を含めて）
　　　　およそ70％
学期：３学期制

合格率：22.3％
奨学金：柳井
イギリス大学ランキング：７位
世界大学ランキング：46位

日本からの留学生

数十人ほど在籍しているようですが、なにせ専攻が違うとほとんど接点がないので、大学全体での詳細な日本人の数は不明です。

交通アクセス

ロンドンのど真ん中にあります。

治安

非常に良好です。

Imperial College London
インペリアル・カレッジ・ロンドン

イギリスで紹介する唯一のＳＴＥＭ系の大学で、理系分野が全般的に強いのが特徴です。

ＣＳ（コンピューターサイエンス）はMicrosoft、航空宇宙工学はＦ１の会社など、学部ごとに強力なスポンサーが付いており、多額の資金援助を受けているそうです。

建物は比較的まとまっており、ロンドン大学群の中ではかなりキャンパス感があります。

勉強がハードなことで有名で、キャンパスの中心にあるQueen's Towerは自殺者が出たことから数年前から立ち入り禁止になりました。

私のインペリアルの友人は、ロンドンに４年間暮らしていたにもかかわらず、ずっと勉強で忙しくて大英博物館にすら行ったことがないと話していました。

ちなみに。英国アカデミー賞の授賞式会場であるRoyal Albert Hallがキャンパスのすぐ隣にあり、大学の一部の寮からはレッドカーペットの様子が見られるそうです。

Royal Albert Hall（上）と、寮から見えたレッドカーペットの様子（学生提供）

Imperial College London

基本DATA

学生数：12000人
留学生：54.6%
学期：３学期制

合格率：10.4%
奨学金：柳井・笹川
イギリス大学ランキング：３位
世界大学ランキング：８位

日本からの留学生

数十人ほど在籍しているようですが、なにせ専攻が違うとほとんど接点がないので、大学全体での詳細な日本人の数は不明です。

交通アクセス

ロンドンのど真ん中にあります。

治安

非常に良好です。

のびのび過ごせる英国大学

エディンバラ大学

University of Edinburgh

スコットランドの首都に位置するエディンバラ大学は、
都会と田舎のバランスが取れた居心地の良い大学。
オックスブリッジやロンドンの大学と比べると
勉強のストレスが少ないのが魅力で、
イギリスの中ではかなりのびのび過ごせる大学です。

スコットランドにある四年制の大学

これまで紹介した6つのイギリスの大学は、イギリスの中でもイングランド地域に位置していますが、ここで紹介するエディンバラは、スコットランド地域に位置しています（409ページ）。
ひとくくりにイギリスと言っても、イングランドとスコットランドでは大学の制度も大きく異なります。

スコットランドと言えば、バグパイク。
街中で演奏しているのをよく見かけました

まず違うのは大学の年数。
イングランドは三年制ですが、スコットランドはアメリカと同じ四年制。そのため、イングランドよりは比較的のんびり勉強が進みます。

例えばエディンバラでは、一、二年次の成績は卒業成績に反映されない決まりなので、大学にまだ慣れていない時期に、成績を気にせずのびのび過ごすことができます。

また、ほぼテストだけで成績が決まるイングランドと違って、スコットランドでは宿題が出ます。テストが成績の6～7割ほどを占めるものの、エッセイ課題があり、グループワークもあり、テストだけで全てが決まるわけではないので、イングランド、特にオックスブリッジのような、異常なまでのテストのストレスはありません。

ただ、あくまでイングランドの大学と比べたらストレスが少ないだけで、決して勉強が楽だということではなく、他のイギリスの大学と同様、勉強は非常に重視されています。

入学直後の成績が卒業成績に反映されないのも、授業に課題が出るのも、全て学生が安心して勉強に集中できるようにするためです。

そのため、「勉強はちゃんと頑張りたいけどストレスがあまりにも多いのはイヤ」という人におすすめの大学です。

多少はフレキシブルな専攻の縛り

専攻ごとにガチガチにカリキュラムが決められて、同じ専攻の学生は基本的にみんな同じ授業を受けるイングランドと比べると、専攻の縛りも多少はフレキシブルな印象。

特に、卒業成績に反映されない一、二年次は他の専攻の授業も受けることができて、移動先に籍が余っていれば専攻を変えることもできます。

ただ、やはり分野を大横断するような（例：経済→芸術）専攻の移動は難しいようで、親和性の高い分野間での移動しか基本的にはできません（例：経済→経営）。

そこはアメリカのリベラルアーツ教育とは大きく異なり、イギリスの大学に出願する以上、イングランドでもスコットランドでも、ある程度狭い分野にコミットする覚悟が求められます。

非常に過ごしやすいスコットランドの首都・エディンバラ

ここまではスコットランドの大学におおむね共通する話をしましたが、ここからはエディンバラの話を。

エディンバラ大学の一番の魅力は、なんといっても大学があるエディンバラという街です。

スコットランドの首都としての歴史を感じさせる壮麗な建物がたくさんありながらも、都会のエンターテインメントが豊富にあり、さらに、少し歩くとどこまでも続く緑がある、バランスのいい素敵な街。

特に学生にとっては自然があるだけでリフレッシュになるそうで、ランニングをしたり、ピクニックをしたりと息抜きになっています。

大都会ロンドンよりは落ち着きがあって、観光客も少なく、静かで非常に居心地がいいのが魅力。それでいて、一国の首都として必要なものは全て揃っており、私が訪れた時はちょうどクリスマスシーズンで、市場や遊園地がにぎわっていました。

オックスブリッジのように地方にあるわけではないので生活の中心が勉強だけになることもなく、ロンドンのような都会の喧騒もなく、加えて勉強のストレスも比較的少なく、とても過ごしやすい大学です。

ロンドンの大学と同様に、キャンパスは比較的バラバラで、他の学部との接点もあまりないので大学としての一体感はありません。

学術分野では医学が有名。イギリスで最初の医学部ができた大学として知られています。

大学の隣にある広い芝生

エディンバラの街の様子

遊園地の観覧車

卒業式が行われる McEwan Hall

案内してくれた学生に大学の嫌なところを聞いてみたところ、「交通の便が悪い」とのこと。

例えばロンドンなら地下鉄で市内どこへでも行けますが、エディンバラにはバスしかなく、しかも20分に1本しか来ないのが不便なのだとか。

ただ、アメリカの田舎の交通の便の悪さを知る私からしたら、バスが来るだけいいじゃないの、と思いました（笑）。

University of Edinburgh

基本 DATA

学生数：29000人

留学生：38.6%

学期：２学期制

合格率：39.8%

奨学金：柳井

イギリス大学ランキング：５位

世界大学ランキング：30位

日本からの留学生

数十人はいるようですが、他の大学と同様、違う専攻の学生との接点がほとんどないので詳細な人数は不明です。

交通アクセス

ロンドンの空港からエディンバラ空港まで１時間半。そこからバスで１時間。

もしくはロンドンから電車で５時間。

スコットランドは風が強く、電車や飛行機がよくキャンセルされるので気をつけましょう。

治安

非常に良好です。

失敗しない大学の選び方

皆さんの志望校選びの一助になればと思い、ここまで48の大学を紹介してきましたが、「まえがき」にも書きました通り、大学選びに唯一絶対の正解などというものはありません。

実際、ほとんどの受験生は、ここで紹介した多くの大学において、満足のいく大学生活を送ることができるはずです。

ただ、中には全く合わない大学を選んでしまい、非常にしんどい大学生活を送っている学生も、残念ながら存在します。私が案内してもらった日本人留学生の中にも、前の大学がどうしても合わなくて転校してきた人が何人かいました。

大学選びに複数の正解がある中で、大事なのは、「成功する大学の選び方」ではなく、「失敗しない大学の選び方」です。

リソースとオポチュニティーに溢れた米英の大学において、「失敗しない大学」を選びさえすれば、あとはいくらでも、自分の努力次第で自身の選択を成功に導くことが可能です。

ここでは、転校するほど前の大学が合わなかった学生たちから聞いた話をもとに、私が考える「失敗しない大学の選び方」を紹介します。

結局は場所

結論から先に言うと、転校した学生たちが抱いていた前の所属大学への不満は、私が話を聞いた限りでは、寒すぎたとか、田舎すぎたとか、全て、大学そのものではなく、大学が位置する「場所」に関するものでした。

大学生活は通ってみないとわからない、とは言ったものの、これらの「場所」に関する情報は、通う前からわかっていたはず。

つまり裏を返せば、大学選びにおける失敗は、未然に防ぐことができるということです。

本書での大学紹介を、ランキング順でもなく大学の種類ごとでもなく、他でもない「場所」ごとにしたのは、それが理由です。

地図を見る

大学選びは同時に4年間暮らす自分の住所を選ぶことでもあり、特にアメリカは国土が広いので、大学が位置する場所によって、気候も周辺地域の様子も大きく異なります。

失敗しない大学の選び方。

それは、地図を見ることです。

それぞれの国において、大学がだいたいどのあたりに位置しているのかを確認するようにしてください。

そうすれば、その大学が北部にあるのか南部にあるのか、沿岸にあるのか内陸にあるのか、近くに大きな都市や空港があるのかがなんとなくわかり、気候や大学周辺の様子を自然と意識できるようになるはずです。

もちろん、気候や周辺地域の様子はどうでもいい、という人もいると思います。そういう人は、場所を特に気にする必要はありません。

ただ、中には場所が非常に重要な人もいます。

例えば、私が都市部の大学を強くおすすめするのが、健康状態に大きな不安がある人、大きな病院でしか診《み》てもらえないような病気にかかったことがある人です。

とある田舎の大学に入学した私の友人は、もともと肺の持病を抱えていたのですが、大学にいる時に悪化してしまいました。大学の健康センターでは診てもらえず、すぐに大きな病院に行こうにも一番近い病院が車で2、3時間の距離にあり、さらに救急車もすぐには来てくれないようなところだったので、自分でUberを呼んで病院まで移動するという、それはそれは大変な目にあったそうです。

彼はその時は大事に至らずに済みましたが、この経験がきっかけで、都市部にある大学に転校していきました。

大学選びにおいて何を大事にするかは人によって様々です。

ただ、多くの学生にとって、気候や大学周辺のリソース、治安状況などの、大学がある「場所」にまつわる条件は、大学生活を送る上で非常に重要な要素になるはずです。

大学選びで失敗しないために、自分にひどく合わない大学を選んでしまわないために、常に地図を意識した大学選びを心掛けることをおすすめします。

自分の努力でコントロールできる条件とできない条件を分けて考える

数ある大学選びの条件の中で、なぜ「場所」で失敗してしまうのか。

それは、「場所」にまつわる条件は、自分の努力ではどうにもならないからです。

例えば、教授との距離や研究機会などは自分の努力でいくらでもなんとかすることができます。どんなに学生数の多い大学でも、自分から積極的に教授と関わりを持っていけば、必ず親密な関係を築くことは可能ですし、どんなに研究機会がない大学でも、他の大学や研究機関などにコンタクトを取れば、いくらでも補うことはできます。

一方で、自分の努力でコントロールできないのが「場所」です。大学周辺の治安状況も、天気も、都市部へのアクセスも、自分の努力ではどうしようもありません。

自身の大学生活に1ミリの不満も持っていない学生などどこにもいません。みんなそれぞれ自分なりに努力をして、その不満な状況を改善した上で大学生活を送っています。

しかし、一度その大学を選んでしまった以上、「場所」は変えられません。

そして、そんな「場所」にどうしても我慢のできない不満を抱いてしまうと、それを改善するためには「場所」を変える、つまり転校するしかありません。

だからこそ、数ある大学選びの条件の中で、学生たちは「場所」で失敗してしまうのです。

大学を選ぶ上で重要なのは、自分の努力でコントロールできる条件とコントロールできない条件を分けて考えることです。そうすればおのずと、自分にとって「譲れない条件」、つまり、「大学選びで失敗しないための条件」が見えてくるはずです。

最後に伝えたいこと

この本で何度も繰り返し述べたことですが、大学選びに唯一絶対の正解はありません。

米英48大学の特徴を紹介してきましたが、ここから先は、皆さん自身の感性で決めることです。

例えば都会で育った人がいたとして、「だから大学も、都会にある大学に通いたい」と考える人がいれば、「だから今度は地方の大学に通ってみたい」と考える人もいると思います。

どちらかが絶対的な間違いでどちらかが絶対的な正解ということは決してなく、その人それぞれの正解があります。

大学を選ぶにあたって、高校や塾の先生、親御さん、友達など、周りからたくさんの意見をもらうと思います。しかしそれらは周りの人の感性であって、彼らにとっての正解と、受験生の皆さんにとっての正解は違うかもしれません。

だからこそ、皆さん自身の感性を大切に、自分だけの志望校を選んでいただけたら嬉しいです。

最後に、私が受験生に必ず伝えている言葉があります。

それは、「自分の可能性を一番縛っているのは出願校選び」だということです。

よく、各大学の合格率や大学ランキングを見ただけで、「自分にはこの大学はレベルが高すぎるから受けない」と言って、受験前から諦めている人がいますが、それは本当にもったいないことです。

実際私も、「ハーバードにはどうせ受からない」と思って初めは受験する気もありませんでしたが、とあるきっかけでハーバー大学を「ダメもと」で受けたら合格し、本当に幸せな大学生活を送ることができました。

世界中に何千、何万校とある大学から、たった10校、20校の出願校に絞っている時、皆さんは同時に、他の全ての大学に、「受からない」ということを選択しています。

自分の可能性を一番縛っているのは出願校選びです。

「自分はどうせ受からない」「自分にはどうせ合っていない」と決めつけず、自分が残しておきたいと思う可能性は少しでも多く残せるよう、出願先を決めていただけたら幸いです。

アマースト・カレッジ
スミス・カレッジ
マウントホリヨーク・カレッジ
ダートマス・カレッジ
ミドルベリー・カレッジ
ボードイン・カレッジ
ハーバード大学
マサチューセッツ工科大学
ウェルズリー・カレッジ
ウィリアムズ・カレッジ
カールトン・カレッジ
ユニオン・カレッジ
ヴァッサー・カレッジ
ブラウン大学
ノースウェスタン大学
コーネル大学
リネル・カレッジ
ウェズリアン大学
ミシガン大学
アナーバー校
イェール大学
シカゴ大学
カレッジ・オブ・ウースター
バーナード・カレッジ
コロンビア大学
アーラム・カレッジ
プリンストン大学
デポー大学
ペンシルベニア大学
スワスモア・カレッジ
イリノイ大学
アーバナ・シャンペーン校
ジョンズ・ホプキンス大学
ジョージア工科大学

本書で紹介した48大学のロケーション

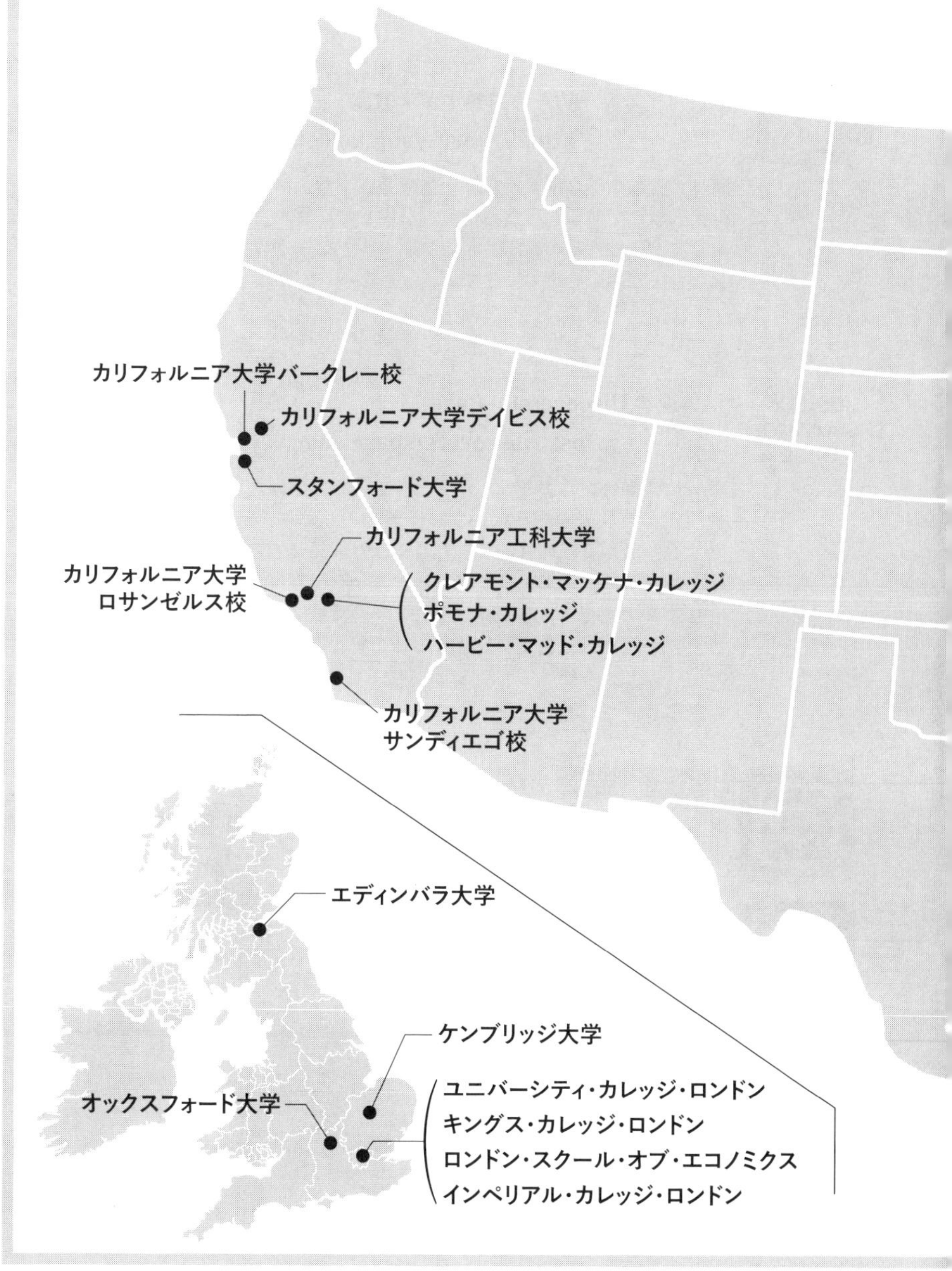

カリフォルニア大学バークレー校
カリフォルニア大学デイビス校
スタンフォード大学
カリフォルニア工科大学
カリフォルニア大学
ロサンゼルス校
クレアモント・マッケナ・カレッジ
ポモナ・カレッジ
ハービー・マッド・カレッジ
カリフォルニア大学
サンディエゴ校
エディンバラ大学
ケンブリッジ大学
オックスフォード大学
ユニバーシティ・カレッジ・ロンドン
キングス・カレッジ・ロンドン
ロンドン・スクール・オブ・エコノミクス
インペリアル・カレッジ・ロンドン

YouTube　AYAの白熱！留学教室
（https://www.youtube.com/c/AyasAdventure）

海外大受験の基本情報から、大学紹介、奨学金情報、よくある質問など、海外大進学に関するお役立ち情報を解説しています。加えて、ハーバードの授業紹介や学校行事の様子、私のフィールドワークの様子など、大学生活もちょこちょこ紹介しております。

海外進学 Discoverers' Base
（https://discoverersbase.com）

個人の活動というよりは、仲間と一緒に立ち上げたウェブサイトです。海外大受験の経験者が周りにいない受験生のために、50名近くの日本からの米英大進学者の受験体験談をまとめました。先輩方の課外活動や受賞歴、テストの点数や成績に加え、勉強方法、エッセイの書き方、課外活動の進め方など様々なアドバイスを集約しています。受験準備をどう進めていけばいいのかわからない人、色々な先輩方の話を参考にしたい人は要チェックです。

Instagram　AYA's Adventure　@aya_no_bouken
（https://www.instagram.com/aya_no_bouken/）

X　AYA's Adventure　@aya_no_bouken
（https://twitter.com/aya_no_bouken）

ハーバード大学での4年間、そしてそこからの私の人生をマイペースに投稿しています。

向井彩野による
海外大進学のためのリソースのご案内

海外大進学のサポート活動をかれこれ5年以上続けており、日本全国、そして国外から、延べ1000件以上の受験・進学相談に答えてきました。

日本の高校生がもっと自由に進路を選択できるよう、そして、いざ海外を目指そうと思った時に、必要な情報が確実に手に入るよう、これからも少しずつ活動を続けていけたらと考えています。

『米国トップ大学受験バイブル』（PHP 研究所）
著者：尾澤章浩、向井彩野

大学受験時代にお世話になった尾澤先生と一緒に、アメリカの大学受験のノウハウを全て詰め込んだ参考書を書きました。手に取った人が少しでも米国大進学を身近に、リアルに、実現可能なものとして感じられるように、太平洋を挟んで遠く離れたアメリカを、日本にぐっと近づけるつもりで書きました。どんな場所にいても、たとえ周りのサポートがなくても、受験プロセスの最初の一歩から最後の一歩まで、皆さんに寄り添う本になっています。
今回の著作では受験については一切触れていないので、受験に関してはぜひこちらの本をご覧ください。

あとがき

月並みな言葉にはなりますが、この本の執筆、ならびに、米英の60校近くの大学を訪問するプロジェクトは、私一人の力では到底なし得ませんでした。

まず、今回の大学訪問のプロジェクトは、クラウドファンディングにて、のべ328名の方に、合計214万9250円のご支援を賜《たまわ》り実現することができました。見ず知らずの私にこれほどまでに温かいご支援をくださいまして、本当にありがとうございました。

そして各大学で案内してくれた私の友人や後輩たち。自分の通う大学の魅力を日本の中高生にもっと知ってほしいという、彼らの情熱と親切な協力なくしてこの本は完成できませんでした。中には、ほぼはじめましての学生も大学訪問に協力してくれて、感謝の気持ちでいっぱいです。

こうした、各大学に通うはじめましての日本人学生たちにつなげていただくにあたって、アゴス・ジャパンの松永みどりさんにも多大なご協力をいただきました。

また、突然の訪問にもかかわらず様々な質問に丁寧に対応してくださった、各校のアドミッションズ・オフィスの皆様にも大変お世話になりました。

中西部の大学を一緒に見学した、グルー・バンクロフト基金の理事・足立淳一郎さん。大学見学をする上で、最高のバディーでした。車内で交わした楽しい会話の数々、あまり他の人には話してほしくない話題の数々、忘れません。

ロサンゼルス周辺の大学を見学する上で拠点を提供してくれたのは、エドワードという、今はUC

LAの博士課程で学んでいるハーバード大学時代の同級生です。彼が私のために作ってくれたおいしいスイートポテトパイは、ハードな大学訪問の旅における私の心の支えでした。日本に帰る時にもわざわざパイを焼いて持たせてくれて、本当に優しい友人です。おかげで3キロほど太ってしまいました。本当にありがとう。

そして、私がX（旧Twitter）やInstagramにて随時更新していた大学紹介の投稿に反応し、応援してくださったフォロワーの皆様。正直かなりのハードスケジュールで、お金もかつかつの状態で大学を巡っており、精神的にも非常につらい旅だったのですが、皆様からのメッセージに何度も励まされ、プロジェクトを完遂することができました。本当にありがとうございました。

この本の執筆にあたり、大変お待たせしてしまったにもかかわらず気長に待ち続け、時にお尻を叩いてくださったPHP研究所の木南さんには、もう足を向けて寝られません。本当にお世話になりました。

最後に、大学巡りの旅と執筆を支えてくれた私の大切な家族と友人に、深い感謝を込めて、「あとがき」とさせていただきます。

この本が、世界に羽ばたいていこうとする日本の中高生たちの背中を少しでも押すことができますように。

2023年12月

向井彩野

装丁：印牧真和
カバー写真：iStock.com/RyanKing999
本文写真：著者提供

〈著者略歴〉
向井彩野（むかい・あやの）
ハーバード大学2022年卒。東京学芸大学附属高等学校卒業。東京大学入学後、半年で退学し、米国・ハーバード大学へ。大学では自然保護について学び、アフリカのサバンナの生態系を研究。ハーバード大学卒業後、半年ほどかけて米英のおよそ60大学を訪問・取材。日本の海外大受験生のサポート活動も行っている。YouTube「AYA の白熱！留学教室」や、Instagram・X（旧 Twitter）「AYA's Adventure」で発信中。
著書に『米国トップ大学受験バイブル』（共著、PHP研究所）がある。

ハーバード大学卒業生が徹底解説！
米英の名門大学48

2024年2月8日　第1版第1刷発行

著者　向井彩野
発行者　永田貴之
発行所　株式会社PHP研究所
東京本部　〒135-8137　江東区豊洲5-6-52
ビジネス・教養出版部　☎03-3520-9615（編集）
普及部　☎03-3520-9630（販売）
京都本部　〒601-8411　京都市南区西九条北ノ内町11
PHP INTERFACE　https://www.php.co.jp/
制作協力
組版　株式会社PHPエディターズ・グループ
印刷所　株式会社精興社
製本所　株式会社大進堂

ISBN978-4-569-85605-6

PHPの本

教養としての宇宙生命学

アストロバイオロジー最前線

田村元秀 著

生命はどこで生まれたのか？　宇宙に生命の痕跡発見をめざし、探査機を送る各国。第二の地球を探す取り組みを多くの写真や図版で解説する。

定価　本体一、八〇〇円（税別）